高等院校文化产业基础教材

WENHUA CHANYE

丛书主编 王育济
韩 英

文化贸易学

牛淑萍 编著

海峡出版发行集团 | 福建人民出版社
THE STRAITS PUBLISHING & DISTRIBUTING GROUP | FUJIAN PEOPLE'S PUBLISHING HOUSE

图书在版编目（CIP）数据

文化贸易学/牛淑萍编著 .—福州：福建人民出版社，2017.10

高等院校文化产业基础教材/王育济，韩英主编

ISBN 978-7-211-07849-3

Ⅰ.①文… Ⅱ.①牛… Ⅲ.①文化产业—国际贸易—高等学校—教材 Ⅳ.①G114

中国版本图书馆 CIP 数据核字(2017)第 256906 号

文化贸易学

WENHUA MAOYI XUE

作　　者：牛淑萍

责任编辑：黄须友

出版发行：海峡出版发行集团

福建人民出版社　　**电　　话**：0591-87533169(发行部)

网　　址：http://www.fjpph.com　　**电子邮箱**：fjpph7211@126.com

地　　址：福州市东水路 76 号　　**邮政编码**：350001

经　　销：福建新华发行（集团）有限责任公司

印　　刷：福州万达印刷有限公司

地　　址：福州市仓山区金山大道 618 号橘园洲工业园 19 号楼

开　　本：787 毫米×1092 毫米　1/16

印　　张：18

字　　数：296 千字

印　　数：1—3000

版　　次：2017 年 10 月第 1 版　　2017 年 10 月第 1 次印刷

书　　号：ISBN 978-7-211-07849-3

定　　价：36.00 元

序

2004年1月，教育部新设“文化产业管理”本科专业，山东大学历史文化学院成为全国首批承担这一专业的四个院系之一，并于当年实现了本科招生。次年春，山东大学文化产业管理学系成立。

任何一门学科的基础与范式，都只能建立在对研究史的总结之上，这是学科建设的第一块基石。山东大学已故史学名师郑鹤声先生有言：历史系每成立一个教研组，其首要工作必是整理学界相关著述之索引。基于这种办学传统，山东大学文化产业管理学系成立伊始，即会同历史系、档案系、考古系等，着手于基础资料库的建设，并渐次启动《中国文化产业学术年鉴》1979—2008年各卷的编纂工作。《中国文化产业学术年鉴》按学术编年史的框架，通过“年度学术论著选编”“评价集成与结论”“研究总目索引”等形式，对改革开放30年来中国文化产业研究的学术历程进行了系统的梳理。《中国文化产业学术年鉴》的编纂工作历时7年，出版后获得学术界、文化界的广泛好评，被认为是“涵盖了近30年相关领域中最完整的学术信息和最丰富的理论内容，既包括文化产业的概念、定义、逻辑内涵、行业边际、学科特点等学理方面的研究，又包括中国文化产业的历史、现状、行业模式、区域布局、新兴业态、业内典范等方面的宏观理论、政策和案例研究……近700万字的各类索引，更是为文化产业的学术理论研究和文化产业的发展提供了海量资讯”（《光明日报》2010年3月31日）；产业界、政府管理层，甚至央视《新闻联播》等，也对这套历时7年而成的学术年鉴给予了特别关注。

与《中国文化产业学术年鉴》相类似，现由福建人民出版社出版的这套“高等院校文化产业基础教材”，也是山东大学文化产业管理学系成立伊始即已启动，历时多年才完成的一套大学本科基础教材。该教材所对应的都是山东大学文化产业管理专业的核心课程，从最初的备课教案、自编讲义开始，经历过2004年至2012年间的若干轮授课实践和若干轮修改。

同时，这也是目前国内唯一一套由同一所院系的一线授课教师完成的本科基础教材。因而，除了相对严谨、扎实之外，这套教材也非常适合大学本科教学。

作为一套完全由山东大学一线授课教师所完成的教材，自然还会表现出某些“山大特色”，即山东大学师生有关文化产业的某些共识性的理念。

第一，关于“文化产业”自身的发展历程，我们的共识有两点：

1. 认为“文化产品”的历史可以追溯久远，但“产业”意义上的“文化产业”则是现代“工业革命”后形成的一种产业体系。工业革命提供了强大的能源动力，如留声机、照相机、印刷机、播放器、摄影机等可以把一件文化产品按产业的需求海量复制，火车、轮船、飞机又足以把海量文化产品的营销链条无限延展。正是伴随着工业文明体系的建立，才产生了真正产业意义上的现代文化产业。

2. 认为“农业文明”关联的只是“文化产品”，“工业文明”关联的是“现代文化产业”，而数字技术关联的则是“当代文化产业”。数字技术对文化产业的最大影响，就是使文化产品彻底突破了时间与空间的限制，从而创造出巨大的利润，“文化产业”也因此而成为“朝阳产业”“黄金产业”，或“最后一块暴利蛋糕”。但是，这也同时提醒我们，不能笼统地把“文化产业”认定为“朝阳产业”，只有数字技术所催生的“当代文化产业”才是“朝阳产业”。从这一意义上说，以“三屏产品”（电视屏、网络屏、手机屏）为代表的数字文化产业，应该成为当代文化产业发展的主要方向。

第二，关于文化产业的公众认知和理论导向，我们的共识有四点：

1. 认为“文化、创意、财富”是文化产业三个最为本质的表达元素，也是“文化产业”最通俗、最平实的诠释。

2. 认为“文化”经过“创意”而产生“财富”，这之间并不存在“阿里巴巴”式的神话，存在的永远是《资本论》中所描述的从商品到货币的“惊险的跳跃”。而且，与工业、农业相比，文化产业的市场需求是“弹性”而非“刚性”的，这也就意味着这一产业更大的风险性。因而在宣传文化产业是“黄金产业”“最后一块暴利蛋糕”的同时，更应突出“文化产业的高风险性”这一往往被忽视的观点。

3. 认为文化产业的发展对“文化”始终是一把双刃剑，既有普及、提升文化的功能，又始终包含着强烈的“反文化性”。

4. 高度认同“历史文化资源的丰富是中国文化产业的最大特点和最大

的优势所在”。2002年的中国共产党第十六次全国代表大会，首次在大会报告中提出发展文化产业的战略部署。2003年1月，时任中共中央政治局委员、中国社科院院长的李铁映撰文指出：“中华民族有着五千年悠久的历史和灿烂的文化，其文化累积之丰厚、文化形态之多样和文化哲学之深刻，是世界上其他国家少有的。这是一笔怎么估价也不过分的宝贵的文化资源，是我们得天独厚的优势。对于中国新兴的文化产业来说，启动并整合、包装这些文化资源，就有可能形成具有中国特色的文化产业，并在全球市场的激烈竞争中占有可观的优势。”这些关于中国文化产业优势与特征的科学认识，至今仍然有着强烈的导向意义，当下中国文化产业最现实、最积极的发展策略就是如何将“历史文化资源大国”变为“文化产业强国”。这其中，历史文化资源与数字技术的结合，可能是最值得关注的方向。

第三，关于近30年中国文化产业理论研究的“学理架构”和当下的学科建设，我们的共识有三点：

1. 认为“文化产业”这一概念在近30年的中国出现，并不是对法兰克福学派“文化工业”概念的简单转译，它的生成，可以直接追溯到改革开放之初对知识分子地位的认定：由于当时知识分子已从“臭老九”跃升为工人阶级的一部分，于是各个“知识部门”，如教育、文化部门等，也就与“农业”“工业”一样，成为“一种生产部门，一种产业部门”。正是在这种理论思维的推动下，“第三产业”的概念在1980年前后即为中国学术界所关注。“第三产业”作为一个包含着“知识生产”在内的术语，又直接导致了“文化产业”这一概念的生成。因而早在1981年就出现了“文化的产业化”的说法，出现了“第四产业”与“精神经济学”之间的讨论，至1987年就出现了“文化产业”的概念。尽管当时尚无学者对这一概念进行定义，但是这一概念所具有的“望文生义”的优势十分明显，与中国传统思维的路数亦十分吻合——无需定义和解说，即可粗知内涵。正因如此，“文化产业”这一概念才能超越“第四产业”“精神经济学”，以及后来的“文化工业”“创意产业”“内容产业”“版权产业”等外来概念，被中国学术界和社会普遍接受。“文化产业”这一概念在中国首度出现的时间是1987年，远早于20世纪90年代末才为学界所引介的“文化工业”，因而“文化产业概念的内生性”，是近30年来中国文化产业理论最重要的“学理性起点”。

2. 认为作为国家战略层面上的文化产业发展起始于近十年，但关于文化产业的学术研究则贯彻于近30年。其中重要的节点是：1979年以来经济学界关于“精神产品”和“知识价值”的讨论；20世纪80年代学术界关于“第三产业”“第四产业”“精神经济学”“文化市场”“文化个体户与经纪人”“文化搭台与经济唱戏”“大众消费文化与精英文化”的讨论；20世纪80年代中期“文化产业”概念的首度出现，以及20世纪90年代有关“文化产业”“创意产业”“版权产业”“文化经济学”“文化管理学”的诸多讨论；2000年以来关于“文化事业与文化产业”的讨论，以及党的十六大以后国家战略层面上的文化产业研究；等等。对这些节点进行整合性梳理，可以为当下中国文化产业学科奠定坚实的基石，也是创立有中国气派、中国风格的文化产业理论体系的必由之路。

3. 认为文化产业管理专业作为教育部新设的一个十分年轻的应用型专业，就其人才培养目标而言，可以简单表述为：既要有纵贯古今的文化视野，也要有策划经营的文化理念，以及现代产业意识和经营思路的复合型人才。但就课程的设置和教学的重心而言，文化产业管理专业显然应该与具体的工艺美术设计、图书编辑出版、游戏创意、景区规划，以及演艺产业、广告产业、体育产业、旅游产业等有所区别。所以，在文化产业的教学、科研和学科建设中，应该突出“通识意识”“学问意识”和“经典意识”，要从学术史的梳理中奠定这一应用学科的学理基础；要引导学生关注工业革命以来有关“文化工业”“文化产业”的经典文献，关注近30年来中国学术界在文化与文化产业问题上的深度思考，从而保持大学教育应有的内在思想的活力、反省能力、质疑能力和价值动力。换言之，“文化产业”这一学科所面对的问题可能非常现实、非常政治和非常经济，但大学教育和学科建设仍应该与“现实”“政治”“经济”拉开距离，要努力建立并坚持大学自身的学术话语，并依据大学应有的治学逻辑设计学科建设的路径。

以上理念和观点主要体现在《山东大学关于增设“文化产业管理”本科专业的建议报告》(2003年)、《山东大学关于建立山东省文化产业研究基地的论证报告》(2003年)、《培养文化产业管理专业的合格人才》(2004年)、《文化产业：学术阐释的原则与目的》(2006年)、《加强文化产业的基础理论研究》(2006年)、《文化·创意·财富：三论“文博会”主题词》(2006年)、《论文化、创意、财富三者之间的关系》(2006年)、《关于文化创意产业的几点认识》(2006年)、《也谈文化与文化产业的关系》(2006年)、《1987：中国文化产业的重要节点》(2009年)、《中国文化产业学术年鉴2003—2008年卷出版说明》（2009年）、《中国文化产业学术年鉴1979—2002年卷特别说明》（2009年）、《文化产业学科建设要有四大意识》（北京大学第七届文化产业新年论坛主题发言）（2010年）、《济南历史文化资源与文化产业》（济南市政策研究室委托课题结项报告；文化部基层文化干部培训班讲义）（2012年）、《数字技术与当代文化产业》（济南市第三届青年科学家论坛主题发言）（2012年）等相关文献和著述中。山东大学的各位同仁在教学和研究中对这些方面的问题思考和讨论也较多，所形成的共识也都以这样或那样的方式渗透、沉淀在这套教材的相关章节之中。这也使得这套教材有了一些区别于其他著述的显著特色。

这套“高等院校文化产业基础教材”的出版，得益于福建人民出版社的全力支持和赖炳伟先生的促成，从选题调研、审定编写提纲、编稿到今天的付梓，时间已过去了一年多，这期间，赖炳伟先生以及责任编辑们的工作热忱和辛劳，感动了我们每一位作者。可以说，没有他们的努力，这套教材可能还会以内部讲稿的形式存在若干年。

《中国文化产业学术年鉴》1979—2008年各卷的编纂和这套教材的出版，大致夯实了山东大学文化产业学科建设的基础，但能否在这一基础上更筑层楼，显然还有待更多的努力。

是为序。

王育济

2012年8月23日

目　　录

第一章　文化贸易概论

随着全球经济一体化进程的加快，世界经济与文化交汇融合的深度与广度进一步拓展，为文化产业发展创造了更多的市场需求，以知识、信息、娱乐、休闲为主要特征的文化贸易得以迅速发展。文化产业和文化贸易的飞速发展，呼唤既熟悉文化市场又懂文化贸易的复合型人才，因此，解读文化贸易内涵与外延以及文化贸易的时代价值，具有重要的理论价值和现实意义。

第一节　文化贸易的概念与特征

一、文化贸易相关概念

文化贸易学是国际贸易与文化产业的交叉学科，一方面，文化贸易是国际贸易中的一个重要领域；另一方面，文化贸易是文化产业链条的终端环节。那么，如何界定文化贸易？要弄清楚文化贸易的概念和内涵，必须探讨与文化贸易相关的概念，梳理文化贸易与国际贸易、国际服务贸易等的区别与联系。

（一）国际贸易

按照《现代汉语词典》的解释，贸易指“商业活动”，即以向生产者购买和向消费者出售的方式，使商品在某种状态、在消费者需要的时间、地点而进行的交易。贸易分为国内贸易和对外贸易两部分，国内贸易先于对外贸易，世界各国对外贸易的总和就是国际贸易。国际贸易（International Trade）是指不同的国家或地区之间的货物、服务与技术的交换活动。由于国际贸易是一种世界范围内的货物、服务和技术的交换，因此又称世界贸易或全球贸易。国际贸易反映了世界各国在经济上的互相依赖。[①]

---

① 李玉梅主编：《国际贸易实务》，1页，北京，中国电力出版社，2015。

在日常生活中，我们会经常提到一些与国际贸易相关的概念，如对外贸易、海外贸易、国内贸易等，这几个概念之间既有联系也存在一定的区别，下面进行简要的分析。

由于对外贸易的运输一般都要经过海洋，通常也将其称为海外贸易。对外贸易是指一个国家或地区与其他国家或地区之间的货物、服务与技术的交换活动，即从某一个国家或地区的角度看待其与他国或地区发生的交换。对外贸易与国际贸易都是指超越国界所进行的商品交换活动。从这一点上来说，两者是一致的，但是它们也有明显的区别。其一，对外贸易着眼于某个国家，所以提到对外贸易时要指明特定的国家，如中国的对外贸易、英国的对外贸易等。国际贸易着眼于国际范围，即世界上所有国家或地区之间的商品交换；其二，对外贸易是指一国或地区同其他国家或地区间进行货物、技术或服务交换的一种经济活动，由进口和出口两部分组成。国际贸易泛指国家与国家之间，地区与地区之间，或者国家与地区之间所进行的以货币为媒介的货物、服务和知识产权的交换活动，涵盖货物及其相关技术进出口和国际服务贸易，既包括有形商品（实物商品）交换，也包括无形商品（劳务、技术、教育、咨询等）交换。

国内贸易，顾名思义是指在一个国家或地区内部的货物、服务与技术的交换活动。国内贸易与国际贸易的相同点体现在以下方面：一是基本内容相同，国内贸易和国际贸易的基本内容都是货物、服务与技术的交换，只是两者交换的空间范围有宽窄之别，国际贸易从事着国家间的交换，而国内贸易是在国内进行的交换；二是交易过程相同，二者的交易过程大同小异，只是国际贸易比国内贸易在具体程序和细节上更为复杂；三是经营目的相同，二者的经营目的都是通过交换取得经济利益。虽然国内贸易与国际有相同之处，但由于国际贸易涉及两个或两个以上的国家或地区，因此它们之间有很大的差异。

国际贸易主要是从世界范围内考察国家与国家、地区与地区之间的货物与服务的交换活动，而对外贸易则是从一个国家（地区）的角度来研究。然而，两者在本质上又是相同的，只是从不同角度看待同一问题所带来的看法不同。站在世界的角度看问题，即为国际贸易；站在一国（地区）的角度看问题，即为对外贸易。①

---

① 鲁丹萍、于晴主编：《国际贸易基础与实务》，7页，北京，清华大学出版社，2012。

随着社会生产力的进一步发展，可供交换的剩余产品逐渐增多，由此促进了商品生产和商品交换规模的扩大，这是国际贸易产生和发展的前提和条件。国际贸易在世界经济发展的过程中发挥着非常重要的作用，它密切了不同国家和民族在政治、经济、科技和文化方面的联系，尤其是随着社会的发展和经济生活的国际化，国际贸易的地位更加重要。然而，在国际贸易中还存在着一些障碍：一是关税壁垒，如强迫接受关税的财政措施等；二是非关税壁垒，如法律及实际操作中的保护性配额等；三是投资壁垒，如制约和限制外资的平等进入、控制公司负责人的国籍、限制资本向输出国回流等。随着国际经济贸易关系的纵深发展，自由贸易理念呼之欲出。简单地说，自由贸易就是消除关税和商品进口配额，它的提出是建立在市场保证消费者以最优惠的价格得到商品并增加全球财富的最有效的机制的基础上的。消除关税壁垒和国家保护机制的最终目的就是允许市场在没有限制的情况下运行。事实上，并非所有的贸易伙伴之间的关系都是平等的，彼此之间的产品和服务贸易也并非完全平等的。尤其是在全球化背景下，伴随着世界各国文化产业的迅猛发展，文化产品与文化服务的交换的规模扩大，其间的经济和政治利益之争在所难免。由于文化产业的特殊性，使得在文化产品和服务的开放问题上，即使在发达国家之间也存在较大的分歧。①

（二）国际服务贸易

简单地说，国际服务贸易就是国与国之间相互提供服务这一无形产品的商业行为，亦即服务提供者从一成员的境内，或者通过设立商业存在、自然人移动向消费者提供服务的过程。② 1993 年，关贸总协定乌拉圭回合谈判签署的《服务贸易总协定》将国际服务贸易分为四种：①跨境提供。指服务提供者从一成员的境内向另一成员境内的消费者提供服务，如电讯、邮电、金融等跨境服务。这种服务贸易方式强调服务提供者和服务消费者分别处在两个不同的国家（亦即在地理上的界限），只是服务内容的跨国界流动，换言之跨越国境和边界的只是服务本身，一般不构成人员、物资和资金的流动，而是通过电信、邮电、计算机网络实现的服务，如金融、信息和视听等，它与一般的货物贸易方式非常相似。②境外消费。是指服务提供者在一成员方境内向另一成员方的消费者提供服务，即服务消

① 李嘉珊著：《国际文化贸易研究》，117－118 页，北京，中国金融出版社，2008。

② 王佃凯主编：《国际服务贸易》，12 页，北京，首都经济贸易大学出版社，2015。

费者移动到提供者境内享用服务，如接待外国游客、提供旅游服务、为国外病人提供医疗和接收外国留学生等。③商业存在。指一成员国的服务提供者在另一成员国境内设立商业机构，为其境内的消费者提供服务，商业机构包括法人和非法人的分支机构或代表处。商业存在实际上就是一国服务提供者到东道国去设立外商投资企业、进行就地生产就地销售服务，它是一国的企业或经济实体到另一国开业，包括投资设立合资、合作和独资企业，如到国外办银行、商店，设立会计师事务所、律师事务所、维修服务站等。商业存在可以由东道国人员组成，也可由外国人参与，但这些外国人应以自然人流动方式提供服务。例如，一成员方的银行或保险公司到另一成员方境内开设分行或保险公司，提供金融、保险服务。商业存在往往和境外直接投资相关联，是直接投资的结果，这已经成为发达国家进行国际服务贸易最重要的形式。④自然人流动。指一成员方的服务提供者以自然人身份进入另一成员方境内提供服务。与商业存在不同的是，它不涉及投资行为，如境外劳务服务等（如医生、厨师等到国外从事个体服务）。[①]

根据世界贸易组织的分类标准，国际服务贸易分为商业、通讯、建筑工程、销售、教育、环境、金融、健康、旅游、文化、体育、运输等 12 大类 155 个分项目。[②]

与国际贸易相比，国际服务贸易具有以下明显的特点：

第一，国际服务贸易的交易客体是服务产品，具有无形性，这就决定了国际服务贸易也具有无形性的特征。由于科技的进步，一些服务是可以物化的（如存储软件的光盘），另外一些服务也可以观察到（如电影、演唱会等），但是多数的服务活动仍然是无形的。[③] 由于服务贸易是无形的，具有不可触摸性、不可储存性和不易运输性，因而导致服务出口方式多样化。

第二，由于服务活动多数是不能储存的，因此大多数的国际服务中的生产与消费往往是同时发生的，也就是服务产品的创造、转让和消费都是同时完成的。由于服务交易必须在同一时间、同一地点才能完成，通常无法将服务进行再转让和套利活动，所以服务的生产和出口过程在一定程度上讲也就是服务的进口和消费过程。

---

① 傅龙海主编：《国际贸易理论与实务》（第 4 版），67 页，北京，对外经济贸易大学出版社，2015。

② 孙莹主编：《国际经济合作》，244－245 页，北京，机械工业出版社，2015。

③ 王佃凯主编：《国际服务贸易》，13 页，北京，首都经济贸易大学出版社，2015。

第三，服务贸易的对象主要是智力，如专利、版权、法律和会计等，且贸易过程中通常不涉及服务所有权的转让，仅与生产要素的跨国界移动有关。

第四，服务贸易更多地依赖于生产要素的国际移动和服务机构的跨国设置，国际的服务交换无论采取什么形式，都与资本、劳动力和信息等生产要素的跨国界移动密切相关。

第五，服务贸易的统计数据在各国国际收支表中显示，而在各国海关进出口统计中没有显示。

第六，对服务贸易的监控不能通过海关监督和征收海关关税的方式进行，而只能通过国家立法和制定行政法规来达到目的。

第七，有些出口的服务，进口国消费者不能在本国国内消费而只能到服务出口国去消费（如境外消费）。[①]

（三）文化产品与文化服务

一般而言，文化贸易主要是指与知识产权有关的文化产品（cultural goods）和文化服务（cultural services）的贸易活动，即文化产品和文化服务的生产者为满足文化产品和文化服务的消费者的需求而提供专项产品与服务并获得报酬的交易行为。联合国教科文组织对这两个概念作了如下定义：文化产品一般是指传播思想、符号和生活方式的消费品。它能够提供信息和娱乐，进而形成群体认同并影响文化行为。在产业化和世界范围内销售的过程中，文化商品被不断复制并附加了新的价值，如图书、杂志、多媒体产品、软件、录音带、电影、录像带、视听节目、手工艺品和时装设计组成了多种多样的文化商品。文化服务是指满足人们文化兴趣和需要的行为。这种行为通常不以货物的形式出现，它是指政府、私人机构和半公共机构为社会文化实践提供的各种各样的文化支持。这种文化支持包括举行各种演出，组织文化活动，推广文化信息以及文化产品的收藏（如图书馆、文献资料中心和博物馆）等。文化服务可以是免费的，也可以有商业目的。当然在贸易中出现的文化服务，一定是有商业目的的。

二、文化贸易概念界定

（一）文化贸易的定义

随着文化创意产业的蓬勃发展，国与国之间互相提供文化服务的经济

① 杨丹萍：《我国国际服务贸易发展存在的问题及对策研究》，《当代财经》，2004（2），104页。

交换活动不断增多，于是，文化贸易的概念应运而生。关于文化贸易的概念，国内外文化学者、经济学者、政府官员及业内人士已经对其进行了一定的阐述。

国内学者有的认为，“文化贸易属于国际贸易中的一种特殊的服务贸易，它是与知识产权有关的文化产品和文化服务的贸易活动。文化产品不仅具有商品属性，同时也具有精神和意识形态属性”。① 也有的学者认为，文化贸易“主要是指与知识产权相关的文化产品和文化服务的贸易活动”②。

有国外学者指出，“从概念上讲，可交易的文化实体可被定义为能生产或分配物质资源的产品和服务，这些产品和服务能通过音乐、文学、戏剧、喜剧、文档、舞蹈、绘画、摄像和雕塑等艺术形式娱乐大众或激发其思考。这些艺术形式，有的能以现场表演的方式（如音乐厅和舞台剧）展示给大家，有的却是先被存储记录下来（如在压缩光盘里）再卖给大众。它们有的以公共服务的形式存在（如图书馆和博物馆）；有的以商业的形式存在（如电视台和美术馆）；有的则是两者兼而有之。”③

国内外学者关于文化贸易界定的差异，直接源于各个国家对于文化及相关产业的分类不同，不同国家和地区以及代表性国际组织对文化和相关产业的分类也存在差异。我国国家统计局在 2004 年 3 月 29 日制定了《文化及相关产业分类》，将其划分为文化服务（其中包括新闻服务/出版发行和版权服务/广播、电视、电影服务/文化艺术服务/网络文化服务/文化休闲娱乐服务/其他文化服务）和相关文化服务（文化用品、设备及相关文化产品的生产/文化用品、设备及相关文化产品的销售）。作为文化贸易的产业之源，文化产业外延的不确定性直接导致了文化贸易概念的模糊。④

---

① 周成名：《关于中国对外文化贸易的思考》，《湖南涉外经济学院学报》，2006(3)，13 页。

② 陈柏福著：《我国文化产业“走出去”发展研究——基于文化产品和服务的国际贸易视角》，17 页，厦门，厦门大学出版社，2014。

③ 陈柏福著：《我国文化产业“走出去”发展研究——基于文化产品和服务的国际贸易视角》，15—16 页，厦门，厦门大学出版社，2014。

④ 李小牧、钱建初主编：《国际服务贸易评论》（2008 卷），第 1 辑，267 页，北京，中国商务出版社，2009。

表 1-1　各国（地区）对文化产业的分类和内容对比

名称	国家、地区（国际组织）	分类
创意产业	英国	广告、设计、电影、电视广播、表演艺术、出版等 13 个部门
版权产业	美国	文化艺术业、电影业、图书业、音乐唱片业 4 类
内容产业	欧盟	制造、开发、包装和销售信息产品及其服务的产业
文化产业	韩国	与文化商品的生产、消费、流通有关的产业
文化产业	中国	新闻、出版、广播电视、文化艺术、网络文化、文化休闲娱乐、文化产品代理、文化用品、设备及相关产品销售等 9 类
文化产业	联合国教科文组织	文化遗产、出版、音乐、表演艺术、视觉艺术、体育游戏等 10 类

来源：《文化创意产业研究》①

总体上看，尽管各国对文化贸易的界定存在一些差异，但是各个国家基本上都秉承着产品和服务的两大主线来对文化贸易进行界定。

（二）文化贸易的分类

关于文化贸易的分类，大致有以下几种情况：

1. 按贸易性质划分

按贸易性质划分，文化贸易分为国际文化贸易和国内文化贸易。两者的不同主要表现在：适用的法律不同，报价术语不同，物流方式不同，单证不同，支付手续不同，支付货币不同，质量检验标准不同，质量检验机构不同。从实质上看，两者的区别是看文化产品或服务是否需要跨越本国的关境，需要跨越关境、纳入海关统计的就是国际文化贸易，否则就是国内文化贸易。

国内文化贸易是以向文化产品和服务的生产者购买和向国内出售的方式，为使文化产品和服务在某种状态、在文化消费者需要的时间、地点被他们支配而进行的交易。② 而国际文化贸易是指国际文化产品与服务的输入和输出的贸易方式，是国际服务贸易的重要组成部分，即一个国家（或地区，即独立关税区）与其他国家（地区）之间在文化产业领域所发生的交易行为或世界各国（或地区）之间所进行的以货币为媒介的文化

① 蒋三庚主编：《文化创意产业研究》，9 页，北京，首都经济贸易大学出版社，2006。

② 梁昭著：《文化贸易统计》，2 页，北京，中国统计出版社，2013。

交换活动。[①] 它是针对文化创意产业而形成的国与国之间的经济交换行为，既包括有形商品的一部分，例如音像录影制品、纸质出版物等；也包括无形商品，例如版权、关税等。国际文化贸易包含两部分内容，其一是文化产品的国与国之间的经济交换行为；其二是文化服务的国与国之间的经济交换行为。文化贸易是国际贸易的重要组成部分，文化贸易与普通国际商品贸易之间的区别主要在于文化贸易中进行交易的商品是文化产品和文化服务，由于文化产品和文化服务具有商品性和意识形态的双重属性，使得文化贸易的问题比一般的国际商品贸易复杂得多，比如国际文化贸易所带来的文化霸权主义、文化主权问题、文化多元性问题以及文化安全问题等。

2. 以硬件贸易和软件贸易划分

国际上一些贸易研究机构和专家，把文化贸易分为硬件贸易和软件贸易。从定义看，据《现代汉语词典》的解释，“硬件”借指生产、科研、经营等过程中的机器设备、物质材料等。硬件是器物工具或载体，是器材类，属于制造业；唯一特别的地方就是它是用来生产、储存、传播文化内容的。一般而言，文化硬件指用来生产、储存、传播文化内容的器物工具和物态载体，如摄影器材、视听设备、影视器材、舞美设备、游戏和娱乐器材、艺术创造和表达的工具等；文化软件则指包含文化内容的产品和文化服务，包括广播电视节目、电影动画片和故事片、印刷品、出版物、视听艺术、表演艺术、载有文化艺术内容的光盘、视盘和多媒体、娱乐、会展等。

文化软件中可以被划分为服务的是现场表演，包括音乐和戏剧表演。而文化软件中的古董、原创字画和雕塑等则被明确地划分为产品，尽管它们也与服务有一定的联系。还有一部分以软件形式存在的商品很难说它们是产品还是服务，如书籍、电影和音乐。当一本图书以传统的纸质印刷方式传播知识时被认为是文化产品；而当它以电子书的形式出现时，有时WTO的成员国则认为它们是文化服务，但其他成员国却承认这样的电子书籍仍然是文化产品。与之相似，当音乐以现场表演的形式再现时，毫无疑问它属于文化服务；而当它以电子信号的形式被广播或存储时，就很难说它是一种产品还是服务。

3. 以文化产品和文化服务为标准划分

在“服务贸易总协定”（GATS）的《国际服务贸易分类表》中对文化服务作了如下划分：在商业服务中，有法律服务、软件服务、数据处理和

---

① 梁昭著：《文化贸易统计》，4页，北京，中国统计出版社，2013。

数据库服务、广告服务、摄影服务、包装服务、印刷和出版服务；在视听服务中，有电影和录像的制作和分销服务、电影放映服务、广播和电视服务、广播和电视传输服务、录音服务；在娱乐、文化和体育服务（除视听服务外）中，有文娱服务、新闻社服务、图书馆、档案馆和其他文化服务、体育和娱乐服务。此外，近几年涌现出的文化会展服务、文化中介服务、文化咨询服务等新型服务以及相关的文化产品，也属于文化服务的范围。

在国际货币基金组织（IMF）的国际收支手册中，对国际文化贸易有这样的描述，居民与非居民之间，有关个人、文化和娱乐服务交易细分为两类：一是声像和有关服务；二是其他文化和娱乐服务。第一类包括（影片或录像带形式的）电影、收音机、（实况或提前录制的）电视节目和音乐录制品。这里还包括租用费用的支出和收入，演员、导演、制片人等（或编表经济体中非居民）从作品在国外播放而得到的报酬，卖给传播媒介，在指定地点上映次数有限的播映权费。有关戏剧、音乐作品、体育活动、马戏等活动的演员、制片人收到的费用，以及这些活动（电视、收音机等）的放映权费用也包括在内。第二类包括其他个人、文化和娱乐活动，如博物馆、图书馆、档案馆以及其他文化、体育和娱乐有关的活动。这里还包括国外教师或医生提供的函授课程的费用。

HS（The Harmonized System ）系统的分类法主要是依据商品的物理性质和被加工的程度进行分类。在 HS 的分类系统中没有一个分类叫“文化产品”，属于这一分类的产品只是散落在这个拥有 99 个分类的分类系统的其中几类。而其中有关文化软件的最重要的分类包括 49 类（书籍、报纸、图画以及其他印刷业产品）和 97 类（艺术品、收藏品和古董）。文化硬件则能见于 HS 分类系统的各个角落，从 37 类（摄影和录像产品）到 92 类（乐器）。

文化服务在 CPC（Provisional Central Product Classification ）分类法中由两大部分组成。作为信息服务的一个分支的视听服务又被分为几个小分类，现场表演被包含在“文化、娱乐和体育服务”分类里。其中一些服务的分类和我们对于文化服务的分类是一致的，如图书馆、文档和博物馆；新闻服务等则没有包含在内；体育服务等还有待商榷。出现在 CPC 分类法中其他服务也可以被定义为文化服务。①

① 韩骏伟、胡晓明编著：《国际文化贸易》，2—3 页，广州，中山大学出版社，2009。

三、文化贸易的特征

文化贸易不同于一般的物品贸易，它具有自身的特点：

其一，文化贸易具有异质性。文化贸易不仅具有经济价值，而且具有宣教功能，传达着观念、价值和生活方式。与其他贸易相比，文化贸易更敏感，更具有渗透力，会在思想意识形态方面对输入国消费者产生潜移默化的影响。一国在进口文化产品时，不仅仅进口了商品本身，还引进了别国的文化意识形态，这种意识具有渗透力，它传达着生活观念、价值观和另一种生活方式。与其他物品贸易相比，文化贸易的价值不仅局限于商业价值，美国文化的全球化就是其全球发展战略的重要组成部分。美国前总统里根曾经直言不讳地说，政府要大力推动美国电影走向世界，因为好莱坞电影走到哪里就把美国的价值观念和商业利益带到哪里。① 文化贸易的潜在影响力使得各国在引进文化产品时都会慎重考虑，甚至有抵制进口的可能。同时也由于文化产品本身的特殊性，使国际上无法通过统一的国际标准和关税进行限制，所以各国更多地采用诸如市场准入制度、非国民待遇等非关税壁垒的形式来限制文化产品的进口。在国际上普遍存在着文化贸易保护，且文化贸易的保护方式较为隐蔽。

其二，文化贸易具有共融性。文化具有很强的交融性，它几乎融入所有的产业领域，尤其是文化产品和文化服务与信息技术的结合，更加速了文化的传播速度，加大了扩展范围，因而更加强了文化产品和文化服务的产业带动性。例如，广播影视业将带动音像、游戏软件、家电、通信设备、广告展览等产品的贸易；文化娱乐业将推动旅游、宾馆、餐饮、交通、演艺市场；文化产业的公共参与性及其善于制造大众流行的特点，将推动服装业、美容业及各类延伸产品市场；各类先进文化设施的建设，能带动建筑业和制造业市场。② 随着文化产品的普及，也就是通过文化贸易的发展，文化产品这种特殊的商品同时能带动别的产业的贸易，产生综合的联动效应。文化产业是一个庞大的产业群，文化贸易和其他产业也具有共生性和融合性。不同的文化内涵和文化服务，融入了几乎所有的产业和贸易领域，反映了不同的文化背景和文化价值取向。尤其是文化产品和文

---

① 韩骏伟：《影视传播与文化贸易》，《现代传播》（《中国传媒大学学报》），2006(2)，143页。

② 王乾厚：《文化产业对经济增长影响的实证研究》，《商丘师范学院学报》，2008(8)，76—77页。

化服务与信息技术的结合，更使文化的传播速度加快，扩展范围加大，进一步提高了文化产品和文化服务的可贸易性。

其三，文化贸易具有经营的外部性特征。外部性指的是企业或个人向市场之外的其他人所强加的成本或利益。文化产品和文化服务的成本和利益不被计入生产和交易的过程中。文化产品和文化服务是精神消费品，被消费后必然对消费者的心理产生一定的影响，这种影响随之会反映在他的社会行为中，给他人和社会带来成本或利益，这种成本和利益是不被也不可能被记入文化产品和文化服务的生产和交易中的。正是由于文化产品和文化服务对整个社会的意识形态所产生的外部性，世界各国都非常注重文化产品和文化服务对社会的影响及其管理。

其四，文化贸易的社会公益性。文化产品和文化服务是社会生活不可或缺的基本构成和公共条件。国家或社会要对其进行管制，并给予相应的优惠条件，促使这类产业与社会协调发展，向社会提供某些特定的观念、价值和生活方式。

其五，文化贸易发展的不平衡性。文化产品和文化服务的流通是不平衡的，而且这种不平衡将会持续较长时间。各国在文化生产和文化服务方面的能力、技术和资源存在着巨大的鸿沟，以美国为代表的发达国家在文化贸易中占有绝对优势，而许多发展中国家和小国的文化产品生产和文化服务供给则处于十分劣势的地位。

其六，文化市场的垄断性。这主要表现为少数发达国家对文化贸易市场的垄断。发达国家在生产文化产品方面有很大的优势，他们对于新技术的开发、运用都较发展中国家具有一定的优先性。当前的国际格局就表现为少数跨国集团已经垄断了国际文化市场，如时代华纳、迪士尼、贝塔斯曼、维亚康姆、默多克新闻公司等几家大型媒体娱乐集团基本控制了全球的媒体文化市场。

文化贸易的特殊性决定了它在一国国际服务贸易中的敏感地位和重要性。因此如何利用好现有的服务贸易规则，积极地发展文化贸易，对所有国家、特别是发展中国家，具有重大的战略意义。

第二节　文化贸易基本理论

从本质上来说，文化贸易与一般的国际商品和服务的贸易是相同的，因而国际贸易理论也是文化贸易理论的重要内容。

一、比较优势理论

比较优势理论在国际经济贸易理论中占有最重要的地位，它一直是国际贸易中的准则和指导贸易进行的基石。

（一）绝对优势成本理论

大卫·李嘉图于 1817 年在《政治经济学及赋税原理》中提出了比较优势理论，大卫·李嘉图比较优势思想的产生来源于亚当·斯密的绝对优势成本理论。

亚当·斯密绝对优势理论可以简单描述为如果 A 国家和另外一个 B 国家相比在生产产品 M 上能以较低的成本进行生产，那么 A 国就在生产 M 产品上具有绝对的优势，A 国就会选择生产 M 产品，B 国选择不生产而从 A 国进口。亚当·斯密的绝对优势理论是根据各国在生产产品的劳动生产率和生产成本上的绝对差异提出的，他认为分工可以促进劳动生产率的提高，促进财富的增加，而社会分工的产生是由于生产产品的劳动生产率和成本的绝对差异造成的。斯密认为，如果甲国 A 产品的成本比乙国绝对低廉，而乙国 B 产品的成本比甲国绝对低廉，则甲国可向乙国出口 A 产品，乙国可向甲国出口 B 产品。这样就解释了国际贸易产生的原因。

亚当·斯密认为，在国际分工基础上开展国际贸易，对各国都会产生良好的效果；分工可以提高劳动生产率，增加国民财富，亚当·斯密提出分工的原则是成本的绝对优势或绝对利益；国际分工的基础是有利的自然禀赋，或后天的有利生产条件，它们都可以使一国在生产上比其他国家成本更低。各国按绝对有利的生产条件进行国际分工并开展国际贸易，将会使各国的资源、劳动力和资本得到最有效的利用，将会大大提高劳动生产率和增加物质财富。[①] 亚当·斯密以国民财富为研究对象，提出财富就是一国生产的商品总量，劳动则是财富的源泉。增加财富之道有二：一是发展分工，提高劳动生产率。分工之所以能提高劳动生产率，“其原因有三：第一，劳动者的技巧因专业而日进；第二，由一种工作转到另一种工作，通常须损失不少时间，有了分工，就可以免除这种损失；第三，许多简化劳动和缩减劳动的机械的发明，使一个人能够做许多人的工作”。[②]二是增

---

① 陈同仇、薛荣久著：《国际贸易》，55 页，北京，对外经贸大学出版社，1997。

② ［英］亚当·斯密著，郭大力、王亚南译：《国民财富的性质和原因的研究》（上卷），8 页，北京，商务印书馆，1972。

加生产劳动的人数，也就是依靠增加资本。亚当·斯密认为分工与专业化经济可以提高生产效率，而国际文化贸易具有很强的专业化经济的特点。文化产业具有知识密集、创意密集型的特点，各国的文化产业从业人员要经过长期的专业训练，才能形成自己的竞争优势，因此，古典国际贸易理论具有一定的借鉴意义。①

亚当·斯密的绝对优势理论也有明显的不足，就是一国要参加国际贸易，必然有至少一种产品处于绝对优势地位。但事实上一国在没有任何绝对优势产品的情况下也会与别国发生国际贸易。② 亚当·斯密的绝对优势理论存在致命缺陷，一方面，他忽略了对每个国家的工资率的考虑，工资率高的国家有可能会冲销劳动生产率带来的绝对优势，甚至变为劣势。因为他们总体的生产成本会比较高。另一方面，他的观点建立在两个不同国家生产的产品具有绝对优势的基础之上，他不能解释一国的绝对成本高于或者低于其他国家时贸易为什么也可以发生。

（二）比较优势理论

1. 比较优势理论的提出与应用

比较优势系指各国在土地、劳动力、资本、技术乃至于制度等有形和无形的资源禀赋上存在着相对差异，从而使一个国家在某类产品的生产上具有生产率的相对优势，在流通领域中表现出相对价格优势，并据此作为其参与国际分工和开展国际贸易的依据和条件。大卫·李嘉图认为比较成本差异的来源在于劳动生产率的差异，而劳动生产率是外生给定的。大卫·李嘉图的比较优势理论是以劳动价值论为基础的，任何商品的价值都由赋予生产商品的劳动成本决定的。大卫·李嘉图认为，虽然一国在两种商品的生产上都处于劣势地位，但只要两者的不利程度有所不同，相比之下总有一种商品的劣势少一些，即具有相对优势。如果一国利用这种相对优势进行专业化分工，然后用其产品进行国际交换，贸易双方同样能从交换中获得利益。③ 他认为国际贸易产生的原因不在于成本的绝对差异，而在于成本的相对差异。即使甲国 A、B 两种产品的绝对成本都比乙国高或低，但只要两种产品的比较成本在两国不一致，仍然会发生国际贸易。这样就突破了亚当·斯密理论的局限性。

---

① 李怀亮主编：《国际文化贸易导论》，138 页，北京，中国传媒大学出版社，2008。

② 陈丽燕、刘永丹、初天天编著：《国际贸易理论与政策》，46 页，北京，清华大学出版社，2014。

③ 龚关编著：《国际贸易理论》，4 页，武汉，武汉大学出版社，2000。

大卫·李嘉图解释了为什么当一个国家生产的所有产品都具有比较优势时，贸易同样可以发生，他的思想对经济学思想进行了补充和发展。大卫·李嘉图以英国的布匹和葡萄牙的葡萄酒之间的贸易来研究比较优势理论，[①] 他通过英国和葡萄牙的产品贸易分析了发展程度不同的国家可以从相互贸易中获利，因为从全世界范围来看每个国家都有具有比较优势的产业。

假定1单位的劳动可以生产一定数量的布匹或者葡萄酒。如果生产1单位的布匹需要4单位劳动的话，那么1单位劳动可以生产布匹的数量为1/4。如下表所示：

表1-2　英国和葡萄牙的比较成本示意图（每单位雇佣劳动产量）

	布匹	葡萄酒
英国	5	1
葡萄牙	6	3
总产量	11	4

如表1—2所示，可以容易看出葡萄牙和英国相比在生产布匹和葡萄酒上都具有绝对优势。葡萄牙用1单位劳动生产布匹数量为6，而英国用1单位劳动生产布匹数量为5。同样，葡萄牙1单位劳动生产3单位葡萄酒，英国1单位劳动生产1单位葡萄酒。但是并不意味着葡萄牙在两国的贸易中一定能够获利。每个国家都应该生产具有比较优势的产品，即机会成本比较低的产品。英国每生产1单位布匹的机会成本是1/5葡萄酒的产量，葡萄牙每生产1单位布匹的机会成本是1/2葡萄酒的产量，英国生产布匹的机会成本更低。同理，可以得出葡萄牙生产1单位葡萄酒的机会成本是5单位数量的布匹，英国每生产1单位的葡萄酒的机会成本是2单位数量的布匹，所以葡萄牙在生产葡萄酒上的机会成本较低。其结论是，英国应该选择专门生产布匹，葡萄牙应该选择专门生产葡萄酒。

表1-3　国际分工后两国贸易所得示意图（每单位雇佣劳动产量）

	布匹	葡萄酒
英国	＋10	－2
葡萄牙	－6	＋3
总收益	4	1

现假设英国用生产葡萄酒的劳动数量全部生产布匹，那么减少2单位

① ［美］斯坦利·L. 布鲁、［美］兰迪·R. 格兰特著，邸晓燕等译：《经济思想史》（第7版），92—93页，北京，北京大学出版社，2008。

生产葡萄酒的劳动数量转而去生产布匹可以生产10单位的布匹。葡萄牙专门生产葡萄酒，那么减少生产6单位布匹的数量可以生产3单位的葡萄酒。国际分工的专业化生产使布匹和葡萄酒的贸易总收益都增加了。根据比较优势思想，每个国家都应集中生产并出口其具有比较优势的产品，进口其具有比较劣势的产品，这样可以增加整个世界以及彼此的福利。

根据比较优势理论，一国在两种商品生产上相对于另一国均处于绝对劣势，但只要处于劣势的国家在两种商品生产上劣势的程度不同，处于优势的国家在两种商品生产上优势的程度不同，则处于劣势的国家在劣势较轻的商品生产方面具有比较优势，处于优势的国家则在优势较大的商品生产方面具有比较优势。两个国家分工专业化生产和出口其具有比较优势的商品，进口其处于比较劣势的商品，则两国都能从贸易中得到利益。这就是比较优势原理。[①]

大卫·李嘉图科学地发展了亚当·斯密的绝对优势理论，指出两国只需在不同产品生产上分别具有劳动生产成本上的相对优势，就可以通过国际分工和互惠贸易而使双方得益。这一理论为世界更大范围地开展自由贸易奠定了理论基础，同时，也为现代贸易理论的进一步发展提供了研究思路，迄今仍具有十分重要的理论意义和现实意义。[②] 比较优势理论更全面、更深刻地解释了国际贸易何以产生，证明了国际贸易的产生不仅在于绝对成本差异，而且在于相对成本差异，这为处于不同发展阶段的国家参与国际贸易和国际分工提供了理论基础。[③] 比较优势通常被归因于不同国家之间供给方的差异，各个国家按照比较优势的原则参加国际分工，从而形成对外贸易的比较利益结构。在一般情况下，发展中国家缺资本和技术，而有自然资源和劳动力资源丰富且便宜的优势，发达国家则只有资本和技术资源丰富的优势。因此，比较优势的贸易格局是：发达国家进口劳动密集型和自然资源密集型产品，出口资本和技术密集型产品，发展中国家则进口资本和技术密集型产品，出口劳动密集型产品。应该说，这种贸易格局有利于各国获得更多的比较利益，加快本国的经济增长速度，使全世界福利水平达到最大化。然而，在国际分工与国际贸易格局中，一小部分国家

① 何红霞、李福祥著：《中国资本市场开放与投资银行转型》，17页，北京，中国社会科学出版社，2013。

② 陈文汉主编：《国际贸易》，28页，北京，机械工业出版社，2013。

③ 陈丽燕、刘永丹、初天天编著：《国际贸易理论与政策》，44页，北京，清华大学出版社，2014。

获得了较快的经济增长，但是发展中国家从总体上说并没有缩小与发达国家的差距。①

将比较优势理论运用到蕴含丰富文化的商品或服务的贸易实践中，也是顺理成章的，可以这样理解：各国都有各自不同的文化资源，而且对不同文化资源的占有是具有绝对比较优势的。中华民族五千年的历史文化构成了中国文化产业取之不竭、用之不尽的文化资源。同样，中东国家有源远流长的伊斯兰教文化资源，欧洲国家有基督教文化资源的优势。不同国家的文化产业都占据着相对的优势，要对自己占有的文化资源进行最大限度与尽可能完美的开发、利用、加工，这样就可以在国际文化贸易中实现自己的比较优势。②

在文化贸易活动中，文化的比较优势主要表现在以下几方面：首先，一国的文化资源禀赋。一般是指具有文化特征和人类进步活动痕迹的具有人文和传统价值的一类资源，包括历史遗迹、民俗文化、地域文化、乡土风情、文学历史、民族音乐、宗教文化、资源风光等。其次，一国的创新能力，文化产品主要满足的是人们的精神需求，而人与人之间精神需求的差异性要远远大于物质需求的差异性。为满足消费者对文化产品差异性的要求，就更加需要不断创新以提供多种多样的文化产品。从这个意义上说，创新是文化产业的灵魂，是推动文化贸易的动力。再次，一国的经济发展水平将对文化贸易比较优势产生影响：一方面，一国的经济发展水平越高，对文化产品的国内需求就越具前瞻性，在这种情况下，国内公司将率先发现“商机”，使其产品不断更新，从而保持在文化贸易中的领先地位；另一方面，一国的经济发展水平越高，对文化产品的国内需求就越大，这显然有利于国内公司扩大生产规模，从而实现规模经济并进而扩大文化贸易规模。因此，一国的经济发展水平是决定文化贸易发展水平的关键因素。上述这些因素在不同的国家之间分布很不平衡，所以各国进行文化贸易的比较优势也就有所差异，文化比较优势而产生的贸易需求增量也就有所不同。

文化的比较优势对文化贸易需求增量的影响可以从两个维度来看：

从出口国来说，文化比较优势物化于商品之中，提高了商品的文化价

---

① 李晓钟著：《从比较优势到竞争优势——理论与实证研究》，5页，杭州，浙江大学出版社，2004。

② 罗能生编著：《全球化、国际贸易与文化互动》，57页，北京，中国经济出版社，2006。

值，从而提高商品出口的竞争能力。一国的文化比较优势通常从两个方面提高商品的文化价值：一方面，将本民族先进的文化个性、文化特色物化到商品的品牌塑造以及服务的质量、理念等过程中，从而提高商品文化的内在价值。另一方面，从商品的设计、广告、包装、工艺、技术等因素提高商品文化的外在价值。当今，国际贸易的竞争主要表现为品牌和高技术的竞争，特别是在经济、技术、文化落后的国家，由于物质产品质量和物质生活水平与发达国家存在较大差距，往往使人们在心理上产生崇外的心态，以拥有外国货为荣，更易增加对进口商品的认同感，从而也为文化比较优势的商品打开了方便之门。20 世纪 80 年代以来，文化比较优势不仅在有形的货物贸易中表现得淋漓尽致，而且在新兴的服务贸易领域里，由于文化包含的附加值更高，文化比较优势对服务贸易的影响更大。例如美国的大众文化优势推动了美国影视、音像业的发展，其文化商品贸易主导了世界市场。

从进口国来说，文化比较优势能提高消费者的文化品位，满足多样化的需求层次，提高了贸易需求能力。从某种角度上讲，文化比较优势对国际贸易进口国的消费者的心理需求有指导意义。随着社会经济的发展和物质商品的日益丰富，人们的消费不再是或主要不再是一种物质行为或纯粹的经济行为，而变成了一种生活方式，一种符号消费或象征性消费之类的文化行为。也就是说，在基本物质需要得到满足的基础上，人们更多地关注文化，关注精神上和心理上的需要。所以，由于文化比较优势的商品和服务能够满足人们本质上多样化的需求层次和文化品位，从而增加了对进口商品的贸易需求。

文化比较优势对现代国际贸易的发展至关重要。在现代国际贸易中，无论是货物贸易还是服务贸易，都应加入更多的文化因素，充分利用丰富的文化资源，为本国提高国际贸易竞争力寻找新的途径。

2. 比较优势理论的影响及局限性

比较优势理论为国际贸易的活跃进行提供了理论基础，但是比较优势理论没有明确说明国际贸易开展的根本原因，只提出了国际贸易和世界分工进行的一个理论依据。大卫·李嘉图只是单纯地把贸易进行的原因归结为劳动生产率的差异。生产产品的成本要素包括劳动、资本、土地等，其中劳动包括消耗的物化劳动和活劳动，物化劳动中就包括劳动资料和劳动对象。然而，大卫·李嘉图并没有考虑其他生产要素的差异所造成的国际分工，从现代经济学的角度看，大卫·李嘉图的比较优势理论存在诸多局限性：一是大卫·李嘉图的比较优势理论仅涉及劳动力一种生产要素；二是该理论难以解释多种要素存在情形下的比较优势来源；三是比较优势理论以劳动价值论为基础，但却未能揭示国际劳动交换的原因。[①] 瑞典经济学家依莱·赫克歇尔和波尔蒂尔·俄林提出要素禀赋理论，他们从一个更合理更新的角度解释了比较优势产生的原因，成为以后相当长一段时间内的主流国际贸易理论。

二、要素禀赋理论

瑞典经济学家波尔蒂尔·俄林在其老师依莱·赫克歇尔的基础上，提出了要素禀赋学说，认为比较成本的差异来源于生产要素先天禀赋的不同，从而把国际贸易理论的研究提高到一个前所未有的新阶段。[②] 依莱·赫克歇尔和波尔蒂尔·俄林是在新古典一般均衡分析框架之上提出的，要素包括生产有形的或者无形的因素，例如：土地、自然资源、物质资本、知识技术水平等各种要素。[③]

要素禀赋的不同是国际贸易产生的根本原因。每个国家的相对比较优势来源于所拥有的要素总量和结构的差异，如果一国能集中地利用本国丰裕要素生产一种产品，则在该种产品上就会取得比较优势地位。波尔蒂尔·俄林认为生产某种产品的成本取决于要素的丰裕度，生产某种产品的要素越丰裕，那么生产此产品的总体成本就会比较低；而生产某种要素比较不丰裕的产品，所需要的生产成本就相对会比较高些。根据要素禀赋的差异来比较两国产品的比较优势，出口本国密集使用且相对丰富、价格相对便宜的要素所生产的产品，进口本国相对缺乏、价格相对较高的生产要素所生产的产品，将会对本国的经济发展起到举足轻重的作用。波尔蒂尔·俄林用生产要素的丰缺来解释国际贸易的产生和一国的进出口贸易类型，同种商品在不同国家的相对价格差异是国际贸易的直接原因，而价格差异则是由各国生产要素禀赋不同决定的。

发达国家在资本密集型产业上具有比较优势，而劳动力充足的发展中国家在劳动密集型产业上具有比较优势。以美国和中国为例，在生产汽车方面，美国和中国相比较，美国的资金价格相对比较便宜，属于资本密集

---

① 黄梅波编著：《世界经济理论、政策与实践》，222 页，北京，北京大学出版社，2015。

② 李岳云著：《国际贸易基础》，36 页，北京，中国农业科技出版社，1994。

③ 鲍务英：《浅析比较优势理论》，《北方经济》，2008（8），14 页。

型，应生产汽车并出口到中国；在玩具生产方面，中国劳动力价格相对比较便宜，中国应生产玩具并出口到美国。

要素禀赋理论从根本上说明了生产产品成本不同的原因，而大卫·李嘉图只阐释了比较成本差异而没说明比较成本差异的原因。要素禀赋理论是以相对成本差异的来源分析比较优势的，所以要素禀赋理论不仅对大卫·李嘉图的比较优势理论进行了补充和完善，也使得比较优势理论在国家贸易中的应用解释更具有普遍性。当然，要素禀赋理论并不是十全十美的。随着全球化发展和科技突飞猛进，知识、技术等无形要素在生产产品的成本方面起到越来越重要的作用。要素禀赋理论的这些缺陷也逐渐地受到了全世界经济学家的挑战。

三、产业内贸易理论

自20世纪60年代以来，国际贸易发展有两个重要特征：一是发达国家贸易进出口总额占世界贸易的比重不断上升，从20世纪50年代的60%上升到90年代的70%多，而发展中国家则从40%下降到不足30%；[①] 二是产业内贸易迅速发展。国际贸易大多发生在发达国家之间，而发达国家间的贸易又出现了既进口又出口同类产品的现象，制成品贸易超过原材料与制成品的交换，产业内贸易超过产业间贸易。

所谓产业内贸易又称部门内贸易，是指一国同时存在着进口和出口同类产品的贸易活动，或者说进行贸易的两国彼此买卖着同一部门所生产的产品，例如美国和日本之间相互输出汽车。产业内贸易的商品具备两个条件：一是在消费上能够相互替代；二是在生产中需要相近或相似的生产要素投入。产业内贸易也被称为要素禀赋相似，是指技术水平相近的国家之间进行的贸易，他们生产的相同或者相似产品在彼此之间的双向流动。产业内贸易的产生，是因为他们生产的同种产品，在性能，或者外观及个人爱好的不同，所产生的相似但不完全相同的产品，也是不能完全替代的产品。

四、规模经济理论

规模经济是指随着生产规模扩大时发生的单位成本下降所带来的利益，规模经济分为内部经济和外部经济。内部经济是指企业在扩大生产规

① 尹翔硕著：《国际贸易教程》，209页，上海，复旦大学出版社，1996。

模时由于采用效率更高的特种生产要素和进行企业内部的专门化生产而引起的生产率的提高和成本的下降，企业内部的收益因而增加。保罗·克鲁格曼的内部规模经济理论认为，单一的垄断竞争型企业在生产自己的产品时，随着产量的增加和市场的扩大，它的平均成本是不断下降的，因而规模收益是递增的。如果一个垄断竞争型企业把自己的产品从国内市场扩大到国际市场，由于市场的扩大，消费人数的增加，企业的收益会递增、成本会降低，因而比那些只面向国内市场的企业更有竞争优势。

外部经济是指企业在扩大生产规模后利用企业外部的各种有利条件而获得的利益。由于同行业企业的增加和相对集中，在信息收集、产品销售等方面的成本便降低。外部规模经济一般出现在竞争性很强的同质产品行业。由于规模经济能够导致单位产品成本下降，因此，规模经济和资源赋予一样也应该是国际贸易的基础。①

经济学家默瑞·坎姆于 1964 年提出外部规模经济导致国际贸易，即两国贸易的基础是由规模经济带来的成本差异。以美国和日本生产的两种产品为例：电脑和相机，并假定生产这两种产品的行业都具有外部规模经济。由于美国的电脑生产发展迅速，有更多的人从事这一产业，电脑生产就具备了外部规模经济。另一方面，假设日本的相机生产扩大，其成本相对下降而电脑成本相对上升。如果美国电脑的相对成本低于日本，而日本相机的相对成本低于美国，两国就有了贸易的动力，美国将出口一部分电脑而进口一部分相机，而日本则出口一部分相机进口一部分电脑。

美国文化产业的最大优势就是它的规模经济。美国文化产业在全球有一个庞大的市场。在全球有近 5 亿人使用英语，有 70 多个国家把英语定为官方语言。这种情况为美国文化产业的扩张提供了非常有利的条件。美国国内的市场也很庞大，文化企业首先利用国内的市场，把自己做大做强，等他们走向国际市场的时候，这些企业已经具有很大的规模经济，产品成本比国外的企业更低、效率更高、竞争实力更强。② 以美国的软件业为例，美国软件业的最大特点就是面向全球市场大规模销售，利用其高效的组织和专业化分工大规模生产，因而产品的单位成本低，利润高。外部规模经济效应方面，美国的电影产业集中在美国西海岸的洛杉矶市好莱坞，那里有派拉蒙、米高梅、福克斯、环球、华纳等大制片公司。众多一

① 毛筠、孙琪主编：《国际贸易理论与政策》，54 页，杭州，浙江大学出版社，2003。

② 李怀亮主编：《国际文化贸易导论》，142 页，北京，中国传媒大学出版社，2008。

流的导演、编剧、演员以及与电影配套的各种商业，都聚集在这里。在好莱坞从事电影业可以得到各种最好的服务，大大降低了电影制作的交易成本。电影业在这里比其他地方更专业，分工更好，效率更高，从业人员的就业风险也更小，这就是所谓的外部规模经济。

五、需求相似论

需求相似论又称偏好相似理论，是瑞典经济学家林德（Linder）在1951年出版的《论贸易和转变》一书中提出的。

林德认为，工业制成品生产的初期是满足国内的需求，一旦国内市场大到可以使工业得到规模经济和竞争的单位成本时，才会想到扩大销售范围，将产品推向国际市场，该产品较多的是出口到那些喜好相似的国家。需求结构的相似程度决定着两国之间的贸易数量，具体地说，两国的需求结构越相似，两国之间的贸易量越大。这是因为，两国经济越相似，它们的政治制度、经济政策、文化背景的差异相对小些，所形成的"市场隔离"较小，从而贸易机会就多，贸易潜力也大，彼此的贸易利益也可能更多。该理论认为，人均国民收入是影响需求结构的主要因素，因而人均国民收入的相似可以作为需求结构相似的指标。两国的人均收入越一致，需求结构越相似，彼此间从事贸易的可能性就越大。相反，人均收入水平的差异反而导致贸易的潜在障碍。林德认为，影响一国需求结构的主要因素是人均收入，人均收入越相似的国家，其消费和需求结构越相似，产业的适应性就越强，贸易交往就越密切。人均收入水平较高的国家，其选择的消费品质量与档次较高，而资本设备需求结构也必须更先进、更高级。所以，人均收入水平的差异是贸易发展的潜在障碍。西方经济学家认为，经济发展水平越高，产业部门内差异产品的生产规模也就越大，产业部门内部分工就越发达，从而形成差异产品的供给市场。同时，经济发展水平越高，人均收入水平也就越高，较高人均收入层的消费者的需求会变得更加复杂、更加多样化，呈现出对差异产品的强烈需求，从而形成差异产品的消费市场。[①] 研究者们得出了以下结论：收入水平相近的国家，最有可能具有相似的消费者偏好与市场需求特征，当一国的厂商计划进行跨国经营时，他们最有可能进行开发的市场首先应当是与本国收入水平相当的市

---

① 何红霞、李福祥著：《中国资本市场开放与投资银行转型》，19页，北京，中国社会科学出版社，2013。

场，从这个角度讲，收入水平相当的国家间的贸易量应当是比较大的。

林德认为，不同国家由于经济发展水平不同，需求偏好也不相同。国际间制成品贸易的发生，往往是由国内建立起来生产规模和竞争能力，而后再拓展国外市场，因为厂商首先为他所熟悉的本国市场生产新产品，当发展到一定程度，国内市场有限时才开拓国外市场。因此，两国的经济发展水平越接近，人均国民收入越接近，需求偏好越相似，相互需求就越大，贸易量就越大。人们收入越高，对需求产品的差异化要求越高。相反，国家间人均国民收入参差不齐则阻碍了国际贸易的发展。例如，一国根据本国国内需求开发生产出的产品，由于别国收入水平较低而对该产品缺乏需求，或者由于别国收入水平过高而对此产品不屑一顾，彼此间的贸易自然无法大规模发生。

按照林德的需求相似理论，可以解释发达国家间的贸易行为，需求成为决定国际贸易模式的一个重要因素。决定需求的因素主要有三个方面[①]：一是实际需求，指地理气候等环境的差别造成的需求差异；二是喜好偏好，对商品的不同偏好主要是由不同的历史文化、宗教信仰和风俗习惯造成的；三是收入水平。随着人类社会生产力的进步，人们已经能够在很大程度上克服地理气候环境带来的束缚，而经济全球化的发展使得世界各国在文化、风俗等方面的差异也越来越小，而收入水平才真正成为决定一国需求结构最主要的因素。当一国人均收入提高，工业消费品特别是奢侈品的需求增加时，本国的工业品和奢侈品的生产也随之增加。为了满足市场需求，生产者不断地扩大生产、改进技术，结果使产量的增加超过需求的增加，从而使该国有能力向别国出口。而且，在国内市场上的竞争也使得厂商不断降低成本提高产品质量，国内市场上的演练也使得企业具备了参与国际竞争的能力。

六、新型生产要素理论

随着现代经济的发展，技术、人力技能、研究与开发、信息、规模经济与管理等成为新型生产要素。

（一）技术要素

传统经济学家通常把生产过程的投入物的工艺规程或方式方法的技术

① 海闻著：《国际贸易：理论·政策·实践》，49—50页，上海，上海人民出版社、智慧出版公司，1993。

排除在生产要素之外。事实上，作为生产过程中的知识、技巧和熟练程度所积累的技术，不仅能够提高土地、劳动和资本要素的生产率，而且可以提高三者作为一个整体的全部要素的生产率。因此，技术进步将对各国生产要素禀赋的比率产生影响，从而影响各国产品的相对优势，对贸易格局的变动产生作用。从这个意义上说，技术也是一种独立的生产要素，它作为生产要素在现代经济活动中的地位越来越重要，当今国际经济竞争说到底就是技术水平的竞争。

（二）人力技能要素

西方经济学家认为，各国劳动要素生产率的差异实质上就是人力技能的差异。他们提出了人力技能理论，把劳动分为两大类：一类是简单劳动，即无须经过专门培训就可以胜任的非技术的体力劳动；另一类是技能劳动，即必须经过专门培训形成一定的劳动技能才能胜任的技术性的劳动。要对劳动者进行专门培训，就必须加大投资力度。因此，体现在劳动者身上的、以劳动者的数量和质量表示的资本就是人力资本。由于人力资本投资持续时间不同、投资形式存在差别、投资领域不一致等原因，造成了劳动力的质的差别，人力技能是越来越重要的生产要素。

（三）研究与开发要素

西方经济学家格鲁勃（W. H. Gruher）、梅达（D. Mehta）、弗农（R. Vernon）及基辛（D. B. Keesing）等人在注重技术要素作用的同时，进一步研究了推动技术进步的形式和途径及其与贸易的关系，提出了研究与开发（research and development，R&D）要素论。

所谓研究与开发要素，是指研制和开发某项产品所投入的费用，它不同于生产过程中其他形式的要素投入，研究与开发要素是以投入到新产品中的与研究和开发活动有关的一系列指标来衡量的。在进行国别比较时，可以通过计算研究与开发费用占销售额的比重、从事研究与开发工作的各类科学家和工程技术人员占整个就业人员的比例以及研究与开发费用占一国国民生产总额或出口总值的比重等方法，来判断各国研究与开发要素在经济贸易活动中的重要性及其差别。同时，可以通过研究与开发的多寡来衡量一个国家在国际分工中的比较优势。①

研究与开发要素对一国贸易结构的影响是显而易见的，一个国家越重视研究与开发，这个国家投入到研究与开发活动中的资金就越多，其生产

① 陈永富主编：《国际贸易理论》，96页，北京，科学出版社，2004。

的产品中知识与技术密集度就越高，在国际市场竞争中就越有利。在一定的条件下，投入研究与开发的资金的多少，可以改变一个国家在国际分工中的比较优势，产生出新的贸易比较利益。美国经济学家格鲁勃和弗农根据1962年美国19个产业的有关资料，就研究和开发费用占整个销售额的百分比以及科学家、工程师占整个产业全部就业人员的比例进行排列，结果发现，运输、电器、仪器、化学和非电器机械这五大产业中，研究与开发费用占19个产业的78.2%，科学家和工程师占85.3%，销售量占39.1%，而出口量占72%。所以说，具有较强研究与开发实力的部门和企业在竞争中占有优势，更能够获得比较优势。[①] 基辛曾以美国在十个主要工业发达国家不同部门的出口总额中的比重代表竞争能力，分析研究与开发要素和出口竞争力的关系。结果表明，从事研究开发活动的高质量劳动力比重越大的部门，国际市场竞争力就越强，出口比率就越高，具有较强研究实力的工业部门生产的产品占有明显的优势，因而更有能力获得比较利益。[②]

（四）信息要素

信息已经成为当代经济活动中越来越重要的生产要素。信息是指来源于生产过程之外的并作用于生产过程的能带来利益的一切讯号的总称。信息要素是无形的、非物质的。随着现代社会的发展，市场在世界范围内的拓宽以及各种经济贸易活动的日益频繁，社会每时每刻都在产生着巨量的信息，这些信息都在不同的方面、不同的程度上影响社会经济活动，影响企业生产经营的决策和行为方式，甚至有时还决定着企业的命运。由于信息是一种能够创造价值的生产要素，因此，信息利用的状况能够影响一个国家的比较优势，从而改变一国在国际分工和国际贸易中的地位。[③]

七、产业集群竞争力理论

集群概念源于生态学，原意是指以共生关系生活在同一栖息场所中的生物族群。集群作为一种经济现象最早出现在西方国家的制造业中，西方国家对产业集群的研究比较早。亚当·斯密在《国富论》一书中虽未给出

---

① 王蒙燕、赵培华、李冰主编：《国际贸易政策与规划》，65页，西安，西安交通大学出版社，2014。

② 赵宗博编著：《国际贸易概论》，34页，青岛，中国海洋大学出版社，2008。

③ 毛筠、孙琪主编：《国际贸易理论与政策》，53页，杭州，浙江大学出版社，2003。

产业集群的明确概念，但率先提到了集群一词。他写道："工人所穿的粗劣呢绒上衣和牧羊剪毛所用的剪刀这两种产品，是由家庭作坊和手工业工场为基本单位的小企业集群联合劳动完成的。"① 后来很多学者都认为亚当·斯密从分工的角度，认为产业集群是由一群具有分工性质的企业以完成某种产品的生产联合为目的而结成的群体。马歇尔从规模经济的角度对产业集聚的内涵、外延进行了探讨，指出了产业集群产生的基本原因，即追求共享基础设施、劳动力市场等外部经济、规模经济而产生的聚集体。②

自 20 世纪 80 年代以来，瑞士的世界经济论坛（WEF，当时称为欧洲经济论坛）和洛桑国际管理发展研究院（IMD）在对各国的国际竞争力进行比较分析，对各个国家的国际竞争力的强弱进行排序的过程中形成了一套被广泛认同和接受的评价指标体系和评价方法。他们运用层次分析法从两个层次上确定影响国际竞争力的因素，即若干一级指标和每个一级指标下包含的一组二级指标。这些具体指标因素随着时间的推移又不断地被修改和调整。1991 年之前，具体分为 10 个一级指标和 300 多个二级指标；从 1991 年起，一级指标调整为 8 个要素：国内经济、国际化、金融、政府、基础设施、管理程度、科学技术和国民素质，二级指标调整为 290 个。1995 年又对指标体系作了调整，一级指标仍是上述 8 个方面，二级指标调整后只有 120 个。虽然这两个机构所做的国际竞争力评价体系是基于国家或地区整体层次上的，但对产业集群竞争力的评价指标体系的设计也有很强的借鉴意义。③

美国竞争经济学大师迈克尔·波特从竞争力的角度明确提出了产业集群的概念，他认为"产业集群是在某特定领域中，一群在地理上邻近，有交互关联性的企业和相关法人机构，并以彼此的共通性和互补性相联结"。④迈克尔·波特是最早从规范的角度分析产业集群竞争力的，该理论的核心内容是"钻石模型"（Diamond Model）。"钻石模型"又称菱形模型，它由 4 个基本决定因素和 2 个辅助影响因素组成，4 个基本决定因素

① ［英］亚当·斯密著，郭大力、王亚南译：《国民财富的性质和原因的研究》（上卷），280 页，北京，商务印书馆，2003。

② ［英］阿弗里德·马歇尔著，朱志泰译：《经济学原理》（上卷），28 页，北京，商务印书馆，2005。

③ 郑永彪著：《中国钧瓷文化创意产业发展研究》，27 页，北京，经济管理出版社，2010。

④ ［美］迈克尔·波特著，高登第、李明轩译：《竞争论》，210 页，北京，中信出版社，2003。

是：生产要素、需求条件、相关与支持性产业的表现，以及企业的战略、结构和同业竞争对手。2 个辅助因素是机会和政府。迈克尔·波特强调，产业若要建立国家竞争优势，必须先能善用 4 大关键因素，加上机会、政府角色，彼此互动，共同构成一个动态的激励创新的环境，由此构成一国产业国际竞争力的来源。该模型的提出为分析各国竞争优势，预测竞争优势的发展方向及长远发展潜力提供了有用的分析工具。①

与任何产业集群的分析和讨论一样，文化产业集群的分析和考察也离不开特定的理论模型基础。在产业集群竞争优势的诸多基础理论模型中，迈克尔·波特的"钻石理论"模型堪称其中最具说服力的理论模型。迈克尔·波特认为，产业是为生产直接相互竞争的产品或服务的企业集合，产业竞争力则是指一个国家能否创造一个良好的商业环境使该国企业获得竞争优势的能力。迈克尔·波特的产业竞争优势理论将企业、产业和国家有机地结合起来，将影响产业发展的各主要因素纳入到其理论模型中来。

按照迈克尔·波特有关产业竞争优势的"钻石理论"模型，影响文化产业集群竞争优势的要素主要包括：生产要素系统、需求状况系统、文化企业战略系统、相关辅助产业系统和政府行为系统等。其中文化企业战略系统和需求状况系统共同组成了核心竞争力模块；生产要素系统和相关辅助产业系统共同组成了基础竞争力模块；政府行为和机遇因素共同组成了环境竞争力模块。

1. 核心竞争力模块

核心竞争力模块主要包括文化企业战略系统和需求状况系统。文化企业战略系统包括文化企业的经营战略、治理结构、营销方式和竞争状况等。文化企业是文化产品和文化服务的具体提供者，因此，一国文化企业的竞争力状况将直接影响着该国文化产业的竞争力状况。而需求状况系统则反映了公众对文化产品和文化服务的需求，是文化产业集群发展的原动力。有效需求能够不断刺激文化产品和文化服务的有效供给，进而促进文化产业集群和文化产业结构的不断优化。在经济全球化的宏观背景下，需求又包括了国内需求和国际需求两个层次的需求状况。②

---

① 郑永彪著：《中国钧瓷文化创意产业发展研究》，28 页，北京，经济管理出版社，2010。

② 康小明、向勇：《产业集群与文化产业竞争力的提升》，《北京大学学报》（哲学社会科学版），2005（2），19 页。

2. 基础竞争力模块

基础竞争力模块主要包括生产要素系统和相关辅助产业系统。文化产业生产要素包括文化资源、人力资源、资本资源和基础资源等。每项又可进一步划分为基本要素（天然拥有或者不用付出太大的代价就能获得）和高级要素（需要经过长期投资和培育才能形成）两大类。在文化产业集群的发展过程中，天然要素的重要性正在不断下降，而高级要素的重要性正在不断提高。文化产业集群通常都是由一系列产业价值链所组成，从上游产业一直延伸到下游产业，产业关联度也比较大。文化产业集群竞争优势的形成必然离不开相关辅助产业群的强大支撑，只有具备强大的相关辅助产业群才能真正发挥出文化产业集群的整体竞争优势。例如信息、网络、教育和金融等都是文化产业集群赖以发展的基础产业。

3. 环境竞争力模块

环境竞争力模块主要包括政府行为系统和机遇因素。在文化产业集群的发展过程中，政府将发挥着至关重要的作用。综观全球成功的产业集群案例可以看出，政府在文化产业集群发展过程中的作用应主要体现在文化产业政策制定的科学性、合理性和适时性以及对文化产业的扶持力度和文化市场的规范程度等方面。而机遇因素虽然可以对文化产业集群的形成和发展起重要的催化作用，但是这种机遇因素却并不是依靠人工努力可以获得的，更无法在文化产业集群的发展规划中进行人为预测。例如，北京市主办奥运会这一历史性机遇就并非文化产业政策的制定者所能左右。

当然，文化产业集群的竞争优势并不能由某一特定的竞争模块决定，而是多个竞争模块综合作用的结果。因此，我们在应用迈克尔·波特的“钻石理论”模型分析文化产业集群的竞争优势时，还必须将上述的各大竞争力模块综合考虑在内。

第三节　发展文化贸易的意义

文化贸易除了能给国家和企业带来重大的经济意义外，还具有新的功能和价值，发展文化贸易对国家文化安全和国际竞争力的提升也会产生深刻的影响。

一、有利于提高国内生产总值

由于文化生产和贸易具有高附加值的特点，因而能够加快国民财富积累，实现经济社会的可持续发展，能够向其他产业提供丰富的文化附加值，为其他产业的外贸出口开辟广阔的道路，同时也能提升国家的文化形象和提高国家的整体竞争力。

发展文化贸易有助于提升对外文化的经济功能，加快积累国民财富。自1990年以来，随着知识经济浪潮滚滚而来，人类对于文化产品和文化服务的需求越来越广泛，市场也越来越大。国际文化市场成为企业和政府共同关注的重要战略领域。

文化产业的发展为文化贸易的扩大奠定了基础，文化贸易又反过来对文化产业的发展产生促进作用，这在文化产业大国中表现得尤其明显。一个国家的文化实力决定了文化贸易的规模。① 在“文化产业价值链”中，文化贸易属于“再生产、服务供应及分销”环节。文化贸易可以促进实现文化生产收回成本，实现盈利，为下一阶段的再生产提供生产性投入和基础设施支持。

文化消费具有较高的主观性和不确定性，对文化生产来说，及时、准确地把握消费动向至关重要。通过文化贸易，生产者可以及时得到市场信息，迅速进行产业调整，使文化产品的生产、流通与消费步入良性循环的轨道，促进文化产业的良性发展。在参与国际文化贸易的过程中，各国能够充分展示自己的文化魅力和发展优势，达到为国内其他产业吸引投资的目的。②

二、对经济具有波及效应

文化贸易作为一种新兴的贸易形态，对经济增长的作用不仅表现在提高国内生产总值的层次上，而且因其具有极强的产业交融性，对经济具有波及效应。

（一）文化贸易的逆向波及效应

文化产品的贸易必然带动与这些文化产品有消费互补性的产业的发展，这些产品的发展又将带动其先行产业和后续产业的发展。文化贸易实现了文化经济对相关产业的整体效应，文化经济表现出一种“整体效应”。例如，戏剧、文艺演出、马戏等活动的出口，必然带动相关演出设备和道具（如灯光、视频设备）的生产，这些相关设备和道具的生产又将带动建

① 张斌：《论文化产业与文化贸易的关系》，《艺术探索》，2011（3），79页。

② 李嘉珊著：《国际文化贸易研究》，23页，北京，中国金融出版社，2008。

筑材料、装饰材料、电子元器件的生产；这些产品的生产又促进钢材、电力等产业的发展。这就是带动先行行业的发展和贸易。

2002年张艺谋拍摄的武侠电影《英雄》是文化贸易对相关产业波及效应的典型，在影片公映之前，《英雄》出品方已将其在韩国、日本及欧美地区的发行权售出，成功地收回了全部投资。欧美地区发行权以2000万美元售出，韩国和日本发行权分别以200万美元和700万美元售出；宝洁、丰田、中国移动等数十家大企业的贴片广告为《英雄》带来了超过2000万元的收入；后来，根据《英雄》改编的同名小说，首印5万册，定价为20元；《英雄》VCD、DVD以及内地音像版权拍卖以1780万成交。①

从生产特点、生产内容和作用的方式与范围上看，文化产业远远超越了信息产业的物质领域，它以自身特有的广泛性和渗透性提升着物质生产领域的文明程度，带动着科教、休闲、传媒、体育等庞大的产业群体蓬勃发展，推动着人类知识经济时代高级阶段的来临以及经济结构的根本性变革。文化生产以文化创造性活动为中心，层层扩散，形成文化产业生产体系。以流行音乐唱片的生产为例，流行乐队为了生产唱片，一开始就涉及相关的专业人员和高科技设备；唱片投入生产，又与制造业相联系，这需要通过科技手段和工业生产形式相结合，同时大量复制文化产品；唱片所需要的包装，又与设计、印刷等相联系；唱片的发行过程，不仅牵涉销售业，还涉及广告业以及电影、电视和电台等的服务活动，乃至多媒体业的介入。不仅如此，文化产业与传统制造业、种植业、养殖业和服务业相融合，同时又包括具有很高文化含量的会展业、咨询业、旅游业、职业培训业等。

（二）文化贸易通过文化认同推动其他产品的出口贸易

文化产品和文化服务对消费者的满足主要是心理和精神上的，它在具有物质性、形象性的同时，更具有精神性和不可见性。文化产品和文化服务必定在消费者心中留下潜移默化的影响，从而对其承载的文化观念产生某种信任感、亲切感乃至依赖感。因此，一个国家的对外文化贸易，不仅仅具有经济价值，而且具有外交、外宣功能，传播了它的意识形态和价值观念。文化贸易形成巨大的整合效应和辐射效应，带动一国其他非文化产品的出口贸易，从而对增强一国的整体经济实力起到巨大的推动

① 高山：《跨越大屏幕——中国电影的宣传与营销现状分析》，《当代电影》，2013（5），72页。

作用。

早在20世纪70年代，日本学者日下公人就指出，文化在产生高额利润的同时，还对重化学工业等其他非文化领域的贸易产生重要影响。因此，日下公人极力主张日本在推行经济立国时，应该同时考虑文化立国战略。①

在我们看来，文化产品和文化贸易的“火车头”作用应该包括两个层面：从某一产业领域来说，文化产品本身所带动的是后期相关收入，是整个相关产业价值链的形成；从整个国家的经济和对外贸易战略角度来说，文化产品和文化贸易这一“火车头”的作用并不仅仅是对某一产业价值链的带动作用，它甚至可以带动整个国家经济和对外贸易的增长。美国好莱坞的“火车头理论”认为，电影作为火车头，它本身可以不赚钱，但它可以带动电影业的发展。在好莱坞电影中，票房收入一般只占一部电影全部收入的1/3，其余的收入则是版权和电影后续产品的收益。

韩国的例子也非常有力地说明了这一问题。1997年，韩国遭受亚洲金融危机的袭击，然而，不到5年时间，韩国经济再次崛起。在韩国经济恢复过程中，最为活跃、成长最快的是文化产业。数字游戏被确定为韩国的战略产业，自1998年以来，其产值翻了两番。其中最具代表性的“天堂”游戏，不仅风靡亚洲，且与微软和索尼等巨头游戏产品在国际上形成掎角之势。韩国电影出口从1995年的21万美元，到2003年的3098万美元，增长147倍；2003年，韩国向56个国家出口了164部电影，平均每部出口价格为19万美元，比2002年平均每部增加了8万美元。② 2004年，对中国内地、香港和台湾地区以及日本和泰国的与“韩流”相关的商品出口，使韩国获得了9.18亿美元的收入，占上述五个经济体商品出口总额的7.2%。影视剧、网络游戏等“韩流”文化产品无疑为韩国带来了滚滚财源，“韩流”过后留在其他国家人们心中的韩国形象，随着对韩国文化产品消费而来的是对韩国文化的熟悉、认可乃至接纳，这才是更重要的，是韩国大打文化牌的精髓和秘密所在。这也是文化贸易第二层面的作用。

三、捍卫国家的文化安全

国家文化安全，是指主权国家的主流文化价值体系以及建立于其上的

---

① 刘自雄、闫玉刚编著：《大众文化通论》（第2版），215页，北京，中国广播电视出版社，2013。

② 韩骏伟、胡晓明编著：《国际文化贸易》，9页，广州，中山大学出版社，2009。

意识形态、社会基本制度、语言符号系统、知识传统、宗教信仰等主要文化要素免于遭受来自内部或外部力量的侵蚀、破坏和颠覆，从而确保主权国家享有充分完整的文化主权，保证本国文化系统同国家政治、经济发展协调一致、良性互动并合理更新，并在本国国民中保持一种高度的民族文化认同。国家文化安全能为一国的发展创造稳定的国内政治环境，为经济发展和提高科学技术生产力提供精神力量，能为一国人民的幸福生活营造和谐的文化氛围，提供深厚的和得到广泛认可的价值基础，从整体上保证国家安全。国际文化贸易的发展使当代世界进入一个全球资源共享、文化边界日渐模糊的新时代，任何一个国家都不可避免地参与到文化经济这个大舞台上来。各国文化在走出国门的同时，也受到外来文化的吸引与冲击。如果一国的文化产品和服务不具备竞争力，该国本土文化甚至可能失去本国市场，这就导致有些国家的传统文化失去传承的基础，逐渐衰弱甚至消亡，丧失本国传统文化是十分危险的。①

四、有助于增强国际竞争力

文化贸易的价值不仅仅在于能够取得巨大的经济效益，而且能把本国的价值观输出并对他国产生影响；文化贸易的发展超越了经济因素，在一国的外交及处理与其他国家的国际关系中也具有重要作用；对于提高国家的软实力和国际竞争力更是具有重要意义。

（一）提高一国软实力

文化是综合国力的重要方面，是国际竞争中备受关注的软实力。文化产业既是一个国家综合国力的重要组成部分，也是一个民族国际地位的重要标志，发展本国的文化产业及鼓励本国的文化出口已成为当今世界各国的重要国策。目前，美国、英国、法国、日本等多个国家的政府通过制定政策大力推动文化贸易的发展。英国从 1997 年起已经把发展创意产业作为国家战略；法国和奥地利等都以举国之力做好重大文化产业品牌项目的扶持和经营；日本政府要员甚至提出了“动漫外交”的口号，亲和力强的文化产品的海外销售，极大地改善了日本的国际形象。美国前总统里根曾经直言不讳地说，政府要大力推动美国电影走向世界，因为好莱坞的电影走到哪里就把美国的价值观念和商业利益带到哪里。②

---

① 李嘉珊著：《国际文化贸易研究》，24 页，北京，中国金融出版社，2008。

② 周月亮、韩骏伟著：《电视剧艺术文化学》，172 页，北京，中国传媒大学出版社，2006。

（二）增强国际竞争力

国际竞争力是指一个国家在世界经济的大环境下，各国的竞争力相比较，其创造增加值和国民财富持续增长的能力。即一个国家在全球市场经济的竞争背景下，为国内经济提供良好环境，在保持良好的国际收支状况的前提下，与其他国家相比较，实现经济增长、提高人民生活水平的能力。国际竞争力不仅包括综合国力，还包括实现综合国力的社会经济环境条件和整体运行的竞争力，以及长期持续发展的内在的成长能力。一国在国际文化贸易中所处的地位与该国国际竞争力之间是相辅相成的关系。

一方面，国际文化市场的竞争非常激烈，文化贸易竞争力的强势和弱势十分明显。文化强势集团在竞争中获得丰厚利润，弱势者则承受着巨大的挑战和压力。由于文化产品和服务具有特殊的影响力和号召力，文化贸易强势国实际上获得了输出消费理念和消费方式的权利，这就为其开发他国市场、实现持续的经济利益作了绝佳的准备。而文化贸易弱势国只能被动地看着自己的文化市场被蚕食，其结果必然是处于国际经济价值链的底端。

另一方面，在经济全球化的浪潮中，国际竞争力较强的发达国家拥有无可置疑的经济优势，发展中国家则面临种种束缚。经济发展水平的不平衡造成各国经济参与文化产业的力度不同，发达国家凭借其经济和科技实力已确立其在国际文化市场上的地位，而广大发展中国家很难有巨额资金投资到本国文化产业，更谈不上拓展世界文化市场，提高其在国际文化贸易中的地位。①

因此，任何处于经济全球化浪潮中的国家想要增强国际竞争力，都无法离开本国文化贸易的发展与支持。

五、增加一国的就业机会

文化贸易的发展在就业方面有着重要的作用，可开辟新的就业空间。文化产业既需要利用高科技生产手段来生产文化产品，同时也需要通过劳动密集型的、传统的、大众式的生产方式进行文化生产经营。这一行业特点，就决定了文化产业不仅需要高素质的专业人才，还需要大量的普通劳动者。“文化产业的产业链条长，就业容量大，具有灵活就业的特点，特别适合大学生、研究生的就业和创业。”②

---

① 李嘉珊著：《国际文化贸易研究》，25—26 页，北京，中国金融出版社，2008。

② 张雁：《发展文化产业在应对金融危机中的重要作用》，《光明日报》，2009 年 4 月 12 日。

在英国，直接从事文化产业的就业人数接近100万，间接就业人数约为45万，文化产业就业人数占全国总就业人数的5%。从1981年到1993年，英国的文化产业就业人数增加了22%，占所有从业人数的比例从0.72%上升到了0.84%。[①] 在澳大利亚，1999年文化产业占GDP的3.3%，而就业人数34.5万人，占总就业人数的3.7%。到2004年，有250万人认为自己从事着文化行业工作，占总的就业人口的12.8%。澳大利亚文化产业年产值达250亿澳元，在数字内容和应用等高增长领域，增长速度是经济整体增长速度的两倍。[②] 加拿大从事文化产业的人数已达75.2万人，占全国总就业人数的6%。新西兰文化企业共11835家，占企业总数的5.7%；从业人员有8.7万人，占就业人员总数的5%。

在美国，从事艺术及其相关工作的人数达1700万人。从1987年到1993年，美国以文化产业为核心的版权产业就业人数年增长率达2.7%，3倍于同期其他产业0.9%的增长率。从1994年到1997年，纽约电影业的从业人员上升了47.5%，而由城市文化产业作为参与主体的各类艺术节，则为成千上万的居民提供了临时性或永久性的工作。在1998年一年内，新经济已为美国的1540万“知识工人”创造了就业机会。

从日本就业人员构成比率来看，20世纪30年代以来，第三产业就业者占总人数的百分比逐年上升。1930年30%，1965年43%，1970年46.5%，1975年52%，到了20世纪80年代和90年代，这一比率又大大提高。[③]

六、有助于提高一国科技水平

随着文化贸易的发展，各国越来越意识到文化贸易的重要性，积极寻找增加文化贸易的途径。文化产品本身就是一种建立在一定经济基础之上的精神享受，它对一国的科技水平有着较高的要求。这就需要国家在文化贸易的发展过程中积极主动地研究和应用科学技术，并通过这些科技的应用进一步推动文化贸易和经济的增长。从20世纪90年代开始，有些商家就开始利用互联网引导消费者网上购书，网上售书不仅极大地方便了消费者挑选书目，也节约了经销商的成本，极大地推动了出版业的发展，这不能不说是文化贸易发展的贡献。当电视、电影等影像节目的贸易越来越多，大家开始寻求一种更为便捷的输送方式，如互联网、卫星输送节目系

① 宋桂友主编：《文化产业管理概论》，34页，重庆，重庆大学出版社，2014。

② 熊澄宇著：《世界文化产业研究》，259页，北京，清华大学出版社，2012。

③ 宋桂友主编：《文化产业管理概论》，34页，重庆，重庆大学出版社，2014。

统等，这些都是随着文化贸易的发展而发展起来的。文化产品的制作过程、销售过程都需要一国集中力量去发掘高效、便捷的技术，从而提高管理效率和利润水平。

七、有利于经济的可持续发展

文化产业有其特殊的形态，它以创意为源头，内容为根本，现代科学技术为手段，高科技产品为物态表现。① 所以说文化产业耗费资源少、污染物排放量低、产业附加值高，是一种名副其实的绿色经济，在优化一国的产业结构中可以大有作为，是推动国民经济全面、协调、可持续发展的战略性产业。通过文化贸易的发展，有助于解决经济发展中的结构性矛盾，优化国家产业结构。现在，文化产业甚至成为一些发达国家扩大对外贸易的主导性产业和社会发展的支柱产业，把发展文化产业与国民经济的产业结构调整结合起来，通过大力发展文化产业，提高文化产业在整个经济结构中的比重，带动对传统产业结构的改造，优化经济结构，实现经济的协调发展。②

后工业时代的产业结构优化主要表现为技术集约化、知识产业化、服务主导化，而这些变化都需要从文化产业与传统产业的结合中找到突破口。出口文化的国家为了使自己的文化产品走向世界市场，必须将原有文化资源进行重新打造。在这一过程中，文化产业的链条必然增长，向前拓展到产品开发阶段对高科技的需求，向后拓展到文化产品和服务的纪念品制造等。这为文化产业与传统产业提供了新的结合点，对一国的传统产业提出了更高的要求，从而推动一国产业结构的整体优化。

经济的持续发展需要有持续的动力支持。在人类历史上，人口、资源、资本等都曾是推动经济增长的动力。然而，可资利用的天然资源是有限的。随着现代社会的发展，环境恶化、生态危机等“工业化病症”成为经济进一步发展的严重障碍，甚至已经威胁到人与自然的关系。较之于传统产业，文化产业所依赖的不是海洋、矿产、森林等自然资源，而是文化传统、创意观念等，它在很少甚至不损害自然资源的情况下，带来巨大的经济回报。因此，能否充分利用文化资源，充分发展文化产业和文化贸易，对于国家和地区的可持续发展有着十分重要的作用。

---

① 董越：《手机媒体对我国文化产业的影响》，《科技和产业》，2008（5），6页。

② 成立芳：《文化产业与经济发展关系探讨》，《辽宁工学院学报》，2004（5），35页。

第二章 文化贸易历史及其发展趋势

文化贸易是政治、经济、技术与社会发展的产物，有其自身的历史轨迹、运行机制与发展规律。国际的文化贸易是从封闭到开放，再到半开放，在开放中保护本土文化。各国的文化产业发展到现在都各有优势，当代传播技术、交通等的发展为国际文化贸易提供了便利条件。美国凭借其经济优势，在当代国际文化市场上处于主导地位。

第一节 文化贸易历史回顾

文化贸易的发展源于众多文化产业领域贸易的发展，文化产业主要涵盖了出版业、影视业、娱乐业、音像业、传媒业、旅游业、演艺业、动漫游戏业、艺术品拍卖业和城市会展业等。[①] 为了更清晰地了解文化贸易的历史轨迹，有必要梳理文化产业主要行业的贸易发展历程。

一、国际图书贸易史

国际图书贸易是各国图书进出口贸易的总称。经济、文化的发展和图书生产的社会差异，是国际图书贸易产生和发展的基本条件，图书贸易客观上起到了促进各个国家和地区、各民族之间文化交流的作用。

（一）早期的图书交易

在人类文明的进程中，书籍、字画出现得较早，书籍、字画的交易是在一定的历史条件下产生和发展起来的。在文字和图书出现的早期，由于图书数量少，且文化为宗教和世俗统治阶级所垄断，这时的图书贸易特别是国际图书贸易是不可能产生的。随着社会分工的进一步扩大，经济和

① 李怀亮主编：《国际文化贸易导论》，62－63页，北京，中国传媒大学出版社，2008。

文化有了发展。人们对图书的需求使得图书的复制（传抄）有了一定的社会基础。在图书借用和赠送的同时，有可能出现初级形式的图书交换。

在东方，中国春秋战国时期诸子百家争鸣，产生了像孔子、庄子、孟子、韩非子这样的思想家、教育家，留下了宝贵的文化遗产，大批学术著作传世。公元1－2世纪，随着陆上“丝绸之路”的开通，中国和欧洲以及阿拉伯各国的经济、文化交往日益频繁，国际图书贸易的条件已经初步具备。公元3－8世纪，一些国家的对外图书交流活动已相当普遍，自隋唐五代起，中国的书籍主要通过三种途径出口到日本、越南以及朝鲜半岛等地：第一种是所谓的贡赐贸易，即外国使臣向当时的中国政府献上贡品，并提出需要某些书籍，中国政府则以赏赐的方式给予，这实际上是一种变相的物物交换；第二种是来华的外国使臣、留学生、僧人在中国购买图书；第三种是中国的商船将书籍运到外国出售。公元10－11世纪，毕昇发明了木活字印刷技术，中国的图书生产，无论在生产的数量和速度上都达到一个新水平。大都市的书铺鳞次栉比，拥有固定经营场所的“书商阶层”已经形成。17世纪之前，中国的经济、文化和出版印刷业一直处于世界前列，与东西方各国的图书贸易日益增多。①

总体上说，在自给自足的自然经济占主导地位的情况下，中国的对外图书贸易量不大，还带有浓厚的官方色彩。其中唐、宋、清三朝的图书贸易比较活跃。唐代国力强盛，为图书贸易奠定了坚实的物质基础，宋代的印刷技术革新成绩斐然，带动了图书业的繁荣。清朝时期的图书外贸有了质的飞跃，贸易形式由原来颇具官方色彩的“贡赐”转为正常的商业交易，由原来的单向出口变为既出口也进口，贸易伙伴由原来的日本、朝鲜扩大到了英、美等国。以中国对日本输出图书为例，可以管窥古代中国的图书外销情况：唐朝末年至后梁初年，日本学者藤原佐世编撰的《日本现在书目录》，收录了从唐朝进口的图书1579部、16790卷。宋、元、明时期，中国输往日本的商品中有经卷，南宋刊刻的《大藏经》（每藏500函、6000余卷），通过日本僧人至少向日本输出10藏以上。明朝初期，国家实行海禁政策，使得明朝的图书外销量萎缩。随着清朝海禁政策的松弛，中日图书贸易繁荣起来了，根据长崎港的图书贸易检查官向井富士编写的《商船载来书目》统计，从1693年至1803年的110年间，共

---

① 乔好勤等编著：《对外图书贸易学概论》，15－16页，北京，高等教育出版社，1993。

有 43 艘中国商船输出图书到长崎，出口图书品种达 4781 种，但出口的总册数不详。[①]

图书出版历史悠久，采用各种不同方式生产书籍的历史距今已有 4000—5000 年，最古老的书叫纸莎草纸卷，可追溯到公元前 3000 年的埃及，它是用尼罗河畔野生的纸莎草制成的。用纸莎草纸书写的横幅，卷起来便于携带，古希腊人和古罗马人都使用它。随着折叠纸莎草纸手抄本的出现，书籍开始接近现代形式。手抄形式最初在公元 1 或 2 世纪应用于基督教文献。到 4 世纪，书的应用扩大到非宗教性的著作。几乎与此同时，羊皮纸取代了纸莎草纸。在其后的几个世纪中，羊皮纸抄本成为书籍的标准形式。

在西方，具有某种现代含义的出版首先出现在古希腊，但仅是推测而已，并无具体内容。然而，到公元前 5 世纪，被阿里斯托芬嘲笑为“自诩有高度文化修养者”的少量读者人数日益增加，为了个人的需要，私人（或他们的奴隶）开始传抄书籍；在柏拉图和欧波利斯时代，已有购买书籍的可能性的记载。在希腊化时期，亚历山大城的大型图书馆（公元前 3 世纪），及在帕加马王国（公元前 2 世纪）与之相匹敌的图书馆建成之后，大规模的图书交易肯定已经出现。在公元前 3 世纪以前，古罗马未曾有过书籍出版业。在前古典时期，古罗马人吸收了古希腊人的制书方法；拉丁文学的繁荣，促进了书籍出版业的发展，并产生了兴旺的图书贸易。然而，随着 5 世纪罗马帝国的灭亡，欧洲出版业也倒退到可谓原始阶段，书籍生产和发行大多被限制在宗教研究中心。[②] 中国人发明的造纸术，在 11 至 12 世纪间经西班牙和西西里岛传入欧洲。13 世纪至 15 世纪，纸张逐渐代替了羊皮纸，作为书籍的材料。这就降低了书籍的成本，从而使书籍有可能被广泛使用。

12 世纪末，随着首批大学的建立，欧洲图书出版业有了一个更加广阔的发展空间。巴黎、博洛尼亚和萨莱诺的神学院、法学院和医学院的发展超出了建校的原始宗旨，其他大学也紧步后尘。教会大学的相继建立，使各种书籍抄本的需求量大大增加。这种情况导致了与图书行商相对立的拥有固定经营场所的书商阶层的兴起。行商经常通过私下的或暗中的方式提

① 郑士德著：《中国图书发行史》，144、189、401 页，北京，中国时代经济出版社，2009。

② ［英］G. 昂温、P. S. 昂温著，陈生铮译：《外国出版史》，1—3、5 页，北京，中国书籍出版社，1988。

供图书。[①] 到15世纪中叶，书籍抄写在欧洲已成为一种正式行业。意大利佛罗伦萨的书商韦斯帕夏诺·达·比斯蒂奇同时雇用的抄写者多达50名。法国阿尔萨斯地区的阿格诺·迪耶博尔特·洛贝经营供公开销售的雏形图书工厂。木版印刷术约在1400年传入欧洲，并开始用于插图乃至整本图书。德国的谷登堡成为图书出版活动的中心。在1450—1550年的100年间，印刷商依靠此项新技术自然而然地控制了图书贸易。印刷商通常还拥有自己的铸字工、印刷工、编辑、出版者和销售者，只有造纸和装订除外。15世纪，德国美茵兹金匠谷登堡受中国印刷术的影响，发明了铅活字印刷技术，不久斯特拉斯堡、科隆、巴塞尔等城市，成为德国的书业中心。后来纽伦堡的安东·科贝尔盖很快成为一位杰出的商业出版家。安东·科贝尔盖经营了庞大的国际图书贸易。在鼎盛时期，他拥有24家印刷厂，并与巴塞尔、斯特拉斯堡、里昂、巴黎及其他许多城市建立了书业联系。[②]

（二）国际图书贸易的发展

近代的欧洲是世界出版业的中心，1550—1700年间，荷兰一度在欧洲的出版发行业中居领先地位，法国、英国的出版发行业也在18世纪后期崛起，但德国仍处于西方书业的中心地位。[③] 法兰克福因举办图书交易会已成为德国出版业的中心，也是欧洲图书交易的场所之一，在1650年后莱比锡取代法兰克福成为欧洲图书交易的重要场所。莱比锡的开明当局和著名的大学颇为支持文化生活和图书出版业。莱比锡有两家印刷厂，一家是约汉·弗里德里希·格莱迪施于1694年创办的；另一家是莫里茨·乔治·韦德曼于1682年创办的。韦德曼的一位合伙人菲力浦·埃拉斯莫斯·里希在18世纪以“德国图书业王子”著称。[④]

伴随着图书出版事业的发展，19世纪时，世界各国之间的图书贸易得到加强，书价和版权成为图书出版与发行业的一个重大问题。为了协调各出版商与书商之间的关系，解决非法翻印的问题，德国出版者里希于18

---

① ［英］G. 昂温、P. S. 昂温著，陈生铮译：《外国出版史》，6页，北京，中国书籍出版社，1988。

② ［英］G. 昂温、P. S. 昂温著，陈生铮译：《外国出版史》，7—9页，北京，中国书籍出版社，1988。

③ 乔好勤等编著：《对外图书贸易学概论》，17页，北京，高等教育出版社，1993。

④ ［英］G. 昂温、P. S. 昂温著，陈生铮译：《外国出版史》，20页，北京，中国书籍出版社，1988。

世纪中叶就提出了“纯出版价格”原则，直到1887年才被德国书业界所采用。“根据这一原则，书商只有在不低于出版者规定的‘纯出版价格’向公众售书的条件下，才被允许打批发折扣。”① 与此同时，许多国家建立了出版商和书商协会，并制定了版权法。1885年在伯尔尼签署了统一的国际版权公约，规定外国作者的作品与本国作家的作品同样受到保护，从而在迅速发展的国际图书贸易中维护了作者和原出版者的利益。②

第一次世界大战的爆发，使世界书业界遭到一定程度的破坏，引发许多国家纸张费用迅猛上涨潮，增加了图书印刷成本。为满足士兵们所需的大量“轻松读物”，出版商粗制滥造，图书质量下降。由于中产阶级购买力的急剧下降，使欧洲书业市场举步维艰。1929—1933年的资本主义世界经济大萧条也使美国图书业迅速衰退，欧洲国家（如英国）的图书无法大批向美国倾销。所以，他们也同样经历了一个困难时期，销售量下降，利润微不足道，破产情况屡见不鲜。在这种情况下，1935年由英国人艾伦·莱恩率先在企鹅出版社推出了一套平装纸皮书，以廉价的纸张、优良的印刷、精美的装帧设计、6便士一册的低价，大量印刷，广泛销售，受到欢迎，并为其他国家所仿效，被认为是图书出版发行史上的一个创举。③

进入20世纪中叶，包括图书在内的各种作品已在世界上有广泛的需求，为调和与欧洲国家在版权保护方面的矛盾，经数年磋商，1952年，在联合国教科文组织的召集下，50多个国家代表在日内瓦讨论通过了《世界版权公约》（Universal Copyright Convention，简称UCC）。法、德、美等40个国家在公约上签了字，1955年9月16日开始生效，国际图书版权贸易也由此时起才得以在世界范围广泛开展起来。④

资料显示，目前居世界图书销售市场份额前七名的国家是美国（30%）、德国（15%）、日本（9.5%）、英国（6%）、法国（6%）、俄罗斯（5%）与意大利（4%）。超过1%份额的国家还有中国（不包括港台地区）、韩国、加拿大、印度、澳大利亚、荷兰、瑞士与巴西等国。而就目前的情况推算，图书版权贸易数量较多的国家也主要在这七个国家中。⑤

① ［英］G. 昂温、P. S. 昂温著，陈生铮译：《外国出版史》，33页，北京，中国书籍出版社，1988。

② 乔好勤等编著：《对外图书贸易学概论》，17页，北京，高等教育出版社，1993。

③ 乔好勤等编著：《对外图书贸易学概论》，18页，北京，高等教育出版社，1993。

④ 李建伟著：《版权贸易基础》，53页，开封，河南大学出版社，2006。

⑤ 辛广伟著：《版权贸易与华文出版》，123页，重庆，重庆出版社，2003。

二、版权贸易的起源与发展

国际版权贸易实质上是版权中的经济权利在国际间的交易活动，版权贸易产生与发展是社会进步的产物。

（一）版权意识的产生

在西方封建社会里，没有以“写书为生”的作者，大多数作者的创作没有商业性目的，作者不会对其创作或传播的作品提出权利要求，如果人们把写作当作一种手段，那么一定是为国王、贵族和教堂高级僧侣服务的，受到他们的保护，并作为一种专职服务人员而不是作品的作者接受他们的物质报酬。当时文学人士创作诗歌等文学作品，除一小部分人（戏剧作家，如莎士比亚的戏剧是演给付钱的观众看的）直接从作品创作中享受到了经济权利，大多数人只是出于自身的精神需要去创作。没有商业性目的。对于抄书人出卖他人作品抄本的“书肆”，作者不仅不认为自己的利益受到损害，反而认为宣传了自己的思想，希望别人传抄，更不会意识到对其创作或传播的作品提出权利要求。加之社会文化普及程度极低，文化为宗教和世俗统治者所垄断，不存在对作品及其传播的广泛的社会需求，作品复制者对作品复制活动没有经济动力。因此，总体上讲，这一漫长的历史时期，既没有以“写书为生”的作者，也没有以“卖书为生”的复制印刷商，也就不可能有现代意义上的版权意识的萌生，也就没有版权贸易可言。①

随着社会文明程度的提高，社会对书籍的需求越来越大，这种不断扩大的需求推动了书籍抄录复制业的兴旺。活字印刷术的发明，使得作品的大批量复制成为可能，书籍印刷业的商业性魅力才显露出来。为了垄断某些书籍的印刷销售、防止他人翻印，原始的版权保护思想与实践便由此而生。例如，宋代颁布禁止翻版印刷的禁令，规定如果要刻印，须申请国子监对《九经》刻板、印刷、出版的专有权。②

版权意识的产生和扩张，推动了版权立法与版权贸易的形成与发展。在西方，英国最早创立版权制度，1556年由星法院制订一系列法令，授权文具商公司禁毁非法图书，规定每一部作品只有经文具商公司审查、登记并发放许可证之后方可出版。1662年，英国颁布了《许可证法》

---

① 李建伟著：《版权贸易基础》，49—50页，开封，河南大学出版社，2006。

② 沈仁干、钟颖科著：《著作权法概论》，39－40页，沈阳，辽宁教育出版社，1995。

(Licensing Act of 1662)，以法律的形式使这种许可证制度合法化。自此，原始的版权保护制度已经形成，版权贸易也自此产生。

17世纪的英国资产阶级革命中形成的“私有财产不可侵犯”和“人生来自由平等”的新思想日渐深入人心。在这种背景下，1709年英国通过了世界上第一部版权法——《安娜法令》；1790年美国效仿《安娜法令》制定了美国历史上第一部联邦版权法；18世纪末，法国资产阶级革命提出的“天赋人权”思想把欧洲版权观念和版权保护推向一个新的发展阶段，法国分别于1791年和1793年颁布了《表演法令》和《复制法令》。各国的版权保护立法，为版权贸易的开展提供了法律基础和保障。[①]

（二）国际版权贸易的产生与发展

19世纪中期以来，国际文化交流日益频繁，擅自复印、出版其他国家作品的现象逐渐增多。于是，国际版权立法保护工作被提上日程。

当时，一些欧洲国家间以互惠方式保护对方国作品版权的努力推动了国际版权立法的进程。1878年，由雨果主持在巴黎召开一次重要的文学大会，大会达成共识，为使作家的作品能够在作家所在国以外的其他国家也得到保护，制订一个国际版权保护公约。1886年9月9日，英、法、德、意大利、比利时、瑞士、西班牙等国在瑞士首都伯尔尼召开会议，通过了世界上第一个版权国际公约——《保护文学艺术作品伯尔尼公约》(Berne Convention for the Protection of Literary and Artistic Works，简称BC)。从此，国际版权贸易有了法律基础。

由于语言、历史、地理等方面的原因，图书版权贸易首先在以欧洲为主的一些国家开展起来。[②] 第二次世界大战后，随着美国视听传播技术的迅猛发展和广泛应用，文艺和科技作品的数量猛增，贸易的种类也日趋丰富。出版商、电影制片商和音像制作商都迫切需要谋求海外市场。20世纪50年代前后，图书版权贸易扩展到美国、英国、德国、法国、日本等主要发达国家，这使得世界两大版权市场——欧洲市场和美洲市场连接起来了，国际版权贸易得到进一步发展。

20世纪下半叶，邻接权问题成为国际出版界关注的一个焦点，邻接权的国际保护公约主要有3个：1961年10月通过的《保护表演者、音像制品制作者和广播组织国际公约》（简称《罗马公约》）、1971年10月通过

① 李建伟著：《版权贸易基础》，51－52页，开封，河南大学出版社，2006。

② 辛广伟著：《版权贸易与华文出版》，121页，重庆，重庆出版社，2003。

的《保护唱片制作者，防止唱片被擅自复制公约》（简称《唱片公约》）和1974年5月通过的《关于插放由人造卫星传播载有节目信号的公约》（简称《卫星公约》）。邻接权保护制度的建立极大地促进了唱片和电影制造业的发展。据国际唱片和音像制作者联合会统计，唱片录音、磁带和CD唱盘的销售金额1993年欧洲达1122.6亿美元，北美达1020.7亿美元。这一时期里，国际版权贸易不论在贸易数额还是贸易内容上都获得了极大的发展。①

（三）现代国际版权贸易的发展

随着知识经济的崛起，包括版权在内的知识产权与国际贸易日益紧密地结合在一起。1986年9月，关贸总协定的第八轮谈判开始之际，瑞士等20个国家提出把"知识产权"作为一个新的议题纳入谈判。1990年年底知识产权议题被正式纳入第八轮谈判，1991年年底形成了TRIPS最后文本草案的框架，TRIPS作为一揽子通过的协议之一成为关贸总协定和新生的世界贸易组织的正式协议文件。这充分表明，知识产权正日益相互渗透到国际贸易中，并成为图际贸易体系中不可分割的一部分。

20世纪90年代以来，国际版权贸易飞速发展，主要表现在两个方面：其一是数字网络技术的发展与应用，管线技术、网络技术等现代信息技术飞速发展并迅速普及，报纸、期刊、图书、音像等内容纷纷上网，一方面通过网络传输，读者获取信息方便而及时；另一方面未经授权也未付费而从网上下载作品等利用网络侵犯作者权利的事件时有发生。其二是包括版权贸易在内的知识产权贸易受到前所未有的重视，各国涉外版权贸易进入一个新的发展阶段。

由于互联网Internet的网络侵权问题日益突出，需要加强国际合作。1996年12月2日至20日，在日内瓦召开了关于版权与邻接权若干问题的外交会议，颁发了《世界知识产权组织版权条约》和《世界知识产权组织表演和唱片条约》。为了适应信息传播技术的发展，两个条约增加和重新界定了一些数字版权，明确了作者网络传输权、发行权和出租权，确认了计算机程序和数据汇编为版权保护的客体，将摄影作品的保护期从作品作者有生之年加25年延长至有生之年加50年。这两个条约既可保障这些作品的质量和真实性，又对创作者和表演者的才能和投资给予经济上的回报，也顺应了数码时代对知识产权保护的需要，将有助于因特网、电子商

① 李建伟著：《版权贸易基础》，53－54页，开封，河南大学出版社，2006。

务和文化信息产业的发展。[①]

三、国际艺术品贸易

在国际艺术品贸易史上，中国是最早开展国际艺术品贸易的国家。唐朝时，长安等寺院的壁画、佛像画开始通过画家的临摹复制远销日本。公元 983 年，日本僧人奝然来华，归国时购买了十六罗汉画带回，这是宋代罗汉画输出日本的开端。元代时，日本僧人购买了很多中国绘画并带回日本。至明清时，中国的字画继续流入日本。与中日之间的图书贸易相似，中国的艺术品国际贸易零零散散且数量比图书贸易量小得多。

与中国相比，欧洲的艺术品国际贸易起步较晚，但市场主体和市场机制的发育要比中国成熟些。在 14—15 世纪，意大利的一些城市出现了资本主义的萌芽，文化上开始了资产阶级的文艺复兴运动，并涌现出了一大批杰出的艺术家、思想家、科学家。其中著名艺术家达·芬奇、米开朗琪罗、拉斐尔被后世誉为意大利文艺复兴时期的“三杰”。由于艺术和经济的繁荣，艺术家的作品受到广泛的推崇，在意大利和欧洲其他地方开始出现艺术品市场和艺术贸易。

欧洲的北部地区，从 15 世纪 40 年代开始出现艺术品市场和艺术贸易。法国巴黎的勃良第（人）的庭院是中世纪以来艺术交易的中心，但到中世纪末期，佛兰芒人发展了艺术品市场。15 世纪 80 年代，在比利时安特卫普的教堂开始出现了最早的艺术品市场和艺术贸易，[②] 这是以教堂外的货摊为基础形成的欧洲第一个专业性艺术市场。[③] 到 16 世纪 40 年代，该市场达到极盛期，在新建立的商品市场上专门设立了一座艺术品展销大厅。后来，佛兰芒人逐渐把艺术贸易的中心发展到昆德兰地区（今荷兰），取代了法国人的地位。将艺术品贸易提到一个新水平的却是荷兰，17 世纪的大部分时间里，以阿姆斯特丹为中心的荷兰文化市场成了国际艺术品贸易的重心。到 17 世纪 80 年代，伦敦取代阿姆斯特丹成了新的国际艺术品贸易中心，大批荷兰画家纷纷迁移到英国。在 18 世纪初期，伦敦每年举行 15—25 场艺术品拍卖会，伦敦成为欧洲艺术品贸易的中心。

19 世纪，由于率先完成了工业革命，英国的生产力大幅提升，社会财

---

① 李建伟著：《版权贸易基础》，54—56 页，开封，河南大学出版社，2006。

② 罗兵编著：《国际艺术品贸易》，2—3 页，北京，中国传媒大学出版社，2009。

③ Iain Robertson，*Understanding International Art Market and Management*，Abingdon：Routledge，2005，pp39—43.

富迅速增加。雄厚的经济基础进一步推动了艺术品贸易的发展。1882年以后，英国的经济实力大大削弱，1883—1885年英国的艺术品市场开始崩溃，市场价格大幅度下降。美国和新兴的欧洲资本主义国家由于经济实力的增强，开始介入艺术贸易的市场，国际艺术品贸易中心开始转移。随着印象主义画派的兴起，英国的主流画派开始衰落，新兴的欧洲资本主义国家和美洲的艺术开始繁荣。[①] 19世纪末，法国著名的城市规划者，奥斯曼（Haussmann）对巴黎进行了彻底的重建，一举奠定了巴黎作为现代大都市的基础。巴黎因而成为时尚的现代之都和现代艺术中心，印象主义画派首先在这里诞生。伦敦逐渐落后了，没有能够成为孕育现代艺术的中心。在20世纪初的20年间，国际艺术品市场的基本格局是：伦敦主要经营古典的艺术大师和英国学院派的艺术作品，是古代与近代的艺术品贸易中心；巴黎则是作为现代艺术品的贸易中心，印象主义画派、立体主义画派、野兽主义画派等当代画家的作品逐渐成为主要的艺术交易和收藏品。[②]

1929—1933年的世界经济危机，严重冲击了旧有的国际艺术品贸易格局，法国、德国、英国对艺术品的购买力大大地被削弱，英国的传统艺术品市场出现了萧条。与此同时，在大西洋的对岸，美国由于推行新政，经济有了很大程度的恢复，垄断资产阶级仍然具有强大的购买力。于是，美国的富人纷纷趁着市场萧条时低价入市，大肆购买艺术品。[③] 第二次世界大战对欧洲艺术贸易也造成了巨大的冲击，美国纽约取代巴黎成了世界艺术品贸易中心。

四、国际影视贸易

影视产品的出口不仅可以给一个国家带来巨大的经济效益，还可以向其他国家传播、输出本国的价值观及生活方式，有助于带动相关产业的发展进步，提升国际影响力。影视文化的国际贸易及其发展态势，日益深刻地影响着国际影视产业的发展和变革，而欧美影视文化贸易是其中的关键。第二次世界大战以后，美国影视文化产业从产品、资金、所有制、运作方式诸方面全面渗入和影响欧洲影视文化产业，而欧洲影视文化产业在

---

① 罗兵编著：《国际艺术品贸易》，18页，北京，中国传媒大学出版社，2009。

② 罗兵编著：《国际艺术品贸易》，24—25页，北京，中国传媒大学出版社，2009。

③ 罗兵编著：《国际艺术品贸易》，35页，北京，中国传媒大学出版社，2009。

美国影视文化产业市场所占份额不大。①

（一）世界电影贸易历史回顾

电影业是商业化成型最早、最具当代产业典型模式的产业，电影产品是国际文化贸易格局中不可忽视的重要组成部分。

在第一次世界大战以前，欧洲的电影产业控制了国际电影市场，法国、意大利、丹麦是最大的电影出口国。法国百代公司是法国控制早期世界电影市场的主力军。百代在俄国、印度、新加坡、美国以及东西欧等重要国家和地区建立了分公司，大肆向海外扩张。1907年法国电影控制了美国电影市场，到1908年，由百代所带领的法国电影产业已经占领了美国电影市场70％的份额。②

法国电影的强势使美国人感受到了威胁，1908年，美国电影界为保护自己的利益，由爱迪生公司和比沃格拉夫公司（Biograph）牵头，整合了美国重要的电影制片商和发行商，成立了活动影片专利公司MPPC（Motion Picture Patents Company），旨在垄断美国的电影摄制和发行，削弱外国电影公司在美国的竞争力。

第一次世界大战期间，美国电影利用欧洲陷于战乱的时机，逐渐取代法国、英国、德国等电影大国，形成国际化的电影市场。20世纪20年代，全世界主要电影制片机构云集在好莱坞郊区，好莱坞成了西方电影经济和文化的中心。美国经济没有因为战争受到损失，战后开始国际扩张。1918年至1921年，美国的电影出口增长了300％。自20世纪20年代起，“在世界各国，美国影片占着上映节目60％－90％的优势”。③ 1925年，美国电影占英国、加拿大、澳大利亚、新西兰和阿根廷等国电影收入的90％；占法国、巴西和荷兰的70％。④

自20世纪50年代开始，欧洲国家就不断限制美国电影进入欧洲电影市场，但一直到90年代，美国电影在欧洲电影市场所占份额依然居高不下。

---

① ［美］爱德华·赫尔曼、罗伯特·麦克切斯尼著，甄春亮等译：《全球媒体：全球媒体的新传教士》，43页，天津，天津人民出版社，2001。

② 韩骏伟著：《国际电影与电视节目贸易》，1－2页，北京，中国传媒大学出版社，2008。

③ ［法］乔治·萨杜尔著，徐昭、胡承伟译：《世界电影史》，243页，北京，中国电影出版社，1982。

④ 韩骏伟著：《国际电影与电视节目贸易》，3页，北京，中国传媒大学出版社，2008。

表 2-1　20 世纪 90 年代美国电影在欧洲电影市场所占份额[1]

国别	1992 年（百分比%）	1998 年（百分比%）
法国	58	54
英国	84	82
意大利	74	58
德国	83	78
西班牙	69	78
爱尔兰	88	87
芬兰	78	75
丹麦	74	67
希腊	92	
葡萄牙	85	
瑞典		68
荷兰		86
挪威		70
瑞士		64
奥地利		74

美国向中国出口电影的历史可以上溯至 19 世纪末，但是，直到 20 世纪 20 年代，好莱坞电影才开始大量进入中国，[2] 这“给当时文化程度较低的中国民众带来一种进步的世界性的观感”[3]。到 20 世纪 30—40 年代，好莱坞电影占据中国电影市场 75%以上。新中国成立后，中国政府没有立即在各大城市停映美国电影，但要求美国电影发行商自行审查，并禁止放映不利于中国政府的电影。1950—1977 年，中国仅仅上映过 1 部美国影片《社会中坚》（1959 年译制）。1978 年，中美邦交正常化以后，美国电影重现中国大陆银幕。1994—2007 年，一共引进分账片 150 部，其中，美国影片占中国进口分账片的比例接近 90%。[4] 1995—2008 年，在中国内地上映的美国电影票房突破 5000 万人民币的共计 44 部。在好莱坞看来，中国很

---

① 郑涵、金冠军：《战后欧美影视文化贸易透视》，《电影新作》，2007（3），40 页。

② 萧志伟、尹鸿：《美国第一份中国电影市场的官方调查报告与好莱坞的全球化策略》，《电影艺术》，2002（1），121 页。

③ 中国电影资料馆编：《中国无声电影》，1385 页，北京，中国电影出版社，1996。

④ 尹鸿、刘浩东主编：《2008 中国电影艺术报告：进口分账影片态势分析》，135 页，北京，中国电影出版社，2008。

可能成为世界第二大电影市场。

（二）世界电视贸易

国际电视贸易始于20世纪中叶，跨国电视节目贸易主要以节目的录像带为载体，重要的出口国是美国。到20世纪60年代，越来越多的国家建立了自己的电视台。但是，发展中国家和一部分次发达国家由于资金有限、技术水平不高，电视台为吸引更多的观众急需大量节目，因此引进外国节目就顺理成章了。20世纪70年代初，美国每年输出的电视节目是英、法、西德三国之和的3倍多！美国电视节目占拉美地区节目进口的75%，占西欧节目进口的44%。[①] 与此同时，美国因拥有完备高效的传媒基础设施，在节目制作和发行上处于优势地位，专业人才济济，资金充裕，完全有能力为国外的电视台供应节目。美国的电视节目渗透到全球大多数国家和地区。

从总供应量上看，20世纪80年代末至90年代中叶，CNN已成为全球最大的国际电视新闻供应者。美国电视节目在欧洲占有不小的比例并且所占比率日趋上升。据抽样调查，在西欧电视中，美国电视节目时数1983年占13%；1986年，美国电视节目时数在13个西欧国家的公共台占10%，商业公共台占15%，民营公共台占47%；20世纪90年代，欧洲电视频道发展迅猛，新频道中的节目绝大多数从美国进口。据统计，1994年至1997年欧洲电视频道进口美国电视节目由175000小时增加到202000小时。1984年至1987年，美国电视虚构节目（故事片、电视剧）时数在丹麦电视台占32%，芬兰占20%，英国占55%，荷兰占52%，挪威占32%，葡萄牙占50%，瑞典占32%，在上述7个欧洲国家电视台戏剧节目总时数中占44%。1992年，在欧美电视节目贸易中，美国盈余13.6亿美元；1993年，美国电视节目在欧洲电视播出收入达15.59亿美元，盈余14.69亿美元，而欧洲输入美国的电视节目播出收入仅9000万美元。1992年，欧盟视听业对美国的贸易逆差达到350亿美元。1996年欧洲对美国电视节目贸易1亿美元，逆差20亿美元。1997年至2000年，欧洲对美国电视节目贸易逆差分别是16.68亿美元、28.74亿美元、34.97亿美元、41.09亿美元。[②]

---

① Steven S. Wildman & Stephen E. Siwek, *International Trade in Films and Television Programs*, Cambridge: Ballinger Publishing Company, 1988, pp. 40.

② 郑涵、金冠军：《战后欧美影视文化贸易透视》，《电影新作》，2007（3），41—42页。

直到20世纪末，美、英、法等发达国家依然是电视节目的重要出口国。英国的电视节目主要销往澳大利亚、新西兰以及非洲、东南亚等国家。仅1973年，英国就出口了3万小时的电视节目。法国一直维系着与英、美、德等发达国家以及与26个前殖民地国家的电视节目交易，其节目出口通过政府电视机构ORTF和商业电影制片商与出口商进行。20世纪70年代初，法国的电视节目出口估计在15000－20000小时左右。除上述国家外，巴西、墨西哥、埃及以及香港特别行政区也是区域性电视节目输出地，其中巴西和墨西哥的电视节目主要针对拉丁美洲市场，埃及的电视节目面向阿拉伯国家，中国香港则侧重东南亚地区。

五、国际音乐产业贸易的历史

1877年爱迪生发明了留声机，揭开了录音唱片产业的序幕。1889年，爱迪生开始向公众出售柱型唱片，这意味着一种新的音乐贸易方式诞生了，随后成立的维克多留声机公司和哥伦比亚公司也向公众推销唱片播放机和唱片，使音乐听众迅速扩大，从而使唱片播放机和唱片的交易发展起来，音乐节目的交易量也进一步扩大。从供给方面看，声音播放设备越来越趋于小型化、多功能化：从大型密纹唱片播放机到盒式磁带录放机、随身听，再到CD机、VCD机、DVD机、MP3播放器、MP4播放器、在线音乐，欣赏音乐成为一件唾手可得的事情。[①] 从需求方面看，广播和电视的普及亟须大量能够吸引受众的音乐节目填充时段。

国际音乐贸易的内容主要有三种：一是音响播放器材的贸易。第二次世界大战结束以后，音乐播放器材的小型化、便捷化使世界音乐播放器材的交易量迅速上升。1975－1980年，全球音乐播放器材的出口额从20.23亿美元增加到63.51亿美元，5年之后再次翻番，达到126.08亿美元。全球音乐播放器材出口额的90%来自日、加、德、韩、英、美、荷等国家，其中日本独占了世界音乐播放器材出口份额的3/4。到20世纪90年代，音乐播放器材的贸易比重降低，1998年世界音乐播放器材的出口额达178.4亿美元。

二是演奏乐器的贸易。在1975年至1985年的10年间，美国、德国和日本是乐器进口的大国。1975年至1980年，全球乐器出口额从5.32亿元

① ［美］杰弗里·赫尔著，陈星、方芳译：《音像产业管理》，48页，北京，清华大学出版社，2005。

增长到12.32亿元，翻一番还多。1985年，全球乐器出口额达到13.07亿元，其中日本、德国、英国、法国等国的出口额占世界总出口的86%。近20年来，世界乐器贸易增长速度较快，1997年，世界乐器出口额比1985年翻了三番；2007年的世界乐器出口额达59.56亿美元。随着时间的推移，乐器出口国的实力对比不断发生着变化，先是美国取代德国位居出口亚军，中国跻身前几名，然后是中国取代日本成为最大的乐器出口国，同时印度尼西亚也加入出口大国的行列。

三是录音节目的贸易。录音节目多以唱片、录音带、光盘乃至卫星、网络为载体，第二次世界大战以后，国际录音节目的贸易额在整个音乐贸易的构成中占最大的比重。当初的留声机价格高昂，一般家庭买不起。到了20世纪20年代，留声机的价格大幅降低，越来越多的消费者开始购买留声机，从而带动了对唱片的需求。留声机制造公司也开始大量生产唱片，以促进机器的销售，市场上出现了许多唱片公司。此后经过不断地兼并整合，到20世纪60年代，世界上出现了六大跨国音乐集团：华纳音乐集团（美国）、索尼音乐集团（日本）、宝丽金（荷兰）、贝塔斯曼音乐集团BMG（德国）、百代唱片公司EMI（英国）、环球唱片公司MCA（加拿大），它们在全球范围内签约歌手、出版音乐作品并进行全球销售。1980年，世界录音制品的出口仅占当年文化产品出口的6%，到1998年这一比例上升到15%。1990年国际录音制品的进出口贸易额比1985年增长了2.166倍，1995年又比1990年增长了60%。从进口的国别看，1980年，仅美、德、英、法四国就瓜分了世界录音制品进口额的1/2。据国际录音制品工业联盟组织于1995年统计公布的数字，在1994年，全世界录音制品销售量比上一年增加了16.5%，销售总额约为355亿美元。其中激光唱片的销售量增加了25%。盒式录音磁带销售量增加了2.6%，而胶木唱片的销售量则下降了53.1%。美国、日本、德国、英国和法国是世界上五个最大的录音制品销售国，它们的销售量占全球市场的70%，总额为249亿美元。[①]

从20世纪90年代起，世界音像业发生了巨大变化，主要体现在由音像生产国际化、音像市场国际化、音像贸易国际化方面。音像业全球化趋势的推动动力是多方面的[②]：第一，信息技术发展的因素。当代科学技术

---

① 朱伟主编：《爱乐：音乐与音响》（1996年第1期），140页，北京，生活·读书·新知三联书店，1996。

② 崔斌箴著：《出版与国际传播散论》，82－83页，北京，五洲传播出版社，2012。

成为推动音像业全球化的重要策动力，其驱动作用主要体现在以下几方面：首先，信息技术使得音像版权交易成本大幅度降低，这直接推动了音像版权交易，使得版权交易在更大范围内展开。其次，电子商务作为一个全新的商业模式进驻音像业，形成了网上信息发布和网上音像制品销售的新格局。另外，由于因特网的使用而催发了影视网站、MP3音乐自由下载的兴起，促进了全球音像文化交流与沟通。第二，音像业市场拓展的因素。国内音像市场的容量是有限的，音像消费购买力比率从长期来看是逐步降低的。音像市场机会的成功概率大打折扣，甚至还有可能遭受因成本过高，规模过小，税额过大而带来的风险损失。为了保护自己、扩大经营规模、获得更多的经济利益和市场占有率，音像业不得不“走出去”，把音像销售的重点放在消费面广和消费量大的国际市场。面向国际市场进行音像制品销售和制作是音像业全球化的直接动力。第三，国际音像版权保护的因素。有不少国家甚至进行有关立法，强化了对音像版权侵权和非法盗版行为的处罚力度。第四，全球文化传播与融合的因素。音像制品的输入输出，从经营上讲是一种商业行为，从内容上来说是文化的传播与交流。冷战结束后，在相对宽松的文化融合氛围中，越来越多的国家关注和参与到音像文化交流与合作活动中，为音像业全球化提供一种良好的文化氛围。

音像业全球化趋势对音像产品的制作、销售等环节产生重大影响。主要体现在以下三个方面①：第一，传统音像生产制作的格局受到很大冲击，音像的制作不再局限在一个国家、地区的范围内，而是面向全世界进行策划、录制音像制品，呈现出音像生产制作国际化的趋势，其主要标志是产生了一些巨型跨国音像公司。跨国公司具有两大特征：其一，跨国组织并协调多项音像价值增值活动；其二，在音像企业内部的市场化处理中进行跨国的生产和交易活动。音像生产制作的国际合作和跨国公司的发展，是音像业全球化过程的现实基础。第二，音像贸易国际化。随着经济全球化的扩大和人类文化交流的需要，音像业作为一般贸易对象之一，音像制品出口业务与日俱增。当今世界音乐音像制品出版中，规模最大、实力最强的唱片公司，当属国际五大唱片公司，即索尼音乐、百代、宝丽金、贝塔斯曼音乐集团和华纳。五大公司的音乐音像制品总销售额达400亿美元，占世界贸易市场份额的70％－80％。② 第三，音像市场国际化。在现代音

① 崔斌箴著：《出版与国际传播散论》，83－84页，北京，五洲传播出版社，2012。

② ［英］戴维·赫尔德等著，杨雪冬等译：《全球大变革：全球化时代的政治经济与文化》，487页，北京，社会科学文献出版社，2001。

像业中，最能集中体现音像市场国际化的标志就是大型的国际音乐博览会的兴起与繁荣。在音乐博览会上，音像出版单位一方面可以与众多的外国音像企业建立合作关系，发展更多客户；另一方面也能充分展示音像业的世界性产品，有效地进行版权贸易和音像制品交易。同时还可以熟悉国际音像竞争规则，丰富国际音像市场运作的经验，从而制作出符合世界市场需求的音像制品。

从上述三个方面可以看出，音像业全球化发展趋势就是把世界音像市场连成一个整体，音像产品贸易的范围与辐射力超过以往任何历史时期。

第二节　全球化语境中迅速发展的文化贸易

文化贸易已经成为各国在国际贸易中激烈竞争的新领域，文化贸易所具有的经济和文化的双重属性，使一国在国际文化贸易中的地位对一国在世界经济、文化中的发展占有举足轻重的地位，文化贸易的迅速发展以及文化贸易发展的不平衡，引起各国对文化服务贸易的重视。

一、全球文化产业的发展

20 世纪下半叶，随着全球化特别是经济全球化进程的不断加快，文化产业的发展出现了规模化、垄断化、多媒体化、高科技化等一系列新趋势。但是，由于历史文化背景的差异和政策导向的不同，各国文化产业还是显示出不同的侧重点和增长点。例如，在亚洲，电影产业是印度最大的文化产业，印度电影的年产量一直居于世界首位，而且每年都在以 15％的速度增长；手工艺产业对马来西亚的经济贡献为每年 5 亿美元；在泰国，手工艺产业对经济的贡献高达 45.5 亿美元。在欧洲，旅游业是英国最大的文化产业之一，对 GDP 的贡献率为 4.5％；在拉丁美洲，墨西哥仅文化旅游业对 GDP 的贡献率就达到 6％，多数拉丁美洲国家还以音乐产业见长，仅音乐录制产品在 20 世纪 90 年代的年增长率就达到 38％。从各国的经济状况来看，以发达国家为主的经济合作与发展组织国家的文化产业对 GDP 的贡献率平均为 4％，发展中国家为 3％。①

从 2000 年开始，文化创意产业的总值每年都以 7％的速度增长，到

① 苑浩：《全球文化产业发展的最新趋势及政策分析》，《国外社会科学》，2006(1)，46 页。

2008 年，全球文化产业的市场总值已经达到 1.7 万亿美元。2001 年，基本覆盖美国文化产业的版权产业占 GDP 的 5.24%，出口额达 889.7 亿美元，成为美国最大的出口项目。2000 年，英国创意产业创造了 GDP 的 7.9%，出口额达 87 亿英镑，相当于英国所有货物和服务贸易出口的 3.3%。国际文化贸易的迅速扩张反映了对文化产品和服务的需求的上升。据法国国家经济研究统计署（INSEE）的统计，2003 年，法国人用于休闲和文化消费的总金额达 783 亿欧元，占家庭开支预算的 8.7%。①

全球化进程打破了生产体系的国家界限，把各个部分重构为全球生产体系。全球化使当代文化产业呈现出了显著的时代特征：

第一，文化产业的开放性。全球化的强大冲击力使经济与文化的互动性加快，文化产业的生产领域与拓展空间呈现出前所未有的放射型状态，文化产业的发展空间成为真正的开放性的空间。就运作方式而言，文化产业不仅关涉经济与文化的互动性与互补性，而且还拓展了“以知识和信息为资本”的生产空间。就人类生存与发展的空间而言，文化产业的发展还提升了人的生活质量，如审美、休闲、娱乐。

第二，文化产业的全球性与地方性。全球化的浪潮，把不同地域纳入到同一的、全国性的，甚至全球性的体系之中，从而促使人们的眼光从狭隘的、封闭的视野中摆脱出来，对更遥远的地域出现的文化现象发生兴趣。在全球化的背景下，世界各地的文化正逐渐脱离产生它的特定社会语境，转而成为一种“浮动的符号”，直接进入其他不同地域的文化语境，并融入一个巨大的全球文化网络之中。正是在这一背景下，传统文化在新的生产、运营方式上必须要进行革命性的变革，它必须融入全球性市场经济的利益和进步中去。文化产业的产品消费方式日益呈现出全球性，以经营审美为特征的符号、图像、文字、设计和声音等文化产品具有全球的流动性。就生产方式而言，文化产业又具有地方性，如美国的影片大多数是在好莱坞制作完成的。

第三，文化产业的创新性。当代文化产业的发展样态日益呈现出创新性的特征。创新是对创造性思维的应用，人们可以利用新思想，把新思想转变成别人花钱购买的产品和服务。在全球化背景下，文化产业发展样态的创新性集中地表现在以下几个方面：其一，文化产业的整合与发展必须拥有新思想、新观念、新方法；其二，文化产业的本质是文化的产业化，

---

① 李嘉珊著：《国际文化贸易研究》，105—106 页，北京，中国金融出版社，2008。

亦即文化产业必须运用业已拥有的新思想、新观念、新方法去创造财富；其三，文化产业必须时刻应对千变万化的市场。

第四，文化产业的风险性。全球化的快速进程把风险带到世界各地，文化产业是风险文化的主要载体。其风险性：一是文化产业的全球化使得民族国家的主权弱化和传统文化被边缘化。二是文化产品在信息时代传播和辐射的速度非常快，时间的落差越来越小，使得文化产业部门不得不承担开发新产品时所冒的风险。

第五，文化产业的霸权性。据联合国教科文组织统计，全球三分之二以上的印刷材料是以英语、俄语、西班牙语、德语及法语出版。另据统计，近年来，文化产业在世界贸易中的比重激增，西方发达国家尤其是美国凭借优势，特别是在多媒体、互联网络、卫星电视等方面的强大势力，以贸易自由化为借口，积极打入他国文化市场，既渗透文化，又获取利润。①

总之，文化产业正在日益深入地参与到后工业社会和知识经济社会的经济活动之中，它已经被看作是发展经济、确保文化多样性，提升国家综合实力和国际市场竞争力所不可或缺的驱动力。②

二、文化产业与文化贸易的关系

文化产业的发展对文化贸易有促进作用，随着各国经济的迅速发展，各国的竞争越来越转向文化的竞争，文化贸易成了各国文化竞争的重要阵地。各国争相发展文化产业，促进文化出口。世界和各国的文化贸易一直持续增长。

据 2005 年联合国贸易开发事务局披露的资料显示，文化创意产业的全球市场总值已经达到 1.3 万亿美元，占全球 GDP 的 7%以上。在文化创意产业飞速发展的同时，国际文化贸易也扮演着越来越重要的角色。1994 年，全球核心文化产品的贸易总额是 393 亿美元，2002 年达到 592 亿美元。从 1994 年以来，核心文化产品的贸易量每年都占全球贸易总量的 1%以上。这仅仅是根据海关显示的资料做的统计，实际的贸易量要比这个比

① 孙剑锋：《全球化时代文化产业的内涵与本质特征》，《中共浙江省委党校学报》，2006 (6)，125 页。

② 苑浩：《全球文化产业发展的最新趋势及政策分析》，《国外社会科学》，2006 (1)，46 页。

例大。[①]

文化产业是文化贸易的基础和基本前提，当文化产业发展到一定阶段，具备一定的生产规模，并且有相应的市场需求时，文化产品和文化服务的跨境交易流通才有可能，才能形成国际文化贸易。

文化产业的强弱在很大程度上决定一个国家的文化产业在国际文化贸易中竞争力的大小。美国的文化产业从20世纪20年代末开始渐渐发展起来，如今美国已经是最大的文化产品出口国，文化产业的年产值约占美国GDP的25%。据统计，2001年，美国拥有广播电台1.2万座（其中商业调频台5000个），广告年收入120亿美元；电视台近1.4万家，其中1300余家商业电视台（900家属于三大电视网），12500家有线电视台，1996年电视广告年收入首次超过报纸，达到425亿美元；电影业2000年票房收入为77亿美元；除教材外的各类图书年出版5万种，销售额253.8亿美元；期刊有1.1万多种，年销售额在20世纪90年代中期即突破300亿美元；音像制品方面，美国音乐制品占全球音乐市场份额的1/3强，海外年销售额达到600亿美元；大型报业集团130余家，英文报纸1480余种，广告年销售额近400亿美元；互联网交易，2002年美国占全球3330亿美元网上交易总额的64%；还有，美国旅游业也在全球化浪潮里取得了领衔者的业绩。[②] 与美国相比较，中国文化产业发展较晚，基础比较薄落，文化产业不论在数量总额上还是比重上都不尽如人意，这也导致中国的文化贸易相对落后，尤其在内容产业等核心文化产业方面存在较大的文化贸易逆差。文化贸易是文化产业发展的延伸，其发展为文化产业提供更大的市场空间和发展前景，中国要积极参与国际文化贸易，及时准确把握消费动向，适时进行产业调整，使生产的文化产品和文化服务能持续满足国际消费者的需求，有利于推进我国文化产业跨越式地发展。[③]

综上所述，文化产业与文化贸易关系密切，两者相互依赖，相互促进，文化产业的发展壮大可以推动文化贸易的发展，而积极参与文化贸易又会促进文化产业的发展壮大。

---

① 顾江主编：《文化产业研究》（第2辑），14页，南京，东南大学出版社，2008。

② 李怀亮、刘悦笛主编：《文化巨无霸：当代美国文化产业研究》，16页，广州，广东人民出版社，2005。

③ 杨均华、刘吉发：《文化国际贸易发展的意义、模式和市场战略思考》，《商业时代》，2012（35），55—56页。

三、文化贸易总体概况

20 世纪 80 年代以来，文化产业的国际分工体系被正式纳入全球贸易。在文化创意产业飞速发展的同时，文化贸易已经成为国际贸易的重要组成部分。根据联合国发表的第一份文化贸易报告——《1980－1998 年国际文化产品流量报告》，全球的文化贸易总额从 20 世纪 80 年代初到 90 年代末世界文化产品的贸易额一直呈指数增长。1980－1998 年，印刷品、文学作品、音乐、视觉艺术、电影、摄影、广播、电视、游戏和体育用品等文化产业产品的年贸易额从 953.4 亿美元增加到 3879.27 亿美元。[①] 但是，这些贸易绝大部分是在少数发达国家之间进行的。1990 年，日本、美国、德国和英国的文化贸易出口，占全球当年文化贸易出口额的 55.4%，而文化贸易的进口额也高度集中在美国、德国、英国和法国，占全球当年文化贸易进口额的 47%。[②] 1998 年，发展中国家的文化产品进出口总额为 962 亿美元（出口 518 亿美元，进口 444 亿美元），发达国家为 2918 亿美元（出口 1225 亿美元，进口 1693 亿美元）。[③] 1994 年，全球核心文化产品的贸易总额是 393 亿美元，2002 年达到 592 亿美元。从 1994 年以来，核心文化产品的贸易量每年都占全球贸易总量的 1%以上。这仅仅是根据海关显示的资料做的统计，实际的贸易量要比这个比例大。

按照地区来说，欧盟核心文化产品的出口量为世界第一，2002 年其出口量占全球出口总额的 51.8%；排在第二的是亚洲，2002 年占全球出口额的 20.6%；北美排在第三位，2002 年占全球出口额的 16.9%。

按照国别来说，2002 年核心文化产品和文化服务出口量最大的国家是美国，出口总额为 143 亿美元（其中产品 76 亿美元、服务 67 亿美元）；英国是第二位，出口总额为 100 亿美元（其中产品 85 亿美元、服务 15 亿美元）；中国出口总额为 76 亿美元列第三位（其中产品 52 亿美元，服务未统计）。[④]

---

① 唐晋主编：《大国策——通向大国之路的中国软实力（文化产业发展战略）》，30 页，北京，人民日报出版社，2009。

② 中宣部文化体制改革和发展办公室、文化部对外文化联络局编：《国际文化发展报告》，2 页，北京，商务印书馆，2005。

③ 唐晋主编：《大国策——通向大国之路的中国软实力（文化产业发展战略）》，30 页，北京，人民日报出版社，2009。

④ 顾江主编：《文化产业研究》（第 2 辑），14 页，南京，东南大学出版社，2008。

世界文化产品的进口大国则集中在高收入国家。这些国家占据了90%的市场份额。美国是世界上最大的文化产品进口国，2002年其进口额高达153亿美元；英国是第二大文化产品进口国，其进口额大约是美国的一半，为78亿美元；德国是世界第三大文化产品进口国，其进口额为41亿美元。

按产品类别来划分，2002年录音媒介为190亿美元，占核心文化产品贸易总量的31%，排在第一位；印刷媒介为182亿美元，占核心文化产品贸易总额的30%，排在第二位；视觉艺术为113亿美元，占核心文化产品贸易总量的19.1%，排在第三位。视听媒介为85亿美元，占核心文化产品贸易总量的14.3%，排在第四位。[①]

根据2010年文化创意产业报告指出，世界文化创意产品和服务出口从2002年的2671.75亿美元增长到2008年的5920.79亿美元，平均每年增长20.27%；文化产品进口从2255.9亿美元上升至4207.83亿美元，增长了约86.53%。各国的文化贸易也保持着增长的势头。美国的文化产品和服务出口（包括文化产品、文化服务和与文化产品、文化服务相关的装备和辅助材料）从2007年的1970.78亿美元增长到2011年的2570.99亿美元，进口也从2407.88亿美元增长到2481.65亿美元。德国、日本和英国文化产品和服务出口由于受到金融危机的影响比较大而有所下降，分别从2007年680.37亿美元、421.89亿美元和377.01亿美元下降至2011年566.87亿美元、320.16亿美元和320.28亿美元，日本的文化进口并没有随着出口的下降而下降，而是从406.71亿美元上升至564.29亿美元。

国际文化贸易的迅速发展是多种因素合力作用的必然结果，首先，世界范围内对文化产品和文化服务的消费需求逐渐增加。随着各国经济发展水平的普遍提高，各国人民的消费结构也产生了变化。世界范围内消费结构的变化趋势之一就是人们在通信、娱乐文化教育等方面的消费支出增多，占整个消费支出的比重较高。例如1996年，美国、日本、韩国、印度在娱乐文化教育上的支出分别占消费总支出的10.57%、14.43%、16.62%、3.73%。[②] 当然，由于经济发展水平和文化背景的不同，各国的消费结构存在着差异，但是人们在较低层次的基本需要（吃穿住）得到满

① 周经主编：《国际服务贸易》，91页，南京，南京大学出版社，2010。

② 《世界经济文化年鉴》编辑委员会编：《世界经济文化年鉴1998—1999》，603—605页，北京，人民出版社，2000。

足后，对更高层次（通信、文化娱乐和教育）的消费需求增加是必然的发展趋势。

其次，迅速发展、成熟的文化产业。市场需求的增加带来文化产业的迅速发展和成熟。以文化产业最为发达的美国为例，美国现有将近10000多家报纸，有4家发行量超过100万份；杂志1022万种，平均每个家庭就拥有3.52册杂志；好莱坞是全球最大的电影生产基地；再看大众传媒业，作为20世纪后半叶崛起的新兴产业，根据美国1994年的统计，资产在100万美元以上的420家传播业公司的总收入为1521.28亿美元，几乎相当于我国1998年国内生产总值的1/7，而许多中小型规模的电视台和制作公司还没有计算在内。[①] 美国成熟的文化产业奠定了美国在国际文化服务贸易中的霸主地位，为美国带来了巨大的经济利润。1996年，美国的文化产业（包括电影、音乐、电视、书刊和软件）出口总值首次超过汽车，农业和航空在内的传统产业的出口，成为美国最大的出口产业。

再次，自由贸易的发展。世界贸易组织致力于实现贸易的自由化，WTO通过成员国之间的谈判并达成协议，在逐步推动文化贸易的自由化，以文化贸易中最为敏感的国际影视服务贸易的谈判为例，在GATT关贸总协定乌拉圭回合谈判中，有关电影的分歧十分严重。美国希望电影可以像其他产品一样在各国自由流通，而这种观点却遭到许多欧洲国家的反对。最终，除法国拒绝将视听产品列入谈判外，英、德两国提出了“文化特殊性条款”，而不是把影视服务作为“例外”。[②] 面对美国的压力和出于自身对美贸易的需要，欧盟近年来已经不得不修改“指令”，放弃配额，以推动自由贸易的发展。随着经济全球化的纵深发展，贸易自由化是必然的发展趋势。

此外，现代科学技术的发展也极大地促进了文化贸易的发展速度，现代通讯特别是互联网的迅速发展不仅改变了文化产品的存在形态、生产和流通的方式，而且极大地削减了文化产品的生产和宣传成本。网上书店、网上电影、网上游戏、网上艺术品拍卖等已经成为迅速增长的人们消费文化产品的又一媒介。据统计，互联网用户数在2016年将达到32亿，遍及全球240个国家和地区。仅以中国为例，2016年8月，根据中国互联网络

① 尹继佐主编：《上海文化发展蓝皮书》，64页，上海，上海社会科学院出版社，2000。

② ［美］D·普特南：《美欧电影分歧的焦点——文化属性和商业属性间的冲突》，《世界电影》，2000（4），68－72页。

信息中心（CNNIC）第38次《中国互联网络发展状况统计报告》统计，截至2016年6月，中国网民规模达7.10亿，互联网普及率达到51.7%，超过全球平均水平3.1个百分点。[①] 借助于互联网这个新的媒介，世界范围内文化产品的市场规模也迅速膨胀。

第三节　国际文化贸易格局及其特征

文化贸易自由化和多元化的发展，通信技术特别是互联网在世界范围内的普及，给各国文化产业的发展带来机遇，同时也是挑战，文化贸易将是国际服务贸易中竞争最激烈的领域之一。

一、全球化语境中文化贸易的发展特点

经济全球化的基本特征是金融自由化以及贸易全球化、国际化。谁能充分利用和配置全球的资源，占领全球的市场，谁就获得了更广阔的发展空间。任何一个国家如果把文化产业空间限制在国内，缺乏全球市场的宽大平台，那么，它就难以通过文化企业的“走出去”来传播其价值观念，扩大其国际影响。自20世纪末以来，全球文化贸易出现了新的态势。

（一）文化贸易的新态势

1. 文化贸易成为国际贸易的重要组成部分

1998年，世界范围内销售的支持文化产品的商品总额（包括“服务”如在线销售的无形商品或许可费）比旅游工业的国际总额略低，比药品工业的国际总额高。2001年，美国的版权企业向国际市场出售了889.7亿美元的文化产品，这一销售额超过了化学及其衍生工业、汽车工业、工业设备及其零配件、民用和军用航空工业及农业等的销售额。[②]

2. 文化贸易中服务贸易的比重增大

文化贸易包括商品贸易和服务贸易，随着知识经济时代的到来，知识在全球范围内的交流频率越来越高，高知识含量的文化服务贸易的比重也不断上升。以版权为核心的“软性”贸易即文化服务贸易在文化产业中的

---

① 中国互联网络信息中心：《CNNIC：发布第38次〈中国互联网络发展状况统计报告〉》，《信息网络安全》，2016（8），89页。

② 第二届知识产权组织创造力与发明国际论坛报道：《智力创造，财富的来源》，中华人民共和国国际知识产权局 http://www.sipo.gov.cn/ztzl/hylt/dejczlyfmgjlt/201311/t20131101_874090.html，2002年6月3日。

重要性越来越突出,[①] 以美国版权和授权费用的出口增长为例，2000 年其出口额高达 377 亿美元，甚至超过了运输服务。

（二）国际文化贸易的发展特点

文化贸易的对象既涉及文化产品又涉及文化服务，它兼具普通商品属性和意识形态属性，国际文化贸易的发展有其独特特征。

1. 市场的高度垄断性

国际文化贸易在发达国家和发展中国家表现出严重的不平衡性，这与各国在文化生产和文化服务方面的能力、技术和资源差异、历史特点、区域位置及文化背景等多种因素的影响相关。因此，国际文化贸易市场的垄断性较强，表现为少数发达国家对国际文化贸易的垄断优势，而发展中国家则处于劣势。

2. 贸易保护方式具有隐蔽性

文化具有独特的渗透力。文化产品和文化服务传达着观念、价值和生活方式，是极具个性化的产品和服务。文化贸易的价值超过其商业价值，与其他贸易相比，它会在意识形态等方面对输入国消费者产生潜移默化的影响。因此，文化贸易是各国服务贸易政策关注的重点领域。由于文化贸易标的物的特点，各国无法通过统一的国际标准或关税进行限制，而是通过采用国内的政策、法令的修改进行限制，如市场准入制度、非国民待遇等非关税壁垒形式。

3. 贸易自由化的例外性

由于图书出版、演出服务、广播影视、网络服务及教育等文化产业直接关系到国家主权、国家安全和意识形态等敏感领域，因此，各国在文化贸易的开放程度上都十分谨慎，各国政府对文化贸易的各种限制和保护远远超过货物贸易，在很大程度上阻碍了国际文化贸易的自由化进程。

4. 贸易约束条例的相对灵活性

世界贸易组织一直致力于寻求国际贸易的自由化，但从文化贸易概念出现之日起，“文化例外”就成为一种不成文的共识，为世界贸易组织各成员国政府所接受并广泛运用于文化贸易政策中。总的来说，世界贸易组织对文化贸易的约束具有一定的灵活性。

5. 与其他产业的强烈交融性

不同的文化内涵和文化服务，融入几乎所有的产业和贸易领域。酒文

① 李嘉珊著：《国际文化贸易研究》，31－32 页，北京，中国金融出版社，2008。

化、茶文化、饮食文化、居住文化、服饰文化、汽车文化等等，都反映了不同的文化背景和文化价值取向。尤其是文化产品和文化服务与信息技术的结合，更使文化的传播速度加快，扩展范围加大，进一步提高了文化产品和文化服务的可贸易性。①

二、全球文化贸易格局及其形成的原因

（一）全球文化贸易格局

目前，国际文化贸易的格局逐渐显现：文化贸易的国际地位不断上升；美国在国际文化贸易中的优势明显；跨国公司成为国际文化贸易的主体；版权交易是国际文化贸易的主要内容；文化贸易发展严重不平衡。

1. 文化贸易的国际地位不断上升

从联合国贸易与发展会议提供的相关数据看，世界主要贸易大国的文化贸易额大部分都有较大幅度的增长。1995 年世界主要贸易大国有关文化贸易的版税和许可证费用以及文化、娱乐服务贸易出口额，美国是 328.49 亿美元，日本为 61.38 亿美元，英国是 67.07 亿美元，法国是 30.30 亿美元，德国是 33.20 亿美元；而 2004 年世界主要贸易大国有关文化贸易的版税和许可证费用以及文化、娱乐服务贸易仅出口额，美国就达到 590.59 亿美元，日本为 157.73 亿美元，英国为 153.83 亿美元，法国为 73.34 亿美元，德国为 60.45 亿美元。②

据世界贸易组织统计的相关数据看，世界主要贸易大国的文化贸易额在服务贸易中所占的份额也有不同程度的扩大。美国相关文化贸易出口额在服务贸易出口中所占的份额由 1995 年的 16.6%上升为 2003 年的 19.4%；日本由 1995 年的 9.6%上升为 2003 年的 17.6%；加拿大由 1995 年的 4.4%上升为 2003 年的 10.4%；法国由 1995 年的 3.6%上升为 2003 年的 5.9%；德国由 1995 年的 4.3%上升为 2003 年的 4.4%。只有英国 1995—2003 年相关文化贸易出口额在服务贸易出口中所占的份额有小幅度下降，不过 2004 年则快速增加，英国相关文化贸易出口额从 2003 年的 110 亿美元大幅上升为 2004 年的 153.83 亿美元。③

---

① 韩骏伟、胡晓明编著：《国际文化贸易》，4 页，广州，中山大学出版社，2009。

② 韩源等著：《国家文化安全论：全球背景下的中国战略》，248 页，北京，社会科学文献出版社，2013。

③ 雷兴长、曹文环：《当今文化贸易国际格局特征分析》，《社会纵横》，2008（10），29 页。

根据联合国贸发会议最新数据显示，2012年世界文化产品进出口总额高达9055亿美元，是2003年的1.9倍，年均增长率达7.4%。其中，文化产品出口和进口额分别达到4738亿美元和4317亿美元（见表2—2），分别是2003年的2.1倍和1.8倍，年均分别增长8.7%和6.6%。分经济体看，中国和美国分别位居世界文化产品出口额和进口额首位。2012年，就出口额而言，中国文化产品出口额为1512亿美元，占世界的31.9%，居世界首位。排名第2位至第10位的经济体依次为美国、中国香港、德国、印度、英国、法国、瑞士、新加坡和荷兰。2012年，就进口额而论，美国文化产品进口额为881亿美元，占世界的20.4%，位列世界第一；排名第2位至第10位的经济体分别为中国香港、英国、德国、日本、法国、瑞士、加拿大、中国和荷兰。①

表2-2　2012年世界文化产品进出口情况

	文化产品出口			文化产品进口		
	2012年出口额（亿美元）	2003—2012年平均增长速度（%）	2012年出口额占比（%）	2012年进口额（亿美元）	2003—2012年平均增长速度（%）	2012年进口额占比（%）
工艺品	343	5.4	7.2	277	2.3	6.4
视觉产品	321	11.4	6.8	297	9	6.9
设计品	2849	9.3	60.1	2551	6.8	59.2
新媒介	409	17.8	8.6	459	16.7	10.6
表演艺术品	51	6.6	1.1	52	4.6	1.2
出版物	383	1.4	8.1	381	1.5	8.8
视觉艺术品	383	9.8	8.1	299	6.8	6.9
文化产品总计	4738	8.7	100	4317	6.6	100

数据来源："世界主要经济体文化产业发展现状研究"课题组：《世界文化产品和服务贸易的现状与特点》，《调研世界》，2014（11），14页。

① "世界主要经济体文化产业发展现状研究"课题组：《世界文化产品和服务贸易的现状与特点》，《调研世界》，2014（11），14—15页。

表 2-3　2005－2012 年世界主要国家文化服务进出口贸易

单位：百万美元

年份		2005	2006	2007	2008	2009	2010	2011	2012
中国	出口	133.9	137.4	316.3	417.9	97.3	122.9	122.8	125.6
	进口	154.0	121.5	153.7	254.6	278.4	370.8	399.6	564.5
	差额	－20.1	16.0	162.6	163.3	－181.2	－247.9	－276.8	－438.9
日本	出口	96.8	140.0	156.2	153.9	162.2	149.2	159.3	180.4
	进口	1114.6	1300.8	1318.1	1216.9	1052.1	935.1	977.3	1200.2
	差额	－1017.7	－1160.8	－1161.9	－1063.0	－890.0	－785.8	－818.0	－1019.8
澳大利亚	出口	437.6	502.3	510.0	671.2	608.9	700.9	873.8	913.8
	进口	773.7	851.0	934.3	1240.5	1051.4	1266.5	1645.5	1695.9
	差额	－336.2	－348.7	－424.3	－569.3	－442.4	－565.6	－771.7	－782.1
法国	出口	2136.5	1750.0	1962.7	2220.7	2660.3	3540.2	4137.0	4006.8
	进口	2803.1	2694.6	3137.0	3657.7	3202.1	3423.6	3664.4	3817.8
	差额	－666.6	－944.6	－1174.3	－1437.0	－541.8	116.5	472.6	189.0
意大利	出口	700.1	884.4	1078.5	253.4	317.5	346.2	298.4	328.2
	进口	1583.1	1570.6	2010.6	709.2	657.9	680.6	581.2	518.9
	差额	－883.0	－686.2	－932.1	－455.8	－340.4	－334.4	－282.8	－190.7
德国	出口	1195.0	933.0	1121.0	1096.0	1235.0	1106.0	906.0	801.0
	进口	3523.1	4671.7	2797.6	2939.9	2783.9	2782.6	2714.9	2419.6
	差额	－2328.1	－3738.7	－1676.6	－1843.9	－1548.9	－1676.6	－1808.9	－1618.6
英国	出口	4078.2	3930.2	3757.7	4189.6	3537.8	3946.4	4609.5	3947.0
	进口	1510.9	1575.0	1904.9	2011.2	908.2	1038.4	1025.4	960.4
	差额	2567.3	2355.2	1852.8	2178.4	2629.6	2908.0	3584.1	2986.5
加拿大	出口	2069.6	2286.4	2290.5	2184.0	2119.4	2183.9	2473.7	2409.2
	进口	1838.3	2065.5	2176.0	2159.7	2181.3	2123.2	2199.5	2459.7
	差额	231.3	220.9	114.5	24.3	－61.9	60.7	274.2	－50.6
美国	出口	47573.9	47129.1	55008.8	56306.7	54984.2	59324.8	66190.2	68628.2
	进口	15627.5	14605.9	15531.7	16905.6	17965.6	18712.4	20328.9	23577.9
	差额	31946.4	32523.2	39477.1	39401.1	37018.6	40612.4	45861.3	45050.3

说明：①2001－2009 年的数据来源：陈柏福著：《我国文化产业“走出去”发展研究——基于文化产品和服务的国际贸易视角》，132－133 页，厦门，厦门大学出版社，2011。②2010－2012 年的数据，根据联合国贸易和发展会议数据库整理。

2. 美国在国际文化贸易中的优势明显

20世纪90年代以来，美国的文化贸易迅速增长。从世界贸易组织对各国文化贸易相关的统计数据看，美国的版权和许可证费用以及文化、娱乐服务贸易额，1990年为180.84亿美元，1998年增为409.67亿美元，2003年高达759亿美元。美国文化产品的国际竞争力超强，对其他国家几乎是“单方面”的输出。2003年，美国的版权和许可证费用以及文化、娱乐出口额达到556亿美元，而进口额只有203亿美元，出口额是进口额的2.73倍，顺差额高达353亿美元。2004年，美国的版权和许可证费用以及文化、娱乐服务贸易出口额就达到590.59亿美元，是日本（157.73亿美元）的3.74倍，英国（153.83亿美元）的近3.84倍，法国（73.34亿美元）的8.05倍，德国（60.45亿美元）的近9.77倍。[①] 以电影为例，美国的电影工业主导着全球市场，20世纪90年代后期全世界电影市场的总票房大约每年为155亿美元，美国占据了这个市场的2/3，即105亿美元，相当于868.35亿人民币。[②]

促成美国文化产品的国际贸易优势因素有三：一是美国文化产业已成规模。文化产业的直接产值和相关产值已占美国GDP总量的18%－25%。高度发达的现代文化产业为美国获得文化贸易优势奠定了基础。二是美国文化产业创新能力强。在当今世界文化产业中，不论是电影、录像、光盘、游戏、动画、互联网，还是出版、印刷、期刊、广告等领域，美国都一直保持着颇高的创新能力和领先水平，于是造成了国际文化市场对美国文化产品的较大客观需求。三是美国政府高度重视文化贸易。在国际贸易谈判中，美国政府坚持把贸易自由化问题同文化贸易开放问题联系在一起，对各国政府施加压力，要求各国开放文化产品市场，这为美国文化产品占领国际文化市场开创了宽松的国际经营氛围。[③]

3. 跨国公司成为国际文化贸易的主体

随着世界文化产业的全球化，跨国公司已经成为全球文化贸易的主体。目前，美国、日本和西欧国家的跨国公司囊括了全球文化贸易的2/3以上，全球50家媒体娱乐公司就占据了95%以上的国际文化市场。[④]

---

① 雷兴长、曹文环：《当今文化贸易国际格局特征分析》，《社会纵横》，2008（10），29－30页。

② 花建著：《产业界面上的文化之舞》，313页，上海，上海人民出版社，2002。

③ 尹继佐：《上海文化发展蓝皮书》，64页，上海，上海社会科学院出版社，2000。

④ 胡景岩：《谈论文化贸易》，《中国文化产业新年国际论坛实录》，新浪财经 http://www.sina.com.cn，2008－01－05。

从1990年开始，文化企业“走出去”占据主导地位，文化企业明显不再局限于某一个国家，而以跨国公司的形式出现。据世界银行统计，400个大型跨国公司占有全球2/3的固定资产，70%的贸易量。尤其美国、日本和西欧一些国家的跨国公司，囊括跨国公司对外贸易量的2/3。[1] 通过建立全球化的资本融通系统和分工协作，跨国公司把原来属于企业与企业、地区与地区之间的“外部合作”，变成了同一大公司下属的各个投资公司、控股公司和分支机构之间的“内部合作”，加大了全球扩张的势头。一个国家如果没有在文化领域的跨国公司，将很难实现文化产品与服务“走出去”的战略目标。

近几年，在全球文化产业影响力较大的跨国公司有：时代华纳、迪士尼、威望迪、立博、新闻集团、贝塔斯曼、威廉希尔、哥伦比亚广播公司等。它们不仅对世界文化产业发展拥有强大影响力，而且在不同的文化行业中占据绝对垄断地位。其中，国际化经营程度最高的跨国公司应该是美国的时代华纳和迪士尼公司。全球媒体巨人——时代华纳拥有一系列具有品牌价值的文化传媒产业，包括美国有线电视网、卡通电视台、华纳兄弟电影公司和《时代》《人物》《财富》《娱乐周刊》等全球性著名报刊。时代华纳公司收入主要有六大业务：美国在线（ISP）、电视和广播部门、有线电视部门、出版、影视娱乐以及音乐。时代华纳可以对15个国家用多种语言提供电视服务，并拥有唱片业务居世界首位的华纳音乐公司。此外，它拥有丰富的服务对象资源，包括12000万杂志读者、32万互联网用户、10多亿CNN观众、3500万HBO（付费电视网）订户、1300万有线电视用户。时代华纳公司下属的有线电视CNN的覆盖面涉及全球15亿人口、212个国家和地区。[2]

4. 版权交易是国际文化贸易的主要内容

21世纪人类社会已经进入知识经济时代，版权产业在世界经济中的地位迅速上升，版权贸易正成为国际文化贸易中最强有力的支柱之一。版权产业在发达国家GDP所占的比重约为3%－8%。[3] 以美国为例，版权产业尤其是核心版权产业，已成为国民经济的支柱产业和美国经济增长的主

① 李昆明、王缅主编：《大国策：通向大国之路的中国文化发展战略》，360页，北京，人民日报出版社，2009。

② 王婧著：《国际文化贸易》，12页，北京，清华大学出版社，2015。

③ 雷兴长、曹文环：《当今文化贸易国际格局特征分析》，《社会纵横》，2008（10），30页。

要动力。据《美国经济中的版权产业：2004年报告》提供的数据显示，在1997—2002年，美国核心版权产业增速是3.51%，超过同期美国GDP2.4%的年均增长率；2002年美国核心版权产业的增加值达到6266亿美元，占GDP的5.98%；总体版权产业增加值为12500亿美元，约占美国GDP的11.97%。在就业方面，2002年核心版权产业就业人员达548.4万人，占美国就业总人数的4.02%。同年，美国全国的版权产业就业人员达1147.6万人，占美国就业总人数的8.41%。仅核心版权产业创造的就业机会就远多于汽车、钢铁、药品、纺织、食品加工和电子器件等传统知名产业。当前，美国版权产业作为美国出口最重要的部分，在出口和海外销售上持续快速增长。2002年，尽管遭遇到盗版和全球整体经济衰退等状况，美国核心版权产业中四个部分的海外销售和出口仍然增长了1.1%，达到了892.6亿美元。[①]

版权交易是国际文化贸易的主要内容，目前版权贸易主要包含图书版权、影视版权两大领域。

20世纪60年代，大多数经济发达国家相继加入版权贸易行列，到20世纪80年代初显繁荣，进入90年代，呈现出异常活跃的局面。20世纪90年代末，有关数据表明，全球版权贸易收入达到1100亿美元左右，已大大超过全球图书产品直接贸易的总收入，成为世界出版贸易活动的主流。英国由于语言及其他方面的优势，在国际版权贸易中处于较为领先的地位，版权贸易在英国出版业中的地位可谓举足轻重。20世纪90年代末的相关统计表明，英国年版权贸易总收入为180亿英镑，而其图书年零售额只有20亿英镑左右。[②] 为了推进图书版权贸易，国际上形成了著名的书展博览会。其中德国的法兰克福书展是世界上最大、最成功的国际版权交易书展，为世界各国的出版商、代理商以及图书馆人员提供了一个洽谈版权交易、出版业务及展书订书的场所。每年有100多个国家，7000多家出版商和书商，30多万图书新品种参展。[③]

电影版权交易在国际电影贸易链中占据着极为重要的位置，尤其是具

---

① 蒋三庚主编：《文化创意产业研究》，35—36页，北京，首都经济贸易大学出版社，2006。

② 罗紫初：《版权贸易异常活跃——世纪之交国外出版业发展新动向透视（之七）》，《出版科学》，2001（4），67页。

③ 雷兴长、曹文环：《当今文化贸易国际格局特征分析》，《社会纵横》，2008（10），30页。

有轰动效应的知名影片的国际版权商业价值甚至要高于电影票房。美国国内电影票房的年均收入仅占全国电影产业总收入的27%，其余为版权转让和相关衍生商品收入。比如《泰坦尼克号》的全球票房收入为7亿美元，其电影版权和附属产品（包括影碟、唱片甚至船模）的销售收入达到15亿美元。中国的电影版权贸易取得可喜成绩，2004年，电影《十面埋伏》的制作方新画面公司分别以1.15亿元和8500万元，向哥伦比亚电影公司和华纳电影公司出售了《十面埋伏》在北美地区和日本地区的发行权。《十面埋伏》海外版权卖断收入超过2亿元人民币，远远超过了《十面埋伏》1.53亿元的国内票房收入。①

随着文化产业的全球化，国际影视版权贸易的渠道日渐规范、畅通，世界各地每年举行的各种不同类型的国际电影节是国际影视版权贸易的主要交易途径。②

5. 文化贸易发展严重不平衡

文化贸易的不平衡发展表现为少数发达国家对国际文化贸易的垄断优势与发展中国家的相对劣势。这与各国在文化生产和文化服务方面的能力、技术和资源差异，文化市场的文化商品受各国历史特点、区域位置及文化背景等多种因素的影响相关。

全球文化贸易额70%以上集中在美、英、法、德、日五国之间，而其他国家以文化为核心的产品输出微乎其微。1990年，美国、日本、德国和英国是最大的文化产品出口国，占当年全部出口额的55%。美国、德国、日本、英国和法国是最大的文化产品进口国，占当年全部进口额的47%。1998年，亚太经济合作组织和欧盟国家的文化进口额占全世界总量的91%，出口额占世界总量的94%。并且这种文化贸易主要在少数发达国家之间进行。③

2008年在世界文化出口排名的前20个国家中，发达国家占了大部分，而发展中国家只占很小的一部分。2008年发达国家文化产品的出口总额为227.103亿美元，发展中国家只有117.211亿美元，发达国家文化产品的

---

① 中国电影家协会编：《中国电影新百年：合作与发展——第十四届中国金鸡百花电影节学术研讨会论文集》，562页，北京，中国电影出版社，2006。

② 雷兴长、曹文环：《当今文化贸易国际格局特征分析》，《社会纵横》，2008（10），30页。

③ UNESOO Culture Sector，2000，*International Flows of Selected Cultural Goods 1980－1998*，Paris：the UNESOO Institute for Statistics.

出口额约为发展中国家文化产品出口总额的两倍。在文化服务出口方面，发达国家占了83%，而发展中国家仅占11%。在文化产品的进口方面，2008年发展中国家的文化产品进口仅93.721亿美元，只占世界文化产品进口额的22.27%，发达国家的文化产品进口总额是发展中国家的3.4倍，达到317.056亿美元。可见，发达国家在文化贸易方面占有绝对的优势。

文化贸易的飞速发展一方面带来了全球文化市场的繁荣，增进了不同种族和民族之间的了解和交流；另一方面导致了话语霸权和文化帝国主义的产生，加剧了贫富差距和文化鸿沟。

6. 文化创意产品贸易的集中度逐步提高

近年来，许多国家和地区将文化创意产业作为经济发展的战略产业和支柱产业，通过各种手段扶持和鼓励文化创意产品出口，创意产品实际上已经取代传统的制造业产品成为最重要的出口产品。在文化创意产品出口大国中，各国都依托自身的政治、文化、资源等优势，重点推出特色产品，在国际市场上占据重要份额。美国的电影业和传媒业、日本的动漫产业、韩国的网络游戏业、法国和德国的出版业、英国的音乐业等成为这些国家最重要的出口产品。

伴随全球文化贸易规模的增大，文化创意产品贸易的集中度也在逐步提高。在全球化的大背景下，文化在综合国力的竞争中影响越来越大。在全球文化创意产业的竞争中，大家竞争的不仅是产品，还争相输出理念、制度和创意。在世界范围的产业结构调整和经济全球化浪潮中，发达国家凭借自身雄厚的经济实力，通过掌握文化创意产业的规则制定权和话语权，逐步推动全球文化创意产业向高科技化、规模化和垄断化方向发展，从而进一步巩固了发达国家在文化创意产业以及产品贸易中的垄断地位。①

（二）全球文化贸易格局形成的原因

全球文化贸易的不平衡与各国贸易的产品结构有关，发展中国家出口的产品和服务主要是附加值低的劳动密集型文化产品，而发达国家和新兴工业化国家和地区的出口优势主要集中在知识、技术和资本密集型、利润空间大的产品和服务上。高新技术的广泛应用扩大了文化消费的领域，如高保真激光唱盘、激光视盘、多媒体手机、网上文化服务及电子游戏

① 周经主编：《国际服务贸易》，93－94页，南京，南京大学出版社，2010。

等，它们深刻地改变了传统的文化消费方式，大大增加了文化服务的可贸易性。①

这种文化贸易产品结构的形成，是发展中国家与发达国家在教育事业、科学技术发展水平相差悬殊的必然结果。文化产品中的知识和科技含量最多、最新，文化产品出口意味着新知识、新科技、新理念的出口。发展中国家的教育事业落后，科技创新能力较差，很难生产出新知识、新科技含量高的文化产品，在国际文化市场上必然缺乏竞争力；发达国家的高等教育水平先进，科技创新能力强，文化产品中的知识、科技含量颇高，在国际文化市场竞争中获胜的概率必然大。②

文化产品及服务的进出口贸易主要集中于少数几个发达国家，还与这些国家的需求、偏好相似有关。如果两个国家的偏好、需求结构越相似，即两个国家的需求结构中重叠部分越大；那么，这两个国家之间的贸易量也就越大。③

---

① 刘玉珠主编：《中国文化市场发展报告2004》，91页，北京，民族出版社，2005。

② 雷兴长、曹文环：《当今文化贸易国际格局特征分析》，《社会纵横》，2008（10），31页。

③ 李怀亮：《当代国际文化贸易与文化竞争》，295页，广州，广东人民出版社，2005。

第三章　与文化贸易有关的国际协定

文化贸易的国际规则主要体现为世界贸易组织的自由贸易原则和联合国教科文组织的文化多样性公约。除了上述两大国际组织主张的原则外，世界知识产权组织在知识产权的保护和文化产品的国际贸易中也通过了十分重要的国际条约 TRIPS 协议。

第一节　世界贸易组织的文化贸易协定

世界贸易组织（World Trade Organization）是世界上最大的多边贸易组织，成立于 1995 年 1 月 1 日。WTO 的基本原则可归纳为九类，即无歧视待遇、最惠国待遇、国民待遇、透明度、贸易自由化、市场准入、互惠、对发展中国家和不发达国家特殊优惠以及公正、平等处理贸易争端。世界贸易组织制定这些原则的目的在于，为成员国提供充分的竞争机会，保证各成员享有平等的竞争机会。[①] GATT 1994 、GATS 和 TRIPS 是 WTO 的三大基础法规，分别用于规范货物贸易、服务贸易和对知识产权的保护，其中部分条款涉及与国际文化贸易的相关内容。

一、《关税与贸易总协定》与文化相关的法律规定

关税与贸易总协定（GATT，简称“关贸总协定”），是一个关于关税和贸易准则的多边国际协定和组织，是美国、英国、法国等 23 个国家于 1947 年 10 月 30 日在日内瓦签订的。换言之，GATT 既是一项关于关税和贸易准则的国际性法规，又是组织多边贸易谈判和协调争议的机构。1948 年 1 月 1 日，《GATT 临时适用议定书》在美、英、法等 8 国开始生

① 马明著：《全球化背景下国际演出市场竞争优势》，58 页，北京，知识产权出版社，2013。

效实施。根据相关文件，关贸总协定成立了相应机构，其总部设在瑞士的日内瓦。1994年12月12日，GATT缔约方在日内瓦举行最后一次会议，对GATT进行了修订，产生了新文本，又称《1994年关贸总协定》（即《GATT 1994》）。新文本构成了WTO法律框架的基础。[①]

1. GATT与文化商品直接相关的条款

《关税及贸易总协定》分为序言和四大部分，共计38条，另附若干附件。其中，涉及国际文化贸易的条款有：第4条、第3条第10款、第20条"一般例外之a款为保护公共道德所必要之措施和f款为保护有艺术、历史或考古价值的国家宝藏所采取的必要措施"。[②]

（1）GATT 1947第4条"电影制品特殊条款"，规定（Special Provisions Relating to Cinematograph Films）缔约国在建立或维持有关电影片的国内数量限制条例时，应采取符合以下要求的放映限额办法：

（a）放映限额可以规定，在不短于一年的指定时间内，国产电影片的放映应在各国电影片商业性放映所实际使用的总时间内占一定最低比例；放映限额应以每年或其相当期间内每一电影院的放映时间作为计算基础。

（b）除根据放映限额为国产电影片保留的放映时间以外，其他放映时间，包括原为国产电影片保留后经管理当局开放的时间在内，不得正式或实际上依照电影片的不同来源进行分配。

（c）虽有本条（b）项的规定，任一缔约国可以维持符合本条（a）项要求的放映限额办法，在实施这项办法的国家以外，对某一国家的电影片保留一最低比例的放映时间。

（d）放映限额的限制、放宽或取消，须通过谈判确定。[③]

该条明确银幕配额的对象是国内电影数量，因此电影贸易中不应采取进口配额。银幕配额说到底是电影产品经过贸易环节在国内放映时实施的限制措施，不同于直接的进口数量限制，这似乎也反映了贸易规制领域的一种趋势。[④] a款对银幕配额进行了详细的说明，允许缔约国在不短于一

---

① 刘辉群主编：《世界贸易组织》，4页，厦门，厦门大学出版社，2014。

② 张蹇著：《国际文化产品贸易法律规制研究》，82页，北京，中国人民大学出版社，2013。

③ 李耀芳主编：《WTO争端解决机制》，143页，北京，中国对外经济贸易出版社，2003。

④ 马冉：《GATT 1994第4条"银幕配额"规则评析》，《河南社会科学》，2009（4），112页。

年的时间里，为国产电影的放映时间规定最低的保障性比例；其计算方法则应该以每一年或其相当期间内每一家影剧院的放映时间总和为计算基础。举例说明，如果一家影剧院总的放映时间为3000小时，对国产影片放映的最低放映比例假定为50%，那么，该国每年的国产电影放映时间就应该为1500小时。b款规定表明，银幕配额只能适用于本国与外国电影之间，换言之，禁止对不同的国外电影实施差别待遇。c款在祖父条款[①]的意义上为b款规定了一项例外。d款最后要求缔约方应发起对银幕配额进行限制、自由化或者取消的谈判，但相关谈判至今也没有真正启动。[②]

GATT 1947第4条与第11条“普遍取消数量限制（General Elimination of Quantitative Restrictions）”相违背，该条款规定：“任何缔约方不得对任何其他缔约方领土产品的进口或向任何其他缔约方领土出口或销售供出口的产品设立或维持除关税、国内税或其他费用外的禁止或限制，无论此类禁止或限制通过配额、进出口许可证或其他措施实施。”[③] 因此，该条可以看作是关于电影产品的一种例外条款，这也是对于文化例外认可的一种表现。为何GATT仅仅对电影片做出了例外规定？随着美国电影的日益扩张，欧洲国家担心本土电影产业会受到强烈冲击，对于电影的政治传播效果也尤为担心，因此，认为需要对电影片进行特殊规定。

随着时代的发展和科技的进步，GATT 1947第4条逐渐暴露出两大问题。首先，关于电影产品到底归属于货物贸易还是服务贸易存在争议。电影产品的传播方式随着时代的变化也日趋多元化，传统的胶卷、录像带式的放映方式正逐渐被诸如卫星、网络数字的放映手段所取代，观众甚至在家里就可以享受到一部剧情跌宕起伏的电影，所以电影产品在一定程度上可以看作是一种数字服务。如果把电影产品划归于服务领域会遇到麻烦，问题就在于在当时的GATS法律制度中没有电影配额条款，因此对外

---

① 祖父条款是GATT 1947中一个特殊的标准化条款，该条款规定了GATT 1947与各成员国内立法之间的关系，即GATT的成员在不违背其本国立法的最大限度内临时适用GATT 1947第二部分。GATT 1947第二部分规定了国民待遇、过境自由、反倾销税和反补贴税、海关估价、原产国标记、贸易惯例的公布和实施、取消数量限制、为保障国际收支而实施的限制、非歧视地实施数量限制、保障条款、一般例外、安全例外等规定。这就意味着，在GATT 1947第二部分上，成员方的国内立法享有优先地位。

② 马冉：《GATT 1994文化贸易产品待遇条款评析》，《世界贸易组织动态与研究》，2010（4），22页。

③ 韦进深著：《决策偏好与国家的国际制度行为研究》，176页，广州，世界图书出版广东有限公司，2014。

国电影的配额限制在GATS中极有可能属于违法行为，这就带来了适用上的困惑。其次，电视节目逐渐成为文化贸易的重点内容，关于其属性的归类成为新的议题。主要有两种对立的观点。美国认为电视节目是货物贸易，电影配额条款不应该适用于电视节目。对外国电视节目的限制违反了GATT第3条国民待遇的原则，因此不能对国外电视节目歧视。而欧洲国家则持相反观点，认为电视节目不属于GATT的适用范畴，而是一种服务贸易，各国有权根据本国国情制定政策对外国电视节目做出限制。GATT应美国的请求，于1961年成立工作组审查该条款对于电视节目的适用情况，但该问题最终也未能达成共识。因此，至今第4条的适用范围仍不明确。

（2）GATT 1947第3条（National Treatment on Internal Taxation and Regulation）第10款“将电影制品在满足第4条规定的具体条件下列为国民待遇的例外”，规定不得阻止任何缔约方制定或维持与已曝光电影片有关的且满足第4条要求的国内数量法规。GATT的第3条是关于国内税和国内法规的国民待遇问题，而第10款的内容则可以看作是关于电影产品的例外。

（3）GATT 1947第20条“一般例外”（General Exceptions），列举了10项例外情形，WTO成员可以在这些特定情形下采取背离GATT一般原则和规则的措施。GATT 1947第20条规定实施一般例外规则应当遵循一定的基本原则是“在遵守关于此类措施的实施不在情形相同的国家之间构成任意或不合理歧视的手段或构成对国际贸易的变相限制”。也就是说，实施一般例外措施应当遵循两个基本原则：一是非歧视待遇；二是不得对国际贸易造成变相的限制。[①] GATT 1947第20条中与文化贸易相关的为a款和f款。

GATT第20条a款规定“为保护公共道德所必需的措施”，把公共道德例外列在10种情况中的首项，应该是为了充分考虑不同的国家地区在社会、文化、宗教和制度等方面可能存在的巨大差异。

对文化产品而言，它本身就具有经济属性和意识形态的双重属性，因此相比于其他一般商品而言，其独特的意识形态属性会对受众产生深远的精神影响，这也是许多国家把文化产业视为重点关注领域的原因之所在。

---

① 陈海峰著：《企业经营与WTO规则的适用》，265页，北京，中国方正出版社，2006。

许多国家不仅仅是看文化产业的经济价值，更为重要的是关心其社会效应。不良的文化产品会毒害人们心灵、腐蚀其精神世界，尤其是青少年在成长的关键时期，很容易受到其消极影响，沉迷其中。很多国家对于色情、暴力等文化产品的抵制也源于此。从这个角度来看，文化产品的影响的确是包含在公共道德的范畴之内，相对于普通货物贸易而言，文化产品贸易对于“公共道德”的影响程度更大、更深远。由于各国不同的文化背景，导致对公共道德的理解存在差异，显而易见，关于“公共道德”的内涵是存在一定的争议，因此，关于“公共道德”概念的界定，WTO 专家组和上诉机构至今没有形成统一定论。其概念的模糊性为该例外条款的援引和使用增加了难度。

2005 年，“安提瓜诉美国网络赌博服务案”（简称为美国博彩案）被看作是关于“公共道德”的第一案。继美国在博彩案中首次援用 GATS 第 14 条第 1 项后，我国也在“中美出版物和视听产品案”（DS363 案）中援引 GATT 第 20 条 a 项的公共道德例外条款进行申辩，但是最终没有成功。这是 WTO 第二起涉及公共道德的案件，也是 WTO 争端解决机构（DSB）第一次直接涉及 GATT 第 20 条 a 项公共道德例外条款之解释与适用的案件。[①]

虽然公共道德例外对于电影等视听产品的适用并不具有针对性，但是，公共道德例外在一定程度上考虑到了音像部门的文化特殊性，为 WTO 成员在电影贸易中采取的文化政策措施提供了可能依据。随着各国经贸联系的日益密切，贸易与公共道德冲突的可能性也在增加，公共道德例外条款被援用的概率将会进一步提高，成为成员国在国际贸易中摆脱被动局面、维护贸易权利的有效选择。

（4）GATT 1947 第 20 条“一般例外”f 款，规定“为保护具有艺术、历史或考古价值的国宝所采取的措施”。该条款为文化贸易预留了一种例外，即“为保护具有艺术、历史或考古价值的国宝”，在相关产品的贸易中，可以回避自由贸易原则。

但是，该条款也存在一定的模糊性，即关于条款中“国宝”概念的界定和判定不明确。按照条款规定，从字面含义对其进行分析可以找出两个关键点：首先，所涉及的产品必须具有艺术、历史或考古价值；其次，产

① 刘瑛：《GATT 第 20 条（a）项公共道德例外条款之研究——以“中美出版物和视听产品案”为视角》，《法商研究》，2010（4），32 页。

品对于国家而言具有重要的意义，这样的产品才是国宝（national treasures）。因此，该条款保护的那些对于人类历史发展具有重要意义的文化产品，或者说是文物，而非一般的文化产品。很多文化产品虽有一定的文化或艺术价值，但不是国家珍宝，比如一些当下流行的某些时尚设计或者艺术作品，尽管文化艺术价值巨大，然而因为缺乏历史积淀，很难被列入该条款的适用范畴。这是对“国宝”概念的一种理解。

对“国宝”的另一种理解较为宽泛，f 款的适用对象不能局限于历史文物，“国宝”不能仅仅指那些陈列在博物馆、艺术馆、档案馆中的文物，一切可以促进和保护文化多样性的文化表现形式都可以成为国家珍宝。联合国教科文组织在《保护世界文化和自然遗产公约》《保护非物质文化遗产公约》和《保护和促进文化表现形式多样性公约》等一系列的国际法律文件确认了包括文学、艺术、历史、考古等在内的文化多样性表现形式均属于人类宝贵的文化遗产。

然而，还有的学者认为，只要受到著作权法保障的文化产品都属于“国家财富”之列，缔约国可以限制这些享有著作权的作品的自由交易。然而 GATT 中没有关于“国家财富”的明确定义和认定标准，并且到目前为止，WTO 专家组或上诉机构并未具体解释过 GATT 第 20 条第 f 款“为保护本国有艺术、历史或考古价值的国家财富而采取者”的具体含义。①

不难看出，GATT 制定该条款的目的，是为了帮助缔约国能够在国际贸易的过程中保护本国的文化遗产，进而维护世界文化的多样性，促进文化的健康发展。但是，该条款的适用存在一定的模糊性和局限性，前者是源于“国宝”的概念不清晰，后者因为条款所针对的是特殊的文化产品——具有“历史、考古价值以及艺术价值”的“国家珍宝”，因而缺乏普遍性。由于各国对于文物保护的关注，加之法律和监管的不断完善等方面原因，符合条款规定的产品，往往只在文化产品贸易中占据极小的比重，大多数的文化贸易，诸如电影、图书等，仍然不适用于该条款。

2. GATT 与文化商品间接相关的条款

除上述和文化商品直接相关的条例规定外，GATT 的部分条例，对于文化商品同样适用，并且在国际文化贸易中具有重要作用。涉及这方面的

---

① 张骞著：《国际文化产品贸易法律规制研究》，88 页，北京，中国人民大学出版社，2013。

条款主要有：

（1）GATT 1947 第 3 条“国内税和国内法规的国民待遇”（National Treatment on Internal Taxation and Regulation）第 8 款 a 项，规定不得运用于政府机构购买供政府使用、不以商业转售为目的或不得用以生产供商业销售为目的的产品采购的法律、法规或规定。

按照该条款的规定，如果缔约国的贸易行为是非商业销售目的，而且是用于政府机构的使用，那么就可以适用于该款规定。对于文化产品而言，缔约国在政府采购行为中，就可以根据自己的需求理由来进行挑选，换言之，在贸易行为中，完全可以对国外文化产品实行差别对待，全部采买本国文化产品。

该条款的适用关键点就是要证明贸易行为的目的是服务于政府或者是不具有商业性质。不过，难点在于如何去认定自己的行为是政府采购行为，虽然《政府采购协议》是 WTO 一揽子协议的内容，但是该协议的成员国比较少并且很少有国家对此协议不做出保留态度。

（2）GATT 1947 第 3 条第 8 款 b 项

本条的规定不阻止仅给予国内生产者的补贴的支付，包括自以与本条规定相一致的方式实施的国内税费所得收入中产生的对国内生产者的支付和政府购买本国产品所实行的补贴。

依据本条款，成员国在 GATT 下可以给予本国生产者适当的补贴，但是其适用要注意针对性和支付性这两个问题，即政府所给予的补贴必须要针对文化产品的生产者，并且这种补贴必须符合支付的程序，不能以政策来代替支付，制造出一种“隐形支付的假象”。在“美国诉加拿大影响期刊措施案”中，加拿大针对给予加拿大邮政补贴的行为提出的抗辩理由就是其符合 GATT 第 3 条第 8 款 b 项下的补贴条款，但上诉机构认为：第一，加拿大政府给予的补贴不具有针对性，没有针对具体期刊的生产者——加拿大出版商，而是给予了加拿大邮政；第二，加拿大所谓的“补贴”仅仅是以税收优惠的形式来体现，并没有实实在在的支付行为，因此这是一种“隐形支付”。为此，加拿大政府的行为不符合补贴条款的规定，属于违法行为。

（3）GATT 1947 第 19 条“对某些产品进口的紧急措施”，（Emergency Action on Imports of Particular）也被称为“保障措施条款”，该条款规定，当成员方发现由于关税减让等贸易壁垒降低的原因，导致某种产品的进口激增，对其国内生产商造成损害和严重威胁时，该成员方政府可以对该产品的进口实施临时的保障措施①。

该条款虽然不是直接针对文化产品本身，但是文化产品同样适用于此条款范畴。倘若在贸易中进口激增，以致给国内同类文化产品或国内文化产品生产者造成损害或严重威胁，则该国可以依据第19条对文化产品进口采取一定的保障措施。

二、《服务贸易总协定》与文化相关的法律规定

《服务贸易总协定》(General Agreement for Trade of Service，GATS)是世界上第一个对各国（地区）的服务贸易行为准则做出正式规定的多边文本协议，是在国际服务贸易中最为重要的法律规范。1982年，美国在GATT部长级会议上提出进行多边服务贸易谈判的建议。1986年的“乌拉圭回合”谈判伊始，便将其纳入谈判的议题，1994年《服务贸易总协定》的产生标志着“乌拉圭回合”谈判的结束。

1. GATS的产生背景

自GATT生效以后的几十年间，贸易内容发生了重大转变，尤其是欧美国家服务贸易的兴起，使得单纯的货物贸易规则难以适应新形势的要求。在乌拉圭回合的初期阶段，美国就提出将服务贸易纳入讨论范畴。由于发展中国家的服务业起步晚、发展水平低，出于保护本国服务业的考虑，许多发展中国家都反对美国的建议；经过不断协商，关于服务贸易市场开放的问题，发展中国家提出了一种“肯定清单”模式。该模式的主要内容是：各成员根据自身服务市场的实际条件．将自身能够作出开放承诺的产业列在一份清单上，除此之外的一切服务产业都要受到有关原则的约束。这可谓是发展中国家成员获得的一大胜利。②

在GATS的谈判过程中，欧洲一些成员国家也以“文化例外”为理由，在文化产业的一些具体部门拒绝实行文化服务的自由化。由于文化产业的敏感性和特殊性，欧盟拒绝开放视听服务（如电影、广播、电视等）及其他相关文化服务市场（如图书馆、档案馆和艺术馆）。需要注意的是，市场准入和国民待遇规则没有影响上述服务项目，因此也适合于其他文化产业部门如出版、演出和建筑服务，大多数的WTO成员方采取这种

① 严建苗著：《WTO框架下保障措施经济学》，20页，杭州，浙江大学出版社，2006。

② 夏英祝、高茜主编：《世界贸易组织规则与应用》，229页，合肥，安徽大学出版社，2013。

办法。

由于GATS特殊的规定，WTO成员方对服务贸易开放和国民待遇是由具体的承诺来确定的。GATS并未对视听服务进行明确的定义，视听部门中核心项目的谈判，被列于通讯与娱乐、文化与体育服务类的项目下。在WTO成员方所做的所有具体承诺中，文化服务领域的承诺是相对比较少的。尽管在GATS中不存在任何“文化例外”的条款，但在大部分成员方的文化产品贸易的具体承诺表中却可以时刻寻觅到“文化例外”的踪影。也就是说，只有小部分的WTO成员方对一个或更多的文化产业部门做出过国民待遇或市场准入的承诺，到目前为止，主要的WTO成员方均拒绝对文化产业部门做出承诺。①

2. GATS与文化商品相关的条款

GATS由前言、正文和附件三个部分构成，正文分为“范围和定义”“一般义务和纪律”“具体承诺”“逐步自由化”“机构条款”和“最后条款”六个部分。其中，涉及文化贸易的条款内容主要包括第2条最惠国待遇（Most Favoured Nation Treatment）第1款、第14条一般例外（General Exceptions）第1款、第16条市场准入（Market Access）及第17条国民待遇（National Treatment）的例外。

GATS把缔约方的义务分为一般性义务和特定性义务。一般性义务是各缔约方普遍承担的义务（包括最惠国待遇、透明度、发展中国家的更多参与、一般例外等），特定性义务是各缔约方做出特定承诺后才承担的义务。前者适用于服务业的各个部门，而后者仅适用于缔约方承诺开放的服务部分，主要体现在服务市场准人和国民待遇方面。②

（1）GATS第2条“最惠国待遇”（Most Favoured Nation Treatment）

明确了成员国的一些基本义务，如最惠国待遇、透明化等。第2条第1款规定“关于本协定涵盖的任何措施，每一成员对于任何其他成员的服务和服务提供者，应立即和无条件地给予不低于其给予任何其他国家同类服务和服务提供者的待遇”；强调最惠国待遇义务对于成员的普遍性要求。然而，紧接的第2款就规定了一种特殊的例外情况：“一成员可维持与第1款不一致的措施，只要该措施已列入《关于第2条豁免的附件》，并符合

① 张蹇著：《国际文化产品贸易法律规制研究》，94页，北京，中国人民大学出版社，2013。

② 张华著：《文化产品国际贸易法律问题研究》，29页，厦门，厦门大学出版社，2013。

该附件中的条件。”这种承诺方式可以使得成员国可以自主选择来保护本国的文化产业，操作性和灵活性更强。而且许多国家都以文化产品的特殊性为理由，规避对于文化服务的开放承诺，而将一些文化及相关部门列入第2条豁免的附件中。GATS所包含的最惠国豁免单中，有五项属于视听领域。

至于附件中所提及的条件是指，所有批准的豁免超过5年的都要进行审议，原则上豁免的时间不得超过10年，此类豁免应在今后的贸易自由化回合中进行谈判。据谈判进程，以10年为期，截至2005年1月1日，成员国就应该取消豁免了，但是很多国家依然对其进行保留。

（2）GATS第14条“一般例外”（General Exceptions）第1款

GATS第14条规定，成员方在不对其他成员构成歧视的情况下可以实施6种一般例外措施，其中并不包括直接与文化服务相关的内容。根据GATS的要求，成员有义务按照其加入该协议的承诺，允许外国服务提供者在不受歧视的情况下进入本国国内市场。在文化服务方面，WTO的许多成员对于开放文化领域都非常敏感，都不愿意做出太多的承诺。目前只有21个成员国在服务方面做出开放承诺，且只有美国和中非做出了全面开放承诺，而其他承诺开放文化服务的成员只对文化产业的部分领域做出承诺。这些承诺主要是关于音像制品、书籍报刊的分销以及影视拍摄服务，对于其他文化服务（包括娱乐、教育、广播、图书馆、档案、博物馆等）大多数成员都持谨慎态度，即使开放，其程度也非常有限 。[①]

GATS第14条的“一般例外”与GATT 1947第20条“一般例外”有类似的地方，其相似之处是规定了贸易中的特殊例外情况。其内容是：“在此类措施的实施不在情形类似的国家之间构成任意或不合理歧视的手段或构成对服务贸易的变相限制的前提下，本协定的任何规定不得解释为阻止任何成员采取或实施以下措施。”第1款“为保护公共道德或维护公共秩序所必需的措施”与GATT 1947第20条a款类似，GATS也是将公共道德列为特殊例外的首项。公共道德是WTO各成员着力维护的根本价值，加之它本身的含义较为宽泛，可以全面而适当地反映成员自身独特的历史、文化、社会与伦理等观念，因此，与其他例外相比较而言，在保障

① 刘鹏飞：《国际文化贸易争端解决机制研究——以〈保护和促进文化表现形式的多样性公约〉为视角》，《北方法学》，2009（3），156页。

成员社会利益方面，公共道德例外具有更为重要的作用。①

尽管这款规定与文化贸易并不直接相关，但是，如同在 GATT 1947 第 20 条 a 款中的分析，文化产品的双重属性，使得文化服务在国际贸易中，可能会对公共道德产生影响，因此，它是关乎文化服务贸易的重要条款，可以为其成员国保护本土文化服务提供法规性支持。2005 年的“安提瓜诉美国网络赌博服务案”，美国正是通过援引 GATS 第 14 条第 1 款公共道德和公共秩序例外进行抗辩。安提瓜和巴布达原为英属西印度群岛中的两个小岛，1981 年 11 月 1 日宣布独立，并成为一个联合国家。由于其传统旅游业在 20 世纪 90 年代受到一系列飓风冲击，该国政府开始发展主要通过因特网提供“远程”博彩服务的赌博业，并把它视为本国经济发展战略的重要组成部分。目前，安提瓜是世界上提供网络赌博最活跃的国家之一，该行业大约 1/4 的服务是由设在该国的网络公司提供。针对安提瓜政府的举措，美国采取了一系列禁止跨境提供赌博和博彩服务以及限制与赌博和博彩有关的跨境资金转移和支付的措施。② 安提瓜政府认为，美国对网络赌博的禁止措施对其网络赌博业造成了严重损害，在协商未果的情况下提起诉讼。美国援引 GATS 第 14 条的 a 款和 c 款为其贸易限制措施辩解，认为应当免责。就该案，在解释 a 款和 c 款中的“必要性”时，专家组采用的是“反向推理”法，亦即只有“当不存在与 WTO 规定一致或背离程度更低的替代措施”时，才可认为成员方的国内措施是“必要的”。美国没有证据证明这种可能性存在，所以，专家组最后裁定美国的相关国内措施不符合援用 GATS 第 14 条 a 款和 c 款的例外规定，美国违反了其 GATS 项下的义务，不能依据 GATS 第 14 条免责。本案专家组虽然未对公共道德的含义给予明确的说明，但阐明了 WTO 成员应有自己定义和述用“公共道德”概念的空间。公共道德例外条款为各国在 WTO 框架下寻求对合法国家利益的保护提供了依据，但从 WTO 争端解决的实践来看，由于该条款的概念、适用范围的模糊性以及严格的“必需性”标准，各国对其援引仍然存在一定困难。

美国博彩案涉及“网络赌博”这一敏感事项，引发了 WTO 成员国政府和专家对“公共道德或公共秩序”的思考。根据以往的实践，WTO 成

① 刘瑛：《GATT 第 20 条（a）项公共道德例外条款之研究——以“中美出版物和视听产品案”为视角》，《法商研究》，2010（4），32 页。

② 黄志雄：《WTO 自由贸易与公共道德第一案——安提瓜诉美国网络赌博服务争端评析》，《法学评论》，2006（2），122－123 页。

员方基于“保护文化多样性”对于本国文化产品贸易采取了违反 WTO 规则的国内措施时，其“为了保护公共道德或公共秩序”目的，还是比较容易得到专家组或上诉机构的认可。但是想通过“必要性审查”及满足序言要求就相当困难，援引 GATT 和 GATS“一般例外”免责条款存在很大的困难，即使被诉方的保护措施符合了 GATT 第 20 条和 GATS 第 14 条 a 款的规定，仍会因为与序言不符，被裁定为构成对 WTO 成员的武断和不公正的歧视而败诉。[①]

（3）GATS 第 16 条“市场准入”（Market Access）及第 17 条“国民待遇”（National Treatment）的例外，其内容涉及成员国的具体承诺，GATS 中的市场准入与国民待遇需要成员就单个服务部门做出具体承诺。因此，对于没有开放的某些文化产业而言，这两项 WTO 准则就不能适用。[②]

GATS 第 16 条第 1 款规定“对于通过第 1 条确认的服务提供方式实现的市场准入，每一成员对任何其他成员的服务和服务提供者给予的待遇，不得低于其在具体承诺减让表中同意和列明的条款、限制和条件”；第 17 条第 1 款规定，“对于列入减让表的部门，在遵守其中所列任何条件和资格的前提下，每一成员在影响服务提供的所有措施方面给予任何其他成员的服务和服务提供者的待遇，不得低于其给予本国同类服务和服务提供者的待遇。”[③] 由此可见，在市场准入与国民待遇两方面，GATS 都允许了减让表部门的例外情况。

GATS 没有对“市场准入”进行定义，在通常意义上，服务贸易领域的市场准入，是指一国允许其他国家的服务或服务提供者进入和参与本国市场的程度，是一国政府对给予哪国服务或服务提供者进入本国市场的权利行使自由裁量权的政策工具。[④] 根据 GATS 第 1 条第 2 款，服务贸易可以划分为四种模式，即跨境提供服务（cross board trade）、境外消费（consumption abroad）、商业存在（commercial present）和自然人移动

① 张蹇著：《国际文化产品贸易法律规制研究》，87－88 页，北京，中国人民大学出版社，2013。

② 冯宗宪、郭根龙主编：《国际服务贸易》（第 2 版），245 页，西安，西安交通大学出版社，2013。

③ 刘乐升、蒋先玲主编：《国际服务贸易：原理、政策与产业》，303－304 页，北京，对外经济贸易大学出版社，2012。

④ 汪尧田、周汉民主编：《世界贸易组织总论》，81 页，上海，上海远东出版社，1995。

(movement of nature persons)，各成员国自主决定开放与否以及开放程度。然而，大多数国家对跨境交付和境外消费模式不作市场准入的限制，因为这两种服务提供方式并不涉及服务者的跨境移动。而由于商业存在和自然人流动是当前服务提供的主要模式，需要外国服务提供者进入东道国的国内市场，因而各国普遍对其做出了限制，有些限制是专门针对文化领域的。“GATS国民待遇实际上是GATS对一成员的最低要求，是要求一成员给予外国服务或服务提供者的待遇与本国服务或服务提供者的待遇平等”①。

关于市场准入义务和国民待遇义务相关的承诺，有四种形式：第一，完全承诺，即所涉及的部门完全受到市场准入义务和国民待遇义务的限制；代表国家是美国。第二，有限承诺，即所涉及的部门不需要受到市场准入和国民待遇义务的限制，但所涉及的部门是有限的，并没有完全排斥；以印度为代表。第三，未作承诺，指所涉及的所有部门均可以设置违反市场准入义务和国民待遇义务的措施，如中国在娱乐服务中未作承诺。第四，技术支持性承诺，如果一个国家在该部门无法得到技术支持，则可以对该部门实行违反市场准入义务和国民待遇义务的措施。在具体的实行过程中，鉴于文化产品的特殊性，大部分的国家倾向于“未作承诺”，即使以美国为代表的做出具体承诺的国家，承诺时也罗列许多限制性条件。可以看出，各个国家在GATS领域内对自己国家的文化产品贸易还是十分谨慎的，很少进行完全承诺，这是由文化产品贸易的商业性与社会性所决定的。

GATS的制定并没有改变许多国家保护本国影视作品播放的做法，他们常常以电影放映配额或国内外影视节目播放比例等方式来阻止国外文化服务的进口，扶持本国文化服务市场。然而，在贸易自由化的整个WTO大法律体制中，服务贸易的趋势也是在GATS框架内逐步实现贸易自由化。GATS第四部分的规定就是包括具体承诺的谈判、具体承诺减让表、减让表的修改在内的“逐步自由化”。②

与GATT相比，GATS一个显著的特点是，它允许各国拥有具体承诺的权利。换言之，各国的具体承诺是GATS下成员国遵循其一般性义务

① 金孝柏：《GATS国民待遇与市场准入：一个文献综述》，《世界贸易组织动态与研究》，2009（10），21页。

② 张蹇著：《国际文化产品贸易法律规制研究》，95页，北京，中国人民大学出版社，2013。

的前提。如果一个成员国没有对相关服务做出具体承诺，那么，就不需要对相关服务承担义务。因为贸易自由化作为GATS基本原则之一，在其条款规定中可以得到清晰的体现。GATS在附件部分，允许成员国自己对于不同的产业部门，在最惠国待遇、市场准入和国民待遇方面做出不同的承诺。因此，它与GATT的不同之处是，没有特别对文化和文化产品做出例外规定的条款，而关于文化服务贸易的相关内容及法规，就体现在具体承诺的豁免附件中。这也符合GATS在前言中的表述，即“各成员为实现国家政策目标，有权对其领土内的服务进行管理和采用新的法规”，但前提是只能针对成员国没有列入承诺表的服务内容。

三、与贸易有关的知识产权协议（TRIPS协议）

随着全球经济的发展，发达国家和发展中国家之间的知识产权和贸易的摩擦越来越多，而现有的世界知识产权组织管理的国际公约，并未建立起有效的解决争端的机制，也缺乏对知识产权有力的保护措施。

GATT国际货物贸易中涉及的知识产权问题主要是假冒商品和平行进口。在第七轮东京回合谈判中，美国和欧洲共同体积极地尝试将知识产权保护问题作为议题纳入谈判，并提出关于假冒商品贸易的草案，但未获通过。直至1982年11月，GATT才将假冒商品贸易的议题列入议程。1986年乌拉圭回合谈判时，美国等发达国家强烈要求将知识产权问题列入谈判议程，同年9月，将知识产权连同服务贸易和投资措施三大议题列入了谈判议程，并于1994年4月15日通过了《与贸易有关的知识产权协议》（次年1月生效）。该协议是目前知识产权国际保护领域中很重要的一个协议，被誉为保护知识产权的“国际法典”。[①]

（一）TRIPS的宗旨及贸易原则

TRIPS协议是国际文化贸易过程中十分重要的国际条约，它与很多文化产品的国际贸易问题直接相关。协议包括前言和正文，正文有七部分，第二部分就是关于知识产权的效力、范畴和应用时的规范，是协议的核心内容，主要涉及著作权和邻接权、商标、地理标识、工业品外观设计、专利、集成电路布局设计（拓扑图）、对未公开信息的保护、对许可契约中限制竞争行为的抑制。

TRIPS协议的主要宗旨是“鼓励创新和艺术表达”，大量相关的内容

---

① 王莲峰主编：《商标法》，224页，北京，清华大学出版社，2008。

如版权及邻接权、外观设计等，无论根据何种标准划分都与文化产品和服务密不可分，因此，WTO 各成员对知识产权保护所做出的具体承诺将毫无疑问地适用于与文化相关的知识产权产品和产业。鉴于 TRIPS 协定只是为知识产权保护设立了最低的标准，并没有对传统文化和土著文化明确地加以保护，发展中国家强烈呼吁将传统文化和土著文化纳入 TRIPS 协定的保护范围之内。这样做的好处在于：一方面，通过国际知识产权保护体系的保护，传统文化和土著文化可以得到更多认同；另一方面，将传统文化和土著文化作为知识产权保护能够使土著群体从其独特的传统文化中得到实在的经济利益，促进其保护的积极性，从而使文化多样性得到更加有效的保护。①

TRIPS 协议集中从四个方面规范了涉及知识产权的贸易规则：第一，规定了基本原则，如国民待遇、最惠国待遇、目标以及防止滥用知识产权等原则。第二，规定了每个成员必须提供的最低保护标准、保护的主要内容（受保护的主体、被授予的权利和允许的例外）以及最低保护期限。要特别指出的是，该协议明确要求上述最低保护标准必须包括世界知识产权组织保护工业产权的《巴黎公约》和保护文学艺术作品的《伯尔尼公约》的所有实质性规定，仅《伯尔尼公约》有关精神权利之规定例外；此外，它还增加了一些新的实质性规定。第三，对知识产权的执法做出了详细规定。该协议规定了适用于国内知识产权执法程序的一些一般原则，并在民事与行政程序与补救、临时措施、边境措施的特别要求以及刑事程序方面有详细规定。第四，规定了争端解决机制，处理世贸组织成员之间关于是否履行该协议义务的争端。TRIPS 协议的实施，给文学艺术创作带来不少好处，但对于互联网上的版权保护尚缺乏有力措施。对于怎样将世界知识产权组织于 1996 年通过、2002 年实施的两个条约纳入该协议的问题，仍需进一步考虑。②

（二）TRIPS 协议的特点

和原有的保护知识产权的国际公约相比，TRJPS 协议的产生，将对世界各国知识产权的保护产生深远的影响。该协议的特点主要为：

1. 强化了知识产权公约的实施力度

① 刘鹏飞：《国际文化贸易争端解决机制研究——以〈保护和促进文化表现形式的多样性公约〉为视角》，《北方法学》，2009（3），156 页。

② 韩骏伟、胡晓明编著：《国际文化贸易》，113－114 页，广州，中山大学出版社，2009。

在国际争端的防止和解决上，TRIPS协议引入了透明度原则和WTO的争端解决机制，比原有知识产权国际公约中的提交国际法院的方式更为有力和高效。[①]

2. 增加了贸易报复措施

TRIPS协议把知识产权保护和最惠国待遇紧密联系起来，最惠国待遇的实施直接影响各成员国的经济利益。协议新增中止最惠国待遇和停止对某缔约国应承担义务的制裁手段等内容，显然，TRIPS协议对缔约方的约束力要高于其他的知识产权公约。

3. 世界贸易组织成为知识产权保护的主要国际组织

由于知识产权争端常和国际技术贸易相连，因此，各成员便利用WTO就知识产权问题展开磋商、解决争端。尽管WTO不可能完全取代世界知识产权组织的作用，但重心明显已转移到世界贸易组织。

4. 提高了对知识产权保护的标准

TRIPS协议对知识产权保护的客体，其范围之宽是以前的知识产权国际条约所从未有过的。除了传统的知识产权领域即专利、商标和版权之外，还对集成电路布图设计、商业秘密、地理标志的保护等作了规定。关于作品的保护期限，TRIPS协议第12条规定，除摄影作品或实用艺术作品外，不以自然人的一生为计算基础的作品的保护期不少于经许可而出版之年年终起50年，自作品完成起50年未被许可出版的，则保护期应不少于作品完成之年年终起50年。而根据《伯尔尼公约》，电影作品的保护期50年是自作品经作者同意向公众提供之后计算，即只要是合法地向公众提供，不以出版为限。由此看来，TRIPS协议规定的保护期实际上可能比《伯尔尼公约》长，其他如对表演者和录音制品制作者提供的保护期也远比《罗马公约》长。

由于TRIPS协议代表了美国等工业发达国家的要求，在今后较长的一段时间内，发达国家和发展中国家会出现经济和技术发展的不平衡。另外，TRIPS协议对新技术条件下的知识产权保护问题没有规定，如电子商务的知识产权问题、生物技术对知识产权的冲击等。中国作为发展中国家，在加入世界贸易组织后，一方面要加速发展国民经济，另一方面要完善我国的知识产权立法，与TRIPS协议相衔接。[②]

---

① 王莲峰主编：《商标法》，226页，北京，清华大学出版社，2008。

② 王莲峰主编：《商标法》，224页，北京，清华大学出版社，2008

（三）TRIPS 协议中与文化产品相关的规定

1. 著作权和邻接权

著作权是指作者以及其他智力成果创作人对其所创作的智力成果诸如文字、艺术和科学类作品所依法享有的独占性的所有权。文学艺术和科学作品是著作权产生的前提和基础。邻接权即与著作权邻近的权利，是指在作品被传播的过程中对其附加创造性劳动，使得经传播后的作品亦受法律保护而产生的权利。邻接权在 TRIPS 协定中定义为，表演者、录音者和传媒许可或禁止对其作品进行复制的权利。

关于著作权和邻接权的保护范围，TRIPS 协议进行了详细说明。① 第 9 条第 1 款表明了与《伯尔尼公约》的关系，各成员均应遵守《伯尔尼公约》1971 年文本第 1—21 条及公约附录，但是《伯尔尼公约》第 6 条第 2 款除外；协定要求成员遵守《伯尔尼公约》中规定的权利包括翻译权、复制权、公开表演广播权、朗诵权、改编权、录制权、制片权。所排除的权利为包括发表权、修改权、作品完整权等在内的作者的精神权利；第 9 条第 2 款表明保护表达而不保护思想，其中规定："著作权保护应延及表达，而不延及思想、工艺、操作方法或数学概念本身。"即协定对著作权的保护仅限于表达思想的形式，为不保护思想本身；第 10 条规定了对计算机程序的保护，② 这是对《伯尔尼公约》的延伸，在《伯尔尼公约》中未涉及对计算机程序的保护，该协议扩大了知识产权保护的范围。其中规定："无论其是源代码还是目标代码，都应作为《伯尔尼公约（1971）》所指的文字作品给予保护。另外，数据或其他资料的汇编，无论采用机器可读形式还是其他形式，只要其内容的选取或编排构成了智力创作，即应予以保护。"③ 第 14 条规定了关于邻接权的保护，其一，对于将表演者的表演复制于录音制品的情况，表演者可以制止未经其许可的下列行为，如对其尚未复制的表演加以复制，复制已经复制的内容，以及以无线电方式向公众广播其现场表演等。除此以外，录音制品制作者应享有许可或禁止对其

① ［美］弗雷德里克·M·阿伯特、［瑞士］托马斯·科蒂尔、［澳］弗朗西斯·高锐著，王清译：《世界经济一体化进程中的国际知识产权法》（下册），729 页，北京，商务印书馆，2014。

② ［美］弗雷德里克·M·阿伯特、［瑞士］托马斯·科蒂尔、［澳］弗朗西斯·高锐著，王清译：《世界经济一体化进程中的国际知识产权法》（下册），728 页，北京，商务印书馆，2014。

③ 刘辉群主编：《世界贸易组织》，312 页，厦门，厦门大学出版社，2014。

作品进行直接或间接复制的权利。其二，广播组织有权禁止下列行为：将其广播以无线电方式重播，将其广播复制，将已复制的内容复制等。其三，关于计算机程序的权利规定原则上适用录音制品制作者的规定。

对于著作权的保护期限，除摄影作品或实用艺术作品外，只要某一作品的保护期限不是基于自然人的生命进行计算的，保护期限就不得少于50年。[①] 而50年期限的计算方法又根据作品是否被出版而有所不同，如果已经出版，则自经许可出版之年年终起算50年；如果未经出版，则自作品完成之年年终起算50年。关于邻接权的保护期限，表演者和录音制品制作者的作品其保护期限为至少50年，广播组织者权利的保护期限为至少20年。

2. 商标

TRIPS协议对商标明确定义为，商标是指能够将一个企业的商品或服务与其他企业的商品或服务区分开的符号或符号的组合。这类符号或符号的组合包括人名、字母、数字、图形要素和色彩组合以及上述内容的组合。该协议所保护的商标既包括传统的商品商标，又包含了服务商标。

TRIPS协议规定了商标的注册原则，即“各缔约方可以将使用作为可注册的依据，但不能将商标的实际使用作为提交注册的条件”。[②] 即协定承认的是，商标注册所采用的原则为“注册在先”。因此，一缔约方对其他缔约方的商标履行保护义务的条件是，被保护的商标为注册商标。

TRIPS协议规定了商标权的范围：首先，它明确了注册商标所有人的权利。第16条规定，注册商标的权利人享有商标的专有权。即所有人享有专有权，从而可以防止任何第三方未经其许可而用在贸易活动中。使用与注册商标相同或近似的符号去标记相同或类似的商品或服务，以防造成混淆。另外，为尊重各缔约方国内法在商标保护方面的差异，第16条还规定，注册商标权利人上述权利的行使不得损害任何在先的权利，也不得影响缔约方在使用的基础上而授予的商标权利的可能性。其次，它明确了关于驰名商标的保护。它对驰名商标的保护可以总结为：协定在《巴黎公约》对驰名商标的保护的基础上，将驰名商标的保护扩大至服务商标；保护范围方面，扩大到禁止在不类似的商品或服务上使用与驰名商标相同或近似的标识；还对如何认定驰名商标确定了简单的规则，即确认某商标是

---

① 韩立余著：《世贸规则与产业保护》，118页，北京，北京大学出版社，2014。

② 刘辉群主编：《世界贸易组织》，312页，厦门，厦门大学出版社，2014。

否系驰名商标，应考虑有关公众对其知晓程度，包括在该缔约方地域内因宣传该商标而使公众知晓的程度。

TRIPS 协议还规定了商标的保护期限。第 18 条规定商标的首次注册及每次注册续展的有效期限均不应低于 7 年，[①] 商标的续展次数没有限制。商标续展，是指在注册商标保护期届满后，权利人要求对其商标继续给予注册保护，从而延长该商标的保护期限。

TRIPS 协议还规定了商标权的许可和转让，主要有两条要求：第一，缔约方可以根据自己的情况确定商标的许可与转让条件，但该条件不能采用强制许可的形式；第二，商标权利人在转让商标时，可根据自愿原则，将商标连同商标所属的经营一起转让，也可以不一起转让。

在 TRIPS 协议中，对商标权的保护作了专门的规定。从内容方面来看，TRIPS 协议对商标权的保护并非是一个完整而独立的部分，而是对《巴黎公约》中关于商标权保护内容的补充性规定。但鉴于世界贸易组织的成员国与《巴黎公约》成员国不尽相同的情况，TRIPS 协议的规定无疑又是把《巴黎公约》的使用扩大到非《巴黎公约》的世界贸易组织成员国之中。从这一点意义上说，《巴黎公约》关于商标权的规定是 TRIPS 协议中商标权保护的一个组成部分。

在原则适用方面，在 TRIPS 协议中，商标权保护不仅仅适用于“国民待遇原则”和“优先权原则”，还适用于协议所确立的“最惠国待遇原则”。而后者是《巴黎公约》等有关商标权保护公约中所不具有的原则。“国民待遇原则”可以让成员国的国民或在成员国有居所、营业地的国民互享各国对于本国国民在商标保护方面的待遇；而“最惠国待遇原则”又使得某个成员国对另一成员国的最惠待遇迅速普及其他成员国，“优先权原则”则尽可能地给予先注册商标以最有利的国际保护。[②]

3. 地理标志

自 TRIPS 协议谈判的乌拉圭回合开始，便有关于地理标志是否应随着知识产权加强保护的争论。而最终将地理标志确定为保护对象，被普遍认为是以欧盟为代表的“老世界”与以美国为代表的“新世界”谈判妥协的结果，双方博弈的结果就是在 TRIPS 协议中产生了第 22 条与第 23 条的并存形式。

---

① 王莲峰主编：《商标法》，229 页，北京，清华大学出版社，2008。

② 王莲峰主编：《商标法》，227 页，北京，清华大学出版社，2008。

(1) 一般保护

TRIPS 协议涉及地理标志一般保护的内容有二：首先，在保护的范围上，TRIPS 协议第 22 条第 2 款指出，就地理标志而言，各成员应向利害关系方提供法律手段以防止：(1) 在一货物的标志或说明中使用任何手段标明或暗示所涉货物来源于真实原产地之外的地理区域，从而在该货物的地理来源方面使公众产生误解；(2) 构成属《巴黎公约》(1967) 第 10 条第 2 款以虚假或仿冒手段造成不公平竞争的行为。针对上述两种情况，可根据世贸规则进行调查和处罚，从而确保地理标志得到高水平的有效保护。

其次，商标与地理标志之间的关系，第 22 条第 3 款规定："如一商标包含的或构成该商标的地理标识中所标明的领土并非货物的来源地，且如果该成员在此类货物的商标中使用该标识会使公众对其真实原产地产生误解，则该成员在其立法允许的情况下可依职权或在一利害关系方请求下，拒绝该商标注册或宣布注册无效。"① 此条规定，表明当商标与地理标志发生冲突时，要优先保护地理标志。

(2) 特殊保护

第 23 条的内容可以看作是对葡萄酒、烈酒产品的地理标志的特殊保护条款。第 23 条第 1 款中，要求每个成员国应为有利害关系的各方提供法律手段，防止把识别葡萄酒的地理标志用于不是产于该地理标志所表明的地方的葡萄酒，或把识别烈酒的地理标志用于不是产于该地理标记所表明的地方的烈酒。即使对货物的真实原产地已有说明，或该地理标记是经翻译后使用的，或伴有"类""式""样""仿"及类似表述方式，也是不允许的。不难发现，这里的不合理使用有两个条件，第一是使用了地理标志，第二是并非源自该产区。不管是否存在混淆，只要是在相关产品上使用了某地理标志，而产品又并非产自该产区，甚至即使只是使用了"类""式""样""仿"，均不得被当作地理标志或商标使用。

在商标与地理标志的关系上，该条第 2 款规定要求各成员应依职权(在立法允许的情况下)或应利益方的请求，驳回注册或宣布注册无效。

由于历史的关系，美国很多城市使用了英国的地名，比如波士顿、剑桥、伯明翰等，这难免会产生不同地区出产相同产品的问题。针对这种情况，第 23 条第 3 款对地名重名的特殊情况作了规定：如果葡萄酒的地理

---

① 郑国辉主编：《知识产权法学》，497 页，北京，中国政法大学出版社，2010。

标志同名，则在遵守第 22 条第 4 款的前提下，应对每一种标记都给予保护。[①]

(3) 保护例外

TRIPS 协议第 24 条对于地理标志的保护规定了六种例外情况：

第一，在先使用和善意使用。非恶意使用了其他成员的地理标志为善意使用；在先使用则是指在 1994 年 4 月 15 日之前，已经使用了其他成员的地理标志，且达到 10 年以上。凡符合以上两个条件之一的，即可继续使用。第二，在先权利。如果某成员为使用本协定所做的过渡安排设定的日期以前，或地理标志在起源国获得保护以前，某一商标已善意地获得注册，或已经善意使用而获得保护，则该项注册不应该因为实施本协定的目的而遭受任何损害，影响到其注册商标的效力。第三，通常用语。是指在一个国家公有领域中的用语。如果因为它与某个受保护的地理标识相同，就禁止一般人使用，会显得不合理。最明显的例子是“China”一词的小写是“瓷器”的意思，不能因为是中国的名称就不允许使用。第四，名称权。在贸易活动中有权使用自己的姓名或自己继承下来的企业名称，即使其可能与某个地理标志相冲突，仍可使用。但前提是必须在地理标志受保护之前就已经使用。第五，原先受保护的地理标志在该成员国内不再受保护。第六，葡萄酒品种的例外，即在 1995 年 1 月 1 日前，已经作为某个或某些成员的葡萄酒品种的“惯用名称”使用的文字，如果与其他成员的葡萄酒产品来源地的地理标志相同，则该“惯用名称”仍可继续使用。[②]

4. 工业品外观设计

工业品外观设计，是指对产品的形状、图案、色彩或者其结合所作出的富有美感并适于工业上应用的新设计。《TRIPS 协议》对所保护的工业品外观设计，要求其是独立创作、具有新颖性或原创性。各成员可以规定工业品外观设计的保护不得延及主要由技术因素或功能因素构成的设计，也就是说，成员没有义务将前述保护延伸到由技术因素或功能因素构成的外观设计协议强调了对纺织品外观设计的保护要求，各成员可以选择以版权法或外观设计法保护外观设计，但要特别保证，对纺织品本身关于对成本、检验或公布方面的要求，不至于不合理地损害外观设计取得保护的

① 黎辉著：《地理标志：原产地经济致富之梦》，13－14 页，广州，南方日报出版社，2014。

② 刘辉群主编：《世界贸易组织》，314－315 页，厦门，厦门大学出版社，2014。

机会。

工业品外观设计的权利内容和范围，包括阻止第三方未经许可为商业目的的生产、销售或进口载有或所含受保护设计的复制品或实质性复制品的物品。

《TRIPS 协议》对工业品外观设计的保护也允许一些例外，只要此类例外不会与受保护的工业设计的正常利用发生不合理的冲突，也不会不合理地损害受保护工业设计所有权人的合法利益，同时考虑第三方的合法权益。① 此外，TRIPS 协议对工业品外观设计的保护是有时限要求的，工业品外观设计的保护期限应不少于 10 年。

5. 专利

专利是指对发明创造所授予的专有权。这些发明创造的产品或方法具有新颖性、创造性和实用性。专利权的授予应是非歧视性的。在 TRIPS 协议中规定：一切技术领域中的人和发明，不管是产品发明还是方法发明，只要其具备了新颖性，具备了创造性的步骤，具备了产业中的可应用性，均可获得专利。专利的获得以及专利权的享有，都不得因其发明地点、技术涉及的领域或产品是进口还是当地生产的而受到歧视。

TRIPS 协议规定了专利权的内容，根据第 28 条的规定，专利所有人享有如下权利：第一，对于产品专利，专利所有人有权制止未经许可的第三方制造、使用、销售或为口述目的而进口该产品；第二，对于方法专利，专利所有人有权制止未经许可的第三方使用该方法，以及使用、销售或为上述目的的进口依该方法直接获得的产品；第三，专利所有人还拥有转让或以继承方式转移专利的权利，以及订立专利许可合同的权利。

TRIPS 协议对专利的保护也是有时限要求的，专利的保护期限不应少于 20 年。②

6. 集成电路布图设计

集成电路布图设计是知识产权保护的新领域。根据我国《集成电路布图设计保护条例》，集成电路是指半导体集成电路，即以半导体材料为基片，将至少有一个是有源元件的两个以上元件和部分或者全部互联线路集成在基片之中或者基片之上，以执行某种电子功能的中间产品或者最终产品。而布图设计则指，集成电路至少有一个是有源元件的两个以上元件和

① 李颖怡、李春芳主编：《知识产权法》（第 4 版），361 页，广州，中山大学出版社，2013。

② 刘辉群主编：《世界贸易组织》，316 页，厦门，厦门大学出版社，2014。

部分或者全部互联线路的三维配置，或者为制造集成电路而准备的上述三维配置。

TRIPS协定第35条说明了本协定与《集成电路知识产权条约》（简称《IPIC条约》）的关系：各成员同意，依照《集成电路知识产权条约》第2条至第7条（其中第6条第3款除外）、第12条及第16条第3款，为集成电路布图设计（即拓扑图，以下简称布图设计）提供保护。TRIPS协定做出这样的规定：不允许对集成电路专有权进行强制许可的；协定不采用《有关集成电路知识产权条约》的争端解决的程序性条款；协定所规定的保护期限应不少于10年。

TRIPS协定对于集成电路布图设计的保护范围和例外做出了以下规定。各成员方有权禁止下列非法授权的行为：进口、销售或为商业目的分售受保护的外观设计、含有受保护设计的集成电路或仅在继续含有非法复制的外观设计的范围内含有这种集成电路的产品。但是，也有例外情况，如从事上述行为的人如果不知道所销售的物品包含了非法复制的集成电路布图设计，则不应视为侵权。因此，该行为人在被告知这种物品含有非法复制的集成电路布图设计时，在其向权利人支付报酬的前提下，仍可以继续经营、销售、进口该物品。[①]

7. 未披露信息

未披露信息，是指具有以下特征的信息：第一，属于秘密，未被公开过；第二，因其属于秘密而具备商业价值；第三，对其进行合法控制的主体已经为保密而采取了措施。

对未披露信息的保护，TRIPS协议作出规定：该信息的合法控制人，有权防止他人未经许可而以违背诚实商业行为的方式，披露、获得或使用该信息；为获得药品或农业化学物品的营销许可而向政府提交的机密数据，也应该受到保护，以防止不正当的商业用途。此外，除非是为了保护公共利益所必需，否则不应披露这类信息。

8. 关于限制性竞争行为的控制

为了防止知识产权权利人在缔结合同的谈判中滥用其专有权，各成员有权在其国内立法中具体规定哪些许可条件可能构成知识产权的滥用，特别是要通过国内相关立法防止或控制诸如排他性返授条件、强制性一揽子许可和禁止对知识产权有效性提出疑问之类的行为。

① 刘辉群主编：《世界贸易组织》，317页，厦门，厦门大学出版社，2014。

如果一成员确信另一成员拥有某项知识产权的自然人或有居所的人正在进行限制竞争许可的做法，则该成员可以请求另一成员就此事进行磋商。后者对此应给予同情的考虑，并为磋商提供充分的机会，还要提供有关的非秘密信息进行合作。若一成员的国民在另一成员境内涉嫌违反后者根据第 40 条内容指定的法律和规章而受到起诉，则该成员应根据请求，为后一成员提供进行磋商的机会。

需要注意的是，TRIPS 协议对滥用知识产权所作出的规定，不仅仅体现在第 40 条，在协定的许多条款中均可见到。如协定第 31 条对不经权利人授权的使用情况的规定，在一定程度上与这一条的规定有关系。①

第二节　联合国教科文组织关于文化贸易的法规

一、世界版权公约

1.《世界版权公约》概述

《世界版权公约》是继《伯尔尼公约》之后又一开放性的保护版权的国际公约，缔结该公约的初衷是要将美国和泛美版权公约中的一些国家纳入世界性国际版权的保护范围，或在《伯尔尼公约》和泛美版权公约之间达成某种程度的平衡。

《世界版权公约》是在联合国教科文组织（UNESCO）的主持下，于 1952 年 9 月 6 日召开的政府代表会议上签订的，故又被称为《日内瓦公约》或《1952 年公约》，公约 1955 年 9 月 16 日开始生效，生效后的公约于 1971 年在巴黎修订过一次。目前，该公约的大多数成员国采用的就是 1971 年的巴黎修订本。1992 年 7 月，第七届全国人民代表大会常务委员会第 26 次会议通过了关于中国加入《世界版权公约》的决定，截至 2003 年 3 月 15 日，该公约共有 99 个成员国。

《世界版权公约》共有 21 条，由 7 条实体条文和 14 条行政条文构成，另外还有一个附加声明和两个议定书。它的显著特征是条文很短，各种规定大多是原则性的。

2.《世界版权公约》的基本原则

（1）国民待遇原则

国民待遇原则是指公约成员国国民享有公约其他成员国依本国国法已

① 刘辉群主编：《世界贸易组织》，317—318 页，厦门，厦门大学出版社，2014。

经为本国国民提供的版权保护以及享有公约专门提供的保护。

《世界版权公约》第 2 条第 1、第 2 款规定了该原则的基本内容：第一，任何缔约国国民出版的作品及在该国首先出版的作品，在其他各缔约国中，均享有其他缔约国给予其本国国民在本国首先出版之作品的同等保护，以及本公约特许的保护。第二，任何缔约国国民未出版的作品，在其他各缔约国中，享有该其他缔约国给予其国民未出版之作品的同等保护，以及本公约特许的保护。第三，为实施本公约，任何缔约国可依本国法律将定居该国的任何人视为本国国民。

《世界版权公约》与《伯尔尼公约》中有关国民待遇的规定尽管基本相同，但仍有些许差别。《伯尔尼公约》规定国民待遇原则在五种情况下可以由互惠原则代替，例如其第 2 条第 7 款规定："对'实用艺术品'提供版权保护的国家，可以对不保护此种作品的国家的实用艺术品不予保护。"① 其他的规定还有公约第 6 条第 1 款、第 7 条第 8 款等。然而，《世界版权公约》仅仅在第 4 条第 4 款中规定，保护期较长的国家对其他国家的作品可以采取互惠的保护原则。②

（2）非自动保护原则

非自动保护原则亦称"附条件的自动保护原则"。《世界版权公约》为在美国及大多数泛美版权公约的成员国与伯尔尼公约成员国之间寻求平衡，采取了"两迁就"的方法。它既没有要求以登记、交费或其他程序作为获得版权的前提，也没有确立自动保护原则，而是要求作品在首次出版时，每一份复制品上都标有"版权标记"，即标有英文 C 并外加一圆圈（表示"版权保留"）、版权人名称、出版年份三项内容。只要履行了这些手续，任何在国内法中要求履行手续的成员国，就必须视该作者"已经履行了应有的手续"，从而对该作者的版权提供公约所规定的保护。③

在理解非自动保护原则时必须注意以下几点：第一，这一原则只适用于已经出版的作品，对未出版的作品，成员国应给予版权保护，且不得要求履行任何手续或符合任何形式。第二，作品必须在首次出版时在一切复制品上标有版权标记，否则，即使再次印刷时补上，也不可能挽回该作品丧失版权的局面。这里所谓的"首次出版"必须是经作品版权人同意或授权后的出版，未经许可的出版，不属"首次出版"；所谓"一切"，并不是

① 李双元、金彭年著：《中国国际私法》，276 页，北京，海洋出版社，1991。

② 郑成思著：《知识产权法通论》，189 页，北京，法律出版社，1986。

③ 冯晓青主编：《知识产权法》，武汉，武汉大学出版社，2009。

说忽略了在少量复制品上的标记就会使整个作品丧失版权。第三，在版权栏内醒目之处加注版权标记仅仅是在《世界版权公约》的成员国中获得版权的途径；公约也仅仅限制成员国对于获得版权再要求履行更多的手续，但公约不限制成员国对其本国国民获得版权规定更多的程序方面的要求。①

（3）版权独立性原则

版权独立性原则，是指享有国民待遇的作者在公约任何成员国所得到版权保护不依赖其作品在来源国受到的保护，在符合公约最低要求的前提下，该作者的权利受到保护的水平、司法救济方式等均完全适用提供保护的那个成员国的法律。《世界版权公约》虽然只要求在国际保护中加注版权标记，不要求履行其他手续，却也同样没有突破版权的地域性，它也不是一部“跨国版权法”。《世界版权公约》不像《伯尔尼公约》集中反映在某一条款中，而分别反映在第 4 条、第 4 条（1）款、第 4 条之二（2）款等条款中。例如，第 4 条（1）款明确规定在作品保护期问题上适用“权利要求地法”；第 4 条之二（2）款，允许各成员国按国内法对公约列出的经济权利作特别规定，但必须提供合理保护。②

由于《世界版权公约》在版权国际保护中的作用已经下降，无论管理该公约的联合国教科文组织还是该公约的绝大多数成员国，都没有提出进一步修订该公约的要求。

二、《佛罗伦萨协定》及《内罗毕议定书》

1.《贝鲁特协定》

《贝鲁特协定》又称《促进教育、科学和文化性质的视听材料国际流通的协定》，是联合国教科文组织最高权力机关于 1948 年在贝鲁特举行的第三届会议上通过的。这份公约是该组织通过的第一份国际公约。

《促进教育、科学和文化性质的视听材料国际流通的协定》，其中第 1 条和第 2 条是关于本协定的适用对象范围，第 1 条指出协定适用于对教育、科学和文化性质的视听材料。视听材料应具有教育、科学和文化特征；第 2 条就第 1 条中提到的视听材料进行了界定，指出其包括下列类型：“（a）电影，幻灯卷片、缩微产品，即可以是已曝光和冲洗的负片或已翻印和冲洗的正片。（b）各种类型的录音制品。（c）样品、模型和挂

① 韩德培主编：《国际私法新论》，432 页，武汉，武汉大学出版社，1997。

② 李颖怡、李春芳主编：《知识产权法》（第 4 版），374 页，广州，中山大学出版社，2013。

图。”第 3 条及第 4 条涉及促进教育、科学和文化性质的视听材料国际流通的待遇。成员国承诺对教育、科学和文化性质的视听材料除免征进口关税和其他进口税外，不实施数量上的限制，也无须申请取得进口许可证。另外该协定仅适用于具有教育、科学和文化性质的视听材料，即其主要目的或效果是通过发展某一主题或某一主题的一个方面进行教导，或者其内容是维持、提高或传播知识，促进国际理解与友谊。①

考虑拟定的新协定涉及的范围要大得多，联合国教科文组织秘书处起草的初稿先提交给了关税及贸易总协定（GATT）缔约国会议，会议对它进行了修改，以提高它在技术方面的效率，也使它能够为最大多数的国家所接受。1950 年召集联合国教科文组织 25 个会员国的专家会议，根据有关政府提出的意见起草了新的草案。该文本后来成为《教育、科学和文化物品进口协定》(Agreement on the Importation of Educational. Scientific and Cultural Materials)（亦即《佛罗伦萨协定》，以下简称《协定》），它被提交给了于 1950 年 7 月在佛罗伦萨举行的大会第五届会议并获得了一致通过。该《协定》于 1952 年 5 月 21 日在十个国家批准或加入后开始生效。本着自由贸易的原则，该协定旨在促进国际间的相互理解及国际文化对话。

《协定》涉及教育、科学和文化物资的国际贸易。该协定的缔约国承诺不对进口的书籍、出版物、文件和附件中列明的用于教育、科研和文化的物品征收进口关税；要求对能促进文化交流、科学研究的物品及收藏品应尽量减少进口和出口的限制，具体则要做到豁免或最大限度地减免关税，以消除或降低对上述交流造成的障碍；还声明应当为公共图书馆购买图书发放可兑换货币与进口许可证。在联合国教科文组织的倡议下，到 2000 年，有 94 个国家通过了这一国际性法律文件。② 按照这一文件，协定签署国同意废除如下进口商品的关税：图书，艺术品，教育、科研和文化所需的视听材料，科研设备，盲人用品及其原料。

2.《佛罗伦萨协定》及《内罗毕议定书》

自 1950 年《协定》通过以来，由于技术取得了重大进步，生产大大提高，交流也相应扩大。此外，教育、科学及文化领域也发生重大变化。会议建议尽量自由地对《协定》的各项条款加以解释和执行。然而，这些建议产生的影响很有限。与以往一样，对《协定》的执行情况进行了检

---

① 张华著：《文化产品国际贸易法律问题研究》，36 页，厦门，厦门大学出版社，2013。

② 张玉国、朱筱林译：《文化、贸易和全球化（下）》，《中国出版》，2003 (2)，36 页。

查，还研究了能否将《协定》的范围扩大到一些新的物品，尤其是《协定》通过以来由于技术进步而产生的物品。1973年11月至12月在日内瓦举行召开了第三次政府专家会议，会议建议拟定一份或数份《协定》附加议定书。大会批准了这一建议并赞同召开政府间技术人员和法学家特别委员会会议，联合国教科文组织秘书处起草的《议定书》初稿提交给了该委员会会议审议。委员会于1976年3月在巴黎联合国教科文组织总部开会，特别委员会根据收到的各国政府的意见，拟定了新的《议定书》草案。1976年11月在内罗毕召开的第十九届会议通过《议定书》草案。新的《教育、科学和文化物品进口协定议定书》(Protocol to the Agreement on the importation of educational, scientific and cultural materials) (亦即《内罗毕议定书》简称《议定书》)。[①]

在《贝鲁特协定》被通过的同时，联合国教科文组织就决定在更为广泛的范围内对这一问题进行研究，以便通过一份新的协定来排除对思想交流形成障碍的经济因素。《贝鲁特协定》的适用范围仅仅局限于视听材料方面的流通，从本质上来讲是一份涉及税率的商业性文件。考虑到拟定的新协定涉及的范围要大得多，联合国教科文组织秘书处将草案提交给了关税与贸易总协定缔约国会议，会议对这一草案作了修改，目的在于提高它在技术方面的效率，让更多的国家接受这一协定。

联合国教科文组织在1950年根据所提出的意见形成了一份新的草案，这一草案最后形成了《教育、科学和文化物品进口协定》。1950年7月该协定被提交给了在佛罗伦萨举行的第五届会议，最终获得一致通过。《佛罗伦萨协定》是一个关于教育、科学和文化资料进口的法律文件，旨在促进这些资料的自由流通。

由于新的传播形式和技术的发明，新型材料的出现，科学和技术进步对知识传播的方式产生了巨大的影响。贸易的方式也因技术的变化而发生着变化。《佛罗伦萨协定》起草时，各国普遍采用高关税、进口许可、配额和外汇限制的做法来控制新兴科学、文化物品的流通。贸易自由化的扩大减少了上述壁垒。

3.《佛罗伦萨协定》和《内罗毕议定书》的关系

《议定书》与作为基础的《协定》是密不可分的，因为它只面向《协

---

① 张蹇著：《国际文化产品贸易法律规制研究》，112页，北京，中国人民大学出版社，2013。

定》缔约国。《议定书》的参加方必须是《协定》的缔约方，但缔约方有权不加入《议定书》。由此可见，某一国要成为《议定书》缔约国，首先必须加入《协定》。而作为《协定》缔约国的国家可以只是该《协定》的缔约国，可不加入《议定书》。换言之，对于未加入《议定书》的《协定》缔约国来说，《议定书》丝毫不影响也改变不了它们根据《协定》享有的权利和应尽的义务。关于缔约方，《议定书》面向各关税同盟或经济同盟，但其所有成员国均应是《议定书》的缔约国。在此情况下，《议定书》和《协定》适用于这些同盟的所有成员国的全部领土，而不是指各个成员国的领土。

《协定》和《议定书》的宗旨是促进教育、科学和文化物品的进口，减少此类物品在自由流通时所遇到的价格、关税、外汇和交换障碍，从而使各类组织和个人能够比较容易地以较低的价格获得此类物品。《议定书》扩大了自由贸易原则的适用范围，涵盖了那些在当时属高技术含量的诸如视听资料类的文化产品。因此，我们可以说《议定书》扩大了《协定》的适用范围和优惠待遇范围。

虽然《协定》及其《议定书》明确支持文化产品市场的自由开放，但是都有保留条款，授权缔约方对可能会损害本国文化产品市场或威胁本国文化安全的外国文化产品实施进口禁止或限制。这些保留条款起着与“文化例外”类似的作用。①

三、《文化多样性公约》

（一）《文化多样性公约》的产生

2001 年 9 月，联合国教科文组织通过了《世界文化多样性宣言》，但是该宣言没有国际法上的约束力。2002 年，国际贸易文化产业部门咨询组织就提出要在国际范围内达成关于文化多样性的新的国际文本，作为所有国家保护和促进本国个性文化表达和文化多样性免于全球化侵蚀的行为守则。另外，两个以加拿大为主体的组织已经制定了关于文化多样性的草案性文本。文化政策国际网络（以下简称 INCP）为各国文化事务大臣提供了一个非正式论坛，以便保护和发展促进文化多样性的策略。

2002 年 10 月，第五届文化政策国际网络部长级会议上审查了“国际

① 张蹇著：《国际文化产品贸易法律规制研究》，113 页，北京，中国人民大学出版社，2013。

文化多样性公约”的第二草案，该草案是由一个关于文化多样性与全球化的工作组备置的，并且建议 INCP 应将它的工作引入到联合国教科文组织关于文化多样性新文本的讨论中去。文化多样性国际网络（以下简称 INCD）将自己描述成致力于抵御全球化对文化的侵蚀的艺术家和文化人士的国际网络。2003 年 2 月，INCD 建议联合国教科文组织考虑筹划一个“关于文化多样性的建议公约”。

2003 年 3 月，由联合国教科文组织秘书处发动的“关于建立文化多样性的标准文本的初步研究”终于提到了执行委员会的日程上来了。这项研究注意到了像 INCP 和 INCD 这样的国际组织的作用，以及现存的关于文化权利和文化多样性相关的国际文本。10 月 17 日，根据执行委员会的建议，联合国教科文组织大会决定对于文化内容和艺术表达多样性的保护应该成为所创制国际公约的主题。大会邀请联合国教科文组织总干事准备一份关于这个主题的规则报告，及初步的公约草案，以在第 33 次会议上递呈给联合国教科文组织。大会在 2003 年 11 月和 2004 年 5 月之间，召开了三次有 15 名的专家参加的会议，该会议为总干事提供了建议和草案文本。在 2004 年 9 月到 2005 年 6 月召开了三次政府间专家会议。第一次会议包括了来自于联合国教科文组织成员国的将近 550 位专家以及众多的政府间国际组织和非政府组织的代表。在这次会议上建立了一个草案委员会，根据联合国教科文组织成员国、15 个非政府组织以及 3 个政府间国际组织（联合国的贸易与发展委员会、世界知识产权组织和世界贸易组织）的建议对公约草案进行修改。第三次政府间会议最终确定公约草案初步文本并将文本递呈给总干事，同时建议一般大会在第 33 次会议上即 2005 年 10 月通过该公约。①

（二）《文化多样性公约》的目的、范围和原则

公约要求各国认识到文化活动、文化货物、文化产品作为特性、价值的媒介工具所具有的特殊性质。为了实现这个目标，《文化多样性公约》规定了广泛的适用范围，包括缔约方可以采取政策或措施来保护和促进文化表达的多样性。

该公约具有实质意义的条款是第 2 条，在该条中规定了指导原则，包括：尊重人权和基本自由原则；主权原则，该原则宣布每一个国家只要是

① 关于《文化多样性公约》的形成过程和发展历程，参见联合国教科文组织的官方网站，http://portal.unesco.org/culture/en，2016 年 5 月 10 日。

和《联合国宪章》和国际法原则相一致，都享有在其领域内适用保护和促进文化表达多样性的措施和政策的主权权力；公开和平衡原则，依据该原则国家采取支持文化表达多样性的措施时应当同时寻求促进对世界其他文化的开放。[①]

（三）《文化多样性公约》的内容

《文化多样性公约》包括前言、正文和附件三大部分。正文由 7 个章节组成，共计 35 条。第一章为目标与原则，即第 1 条和第 2 条，其目的是解释公约制订的理由，并说明其宗旨。第二章规定公约的适用范围，即第 3 条。第三章是关于公约中涉及的专门名词的定义，即第 4 条。第四章为缔约国的权利与义务，从第 5 条至第 19 条，是公约重要的实体规范。第五章规定的是公约与其他国际条约的关系，即第 20 条和第 21 条，亦即"相互支持，互为补充和不隶属"。第六和七章主要为公约的技术性规范，即从第 22 条至第 35 条。附件是关于调解程序的规定，为争端当事国要求进行调解时提供程序法的规定。

公约"适用于缔约方采取的有关保护和促进文化表现形式多样性的政策和措施"[②]，如电影放映配额、奖励投资国产电影的税赋减免措施、保存国家古迹的法令、地方政府举办的文化观光活动等措施，皆属于公约适用的范围。

（四）关于缔约方的权利和义务

1.《文化多样性公约》缔约方的权利

《文化多样性公约》规定，缔约方的权利包括制订文化政策（第 6 条）和保护文化表现（第 8 条）。这些权利都是属于其境内的权利，缔约方可以根据自身的特殊情况和需求，在其境内采取以下措施保护和促进文化表现形式的多样性。

第一，制订文化政策。《文化多样性公约》第 6 条是缔约方所享有的具体权利的核心规定。缔约方在公约所定义的文化政策和措施范围内，有权在其境内采取措施以保护并促进文化表现多样性（第 6 条第 1 款）。由于各国的文化发展情况相异，缔约方在考虑其自身的情况与需求后，可自行决定措施的内容。依照公约之规定，缔约方采取的措施可包括：①以适

---

① 薛狄、那力：《国际文化贸易的价值冲突和法律选择——由近期中美文化产品进口纠纷引发的思考》，《中国政法大学学报》，2009（2），147 页。

② 张蹇著：《国际文化产品贸易法律规制研究》，116 页，北京，中国人民大学出版社，2013。

当方式在本国境内为创作、生产、传播和享有本国的文化活动、产品与服务提供机会的有关措施，包括其语言使用方面的规定；②在本国境内以适当方式为本国的文化活动、货品和服务提供创作、生产、散播、经销和欣赏的基地所采取的措施，包括语言使用的相关规定；③为国内独立的文化产业和非正规产业部门活动能有效获取生产、传播和销售文化活动、产品与服务的手段采取的措施；④提供公共财政资助的措施；⑤鼓励非营利组织以及公共和私人机构、艺术家及其他文化专业人员发展和促进思想、文化表现形式、文化活动、产品与服务的自由交流和流通，以及在这些活动中激励创新精神和积极进取精神的措施；⑥建立并适当支持公共机构的措施；⑦培育并支持参与文化表现形式创作活动的艺术家和其他人员的措施；⑧旨在加强媒体多样性的措施，包括运用公共广播服务。

第二，特殊情况下采取保护文化表现形式的权利。按照《文化多样性公约》第 8 条的规定，缔约方在境内文化“面临消亡危险、受到严重威胁，或是需要紧急保护的特殊情况”，且在符合公约规定的前提下可以采取任何适当的措施以保护和保存文化表现，但缔约方应向政府间委员会报告其采取之紧急措施，委员会对缔约方提出适当的建议。[①]

关于何谓“紧急情况”，公约并未定义，因此缔约方可自行认定何者属于应采取文化保护措施的情况。公约之所以这样规定，可能是因为所谓“消亡危险”“严重威胁”等用语都属于不确定的法律概念，难于建立一整套的标准加以确定。再者，一国文化表现受威胁的情况各不相同，可能是种族内战、环境破坏、殖民化的历史过程等各种因素所造成，故宜由各缔约方依具体情况自行认定。

2. 缔约方的义务

《文化多样性公约》规定，缔约方的义务大致上可分为两类：“国内义务”和“国际义务”。前者包括：促进文化表现形式的措施（第 7 条）、信息共享和透明度（第 9 条）、教育和公众认知（第 10 条）、“公民社会”的参与（第 11 条）；后者则是国际互助合作相之规定（第 12 条至第 19 条）。

缔约方的国内义务体现在以下四个方面：第一，促进文化表现。第 7 条第 1 款要求缔约方“应致力于”创造一个多元文化的环境，让境内所有的个人和团体得以表现其自身的文化，并同时接触到境内其他族群和外国

---

① 上海 WTO 事务咨询中心编：《中国贸易运行监控报告 2014》，101 页，上海，上海人民出版社，2014。

的文化，此符合第 4 条所谓“文化多样性”的宗旨。为促进多元文化表现，一国境内各族群对于创作、生产、经销等表现自身文化的方式，自应享有平等使用的机会，鉴于政府的资源有限，为免发生资源分配不均的情况，该条文特别要求缔约方“应致力于”对于妇女和弱势（少数和原住民团体等）文化给予应有的重视。此外，第 7 条第 2 款要求缔约方“应致力于”肯定文化创作者对于文化表现多样性的贡献。第二，资讯共享与透明化。根据第 9 条规定，缔约方每 4 年应向联合国教科文组织通报其在境内和境外为保护和促进文化表现多样性所采取之措施，并指定联络点以推动资讯共享。关于资讯收集之事项，第 19 条应作为公约第 9 条的补充规定。根据第 19 条，缔约方同意就有关文化表现形式多样性以及对其保护和促进方面的成功经验的数据收集和统计，开展信息交流和共享专业知识。针对各缔约方所分享的资讯和相关经验，联合国教科文组织应协助加以完整。依公约规定，联合国教科文组织应利用秘书处内现有机制协助收集、分析和传播相关的资讯、统计数据和成功经验；针对文化表现领域内的各类部门和政府组织、私人组织及非营利组织建立资料库，并更新其内容。第三，教育和提升公众认知。第 10 条是有关教育和提升公众认知的规定，缔约方应鼓励并促进以保护和促进文化表现多样性的重要性的认识，特别是通过教育和提升公众认知的计划。此项义务的目的是在增进民众对于文化表现多样性的了解，一般而言可通过学校开设包括官方语言和地方语言的双语课程。对于以地方语言为母语且文化属相对弱势的族群而言，此有助于其母语文化的传承；后者则似举办传统文物展览，以提升民众对于传统艺术的欣赏力。第四，鼓励公民社会参与。按照公约的规定，各缔约方都承认公民社会在保护和促进文化表现多样性所扮演的重要角色，应鼓励他们积极参与以实现公约之目标。①

缔约方的国际义务是指与国际互助合作相关的规定，缔约方的国际义务体现在以下三个方面：第一，缔约方“应致力于”或“应鼓励”的事项。《文化多样性公约》第 12 条是国际互助合作的核心规定。依该规定，缔约方“应致力于”加强双边、区域和国际合作，创造有利于促进文化表现形式多样性的条件，其合作之目的是为了促进缔约方之间在文化政策上的对话，通过国际文化交流和经验分享，增强公共文化部门的战略管理能

① 张蹇著：《国际文化产品贸易法律规制研究》，119－122 页，北京，中国人民大学出版社，2013。

力、强化私人部门之间的伙伴关系、鼓励缔结共同生产和共同销售的协定。由此规定可知，公约规定下的国际合作，可能存在公共部门或私人部门之间，前者犹如两国缔结共同制作和共同配销协议，后者类似不同国家非政府组织间的联合。由上述与“发展”相关的说明可知，公约国际互助合作规定中的“发展”并不局限于发展本国文化，还包含发展其他国家的文化。依此，公约鼓励缔约方之间为发展而进行合作关系，特别应注意到发展中国家的需求。例如，缔约方应致力于支持为促进可持续发展和减轻贫困而开展合作，尤其要关注发展中国家的特殊需要，主要通过各种途径来推动形成富有活力的文化部门（多样性公约第 14 条）；缔约方应鼓励在公共、私人部门和非营利组织之间及其内部发展伙伴关系，以便与发展中国家合作，增强它们在保护和促进文化表现形式多样性方面的能力（公约第 15 条）。为了实现这些目标，公约设有“文化多样性国际基金”专门为缔约方提供财政援助，依公约之规定，各缔约方“应致力于”定期提供自愿性的捐款。有关文化多样性国际基金之运用，系由政府顾问委员会依据缔约方大会订定的指导方针所决定，其资金来源包括缔约方的自愿捐款、UNESCO 大会所创收的资金、其他国际组织的捐款等，但所有的捐赠不应附带与公约目标不相符的政治、经济或其他条件（公约第 18 条）。[①] 第二，提供给发展中国家优惠待遇。《文化多样性公约》中关于国际互助与合作之义务规定，除前述“应致力于”和“应鼓励”的事项之外，还包括向发展中国家提供优惠待遇（第 16 条）及提供援助（第 17 条）。依照公约规定，发达国家应通过适当的机构和法律框架，为发展中国家的艺术家和其他文化专业人员及从业人员，以及那里的文化产品和文化服务提供优惠待遇，促进与这些国家的文化交流（公约第 16 条）。与此前的义务性规定不同的是，此规定并无“应致力于”等表述，仅要求缔约方通过“适当的机构和法律框架”提供优惠待遇，所以缔约方在履行此项义务具有一定的自由裁量权。采取措施的形式，多寡和时间安排等都可由缔约方自行确定。发达国家可通过签订各类国际合作协议的方式提供给来自发展中国家的文化商品和文化服务优惠待遇。当然，就现实情况而言，此类提供给发展中国家优惠待遇的协议，大都建立在互惠的基础上。换言之，发达国家在给发展中国家提供文化用品和服务的优惠待遇时，很可能同时获得发展

---

① 张骞著：《国际文化产品法律规制研究》，123 页，北京，中国人民大学出版社，2013。

中国家给予的相当的经济利益作为回报，例如，发达国家在区域经贸协定所包含要求发展中国家在其他非文化部门提供关税减让，或是在此类协议中规定，发达国家有权提供有关国产电影的补贴等。第三，提供援助。依照《文化多样性公约》规定，当缔约方的文化面临严重危机时，缔约方应开展合作，相互提供援助，特别要援助发展中国家。当缔约方境内的文化表现形式面临消亡危险、受到严重威胁或是需要紧急保护的特殊情况，而该缔约方又无力和资源采取相应的措施时，其他缔约方基于保护人类的共同文化遗产的原则，应给予援助，比如协助修复古迹，或为文化失传的部落建立口述历史等。从可持续发展的角度来看，此项义务有助于一国文化表现的延续。[①]

（五）《文化多样性公约》与其他公约的关系及其意义

公约第20条规定了公约与其他条约的关系，即相互支持、互为补充和不隶属。缔约方承认，应善意履行其在公约及其为缔约方的其他所有条约中的义务。因此，在公约不隶属于其他条约的情况下，第一，缔约方应促使公约与其为缔约方的其他条约相互支持；第二，缔约方解释和实施其为缔约方的其他条约或承担其他国际义务时应考虑到公约的相关规定。同时公约也明确，公约的任何规定不得解释为变更缔约方在其为缔约方的其他条约中的权利和义务。

公约的出台与生效构建了联合国教科文组织为促进文化多样性的规范系统，成为联合国教科文组织规范保护和促进文化多样性条约体系的核心规则。这一公约的首要使命是以团结互助的方式，加强可以使文化表达的多样性得以表现、更新。同时，文化多样性的存在又在创造、生产、销售、传播、文化表达的理解和享受等环节为人类社会带来巨大的利益。公约一方面承认缔约方的文化主权，以制定和实施服务于文化表达多样性的文化政策；另一方面同时也承认“文化活动、商品和服务”的特殊性，文化商品与服务与一般的消费商品和服务是不同的，公约第一次在国际法中建立了一个文化的范畴，从而把文化放在国际政治议事日程的显著位置上。[②]

---

① 上海WTO事务咨询中心编：《中国贸易运行监控报告2014》，102－103页，上海，上海人民出版社，2014。

② 张蹇著：《国际文化产品贸易法律规制研究》，125－127页，北京，中国人民大学出版社，2013。

第三节 世界知识产权组织的文化贸易规则

一、世界知识产权组织

世界知识产权组织（World Intellectual Property Organization，简称WIPO）是联合国组织系统所在的15个专门机构之一，负责管理知识产权事务，具有发挥国际机构作用的性质。世界贸易组织成立之前，世界知识产权组织是唯一的在知识产权国际保护方面对各国影响较大的组织。中国于1980年6月3日加入该组织，[①] 至2007年，共有成员国184个。

世界知识产权组织设立的机构有：大会、成员国会议、协调委员会和国际局。该组织的大会是其最高权力机构。成员国会议由全体成员国组成，每两年召开一次会议；协调委员会是大会和成员国会议的咨询及执行机构；国际局是该组织以及受该组织管理的各联盟的秘书处，即常设办事机构；调停中心负责调停因各成员国专利制度不同或在审查专利的方法和对条约解释上的不同而造成的纠纷，拟定调停纠纷的立场中立的专家名单，视每个纠纷的情况挑选调停者。该组织在促进发达国家向发展中国家转让技术、推动发展中国家的发明创造和文艺创作活动等方面做了大量工作，它管理建立在多边条约基础上的关于专利、商标和版权方面的23个联盟的行政工作，办理知识产权法律与行政事宜。

世界知识产权组织的主要宗旨是，保证巴黎联盟和伯尔尼联盟以及属于这两个联盟范围的特别专门联盟的行政合作，吸收更多的国家参加到保护知识产权的国际体系中来。通过鼓励缔结新的国际条约，协调各国立法，收集并传播保护知识产权情报，提供促进国际保护的服务，提供法律的技术援助等。[②]

世界知识产权组织的主要职责是：促进全世界对知识产权的有效保护和协调各国在这方面的立法措施；鼓励缔结促进保护知识产权的国际协定；对于请求在知识产权方面法律、技术援助的国家给予合作；收集并传播有关保护知识产权的情报；促进这方面的研究并公布这些研究成果；提供有助于知识产权国际保护的服务。

---

① 高山行编著：《知识产权理论与实务》（第2版），163页，西安，西安交通大学出版社，2014。

② 夏叔华著：《商标法要论》，315页，北京，中国政法大学出版社，1989。

二、世界知识产权组织有关协定

世界知识产权组织（WIPO）有关协定包括保护工业产权的《巴黎公约》，保护文学艺术作品的《伯尔尼公约》，保护录音制品制作者防止未经许可复制其录音制品的《日内瓦公约》，保护卫星传输节目信号的《布鲁塞尔公约》，保护奥林匹克会徽的《内罗毕条约》，制止商品产地虚假或欺骗性标记的《马德里协定》、《世界知识产权组织版权条约》（WCT）、《世界知识产权组织表演与录音制品条约》（WPPT）等。这些条约中有早在TRIPS协议产生以前许多年就生效的条约，也有其产生后才缔结的条约。

（一）《巴黎公约》

1.《巴黎公约》的制定

19世纪后期，由于资本主义的兴起和科学技术的日益进步，越来越多的国家建立了保护发明的法律制度。由于知识产权具有明显的地域性，加之各国法律的差异较大，很难形成工业产权的国际保护。随着国际技术交流和国际贸易的不断增长，工业产权之间的冲突也愈发明显和激烈，从而迫切需要在工业产权领域进行国际性协调。1878年在法国巴黎召开了工业产权国际会议，会议决定召集一次国际性的外交会议，旨在工业产权领域建立统一的立法基础。

1883年由法国、比利时、巴西、意大利、荷兰等11个国家发起的外交会议在巴黎召开，会议通过并签署了《巴黎公约》。公约于1884年7月正式生效。《巴黎公约》是在保护工业产权方面最早、最重要和最基本的国际公约，确立了工业产权保护的基本原则和要求，对世界各国的工业产权制度产生了深远的影响。

2.《巴黎公约》的基本原则

（1）国民待遇原则

国民待遇原则一般是指在同样的条件下，外国人和本国人所享有的权利和承担的义务相同。《巴黎公约》是最早规定国民待遇原则的多边国际条约，有关国民待遇原则的条款规定在第2条和第3条。根据《巴黎公约》第2条第1款的规定，成员国的国民在其他成员国家内应享有各该国法律现在授予或今后可能授予国民的各种利益以及一切都不应损害本公约特别规定的权利。国民待遇原则要求各成员国负有使得他同国民和本国国民享有同等保护的义务。第3条规定，即使不是巴黎公约成员国的国民，但在巴黎公约的一个国家的领土内设有住所或有真实和有效的工商业营业所的，应享有与本联盟国家国民同样的待遇。[①]

（2）优先权原则

优先权是指申请人享有的在某一成员国提出申请后，在一定期限内又向其他成员国提出同样的申请，其后的申请被视为与首次申请的日期相同的权利。按照《巴黎公约》的规定，优先权的取得需满足以下条件：①主张优先权的申请人是可以享受国民待遇的同盟成员国国民；②申请人已就专利和商标向某一成员国提出正规的国家申请；③主张优先权以申请人主动做出声明为前提；④成员国可以要求做出优先权声明的任何人提交以前提出的申请（说明书、附图等）的副本；⑤优先权只适用于发明、实用新型、外观设计和商标（不包括服务商标）申请。[②]

《巴黎公约》为优先权设定了时间期限：对于专利和实用新型为 12 个月；对于外观设计和商标为 6 个月，期限自第一次申请的申请日开始，申请日不计入期间之内。

（3）独立保护原则

《巴黎公约》规定了专利权、商标权的独立原则。独立原则的法理根据在于知识产权的地域性。

关于专利权独立原则，《巴黎公约》规定其成员国国民向各成员国申请的专利，与在其他国家，不论是否是成员国，就同一发明所取得的专利是相互独立的。尤其在优先权期间内申请的各项专利，就其无效和丧失权利的理由以及其正常的期间而立，也是相互独立的。

关于商标权独立原则，《巴黎公约》规定商标的申请和注册条件，均由成员国本国法律决定。但任何成员国对成员国国民提出的商标注册申请，不得以未在原属国申请、注册或续展为理由而予以拒绝，也不得使注册无效。[③]

3.《巴黎公约》的保护范围

《巴黎公约》确定了工业产权的保护对象包括专利、实用新型、工业品外观设计、商标、服务标记、厂商名称、货源标记或原产地名称和制止不正当竞争。需要注意的是《巴黎公约》规定的专利仅指发明专利；

---

① 吴道霞主编：《知识产权法学》，229 页，北京，中国人民公安大学出版社，2011。

② 曲三强主编：《现代知识产权法概论》（第 2 版），145—146 页，北京，北京大学出版社，2014。

③ 关于原则和保护范围，见曲三强主编：《现代知识产权法概论》（第 2 版），146—147 页，北京，北京大学出版社，2014。

对于实用新型、工业品的外观设计的保护，公约未作规定；上述保护范围内所指的商标不包括服务商标，公约中的服务商标被称为服务标记；成员国没有义务对服务商标授予优先权；并未限制成员国自愿选择为服务标记提供保护。至于该如何保护服务标记，《巴黎公约》并未作具体规定。①

（二）《伯尔尼公约》

保护文学艺术作品的《伯尔尼公约》有三大基本原则：第一，是国民待遇原则。规定在一成员国创作的作品在其他任一成员国均应受到与该国给予本国国民作品同等的保护。第二，是自动保护，不用注册。《伯尔尼公约》第5条第2款规定：本公约保护的作品作者所享受的权利及其行使，无须履行任何手续。自动保护原则就是指作品创作完成后即自动享有著作权，著作权的取得和保护不以任何形式要件为前提条件，不需要履行任何手续。这就是说，与取得专利、商标、原产地名称和外观设计等工业产权的保护有所不同，著作权保护是随作品的产生或首次发表同时自动获得，无须国家授予著作权证书。由于《伯尔尼公约》既保护出版的作品，也保护未出版的作品，如果作者必须履行一定的手续才能取得著作权，执行起来相当困难，因此这种自动保护原则比较合理。②第三，是版权独立原则，即版权保护不依赖于作品在原创国是否有保护。

《伯尔尼公约》还做出几项规定。其一，最低保护标准规定。对受保护的作品，《伯尔尼公约》规定包括“文学，科学和艺术领域中的所有作品，无论其表达的方式或形式如何”。还规定了除某些允许的保留、限制和例外之外的下列独占权利（经济权利）：翻译权；改编权；戏剧、戏剧音乐及音乐的公开表演权；公开朗诵文学作品权；向公众传播上述表演的权利；表演权（可由成员国只提供合理报酬而不给予独占权的权利）；以任何方式和形式复制的权利（成员国在某些特殊情况下可允许不经授权的复制，但是这样的复制不能与作品的正常利用相冲突，并且没有不合理地损害作者的合法利益；成员国也可以在音乐作品的录音方面规定一种收取合理报酬的权利），将作品用作音像作品的基础，并复制、发行、公开表

① 曲三强主编：《现代知识产权法概论》（第2版），147页，北京，北京大学出版社，2014。

② 国家知识产权局组织编写、国家知识产权培训（湖北）基地主编：《国际贸易中的知识产权保护》，55页，北京，知识产权出版社，2014。

演或者向公众传播此音像作品的权利。[①]

其二，“精神权利”规定，作品署名权和保护作品完整权（即有权反对对作品的篡改、删改及其他破坏性行为而造成作者名誉或名声受损的）。关于最低保护期限，总原则是作者死后50年，影视作品的保护期是自作品公之于世起50年，实用艺术作品和摄影作品是自作品创作之日起25年，合作作品不少于合作作者中最后一个去世者有生之年加死后50年。

另外，对发展中国家有特殊的规定，对某些作品在特定条件下的翻译权和复制权，可不实行上述最低保护规定。

（三）《日内瓦公约》

《保护录音制品制作者防止未经许可复制其录音制品日内瓦公约》（简称《日内瓦公约》或《唱片公约》，由世界知识产权组织在1971年10月29日在日内瓦缔结，其目的是为录音制品制作者提供更详细和更广泛的保护。它规定，一成员国须对另一成员国国民的录音制品制作者提供保护，以防止以公开发行为目的未经许可制作其录音制品复制品并进口这类复制品。保护期最低应为录音制品第一次录制或第一次出版之日起20年（实际上，很多国家的国内法规定50年保护期）。

（四）《布鲁塞尔公约》

《布鲁塞尔公约》的全称是《发送卫星传输节目信号布鲁塞尔公约》，它是为了适应人造卫星传送图像和声音的现代通信技术发展而缔结的，现有35个成员国，其中包括美国、法国、德国、俄罗斯等国，中国尚未加入。

《布鲁塞尔公约》共12条，是一个非常简短和技术性非常强的相邻权保护国际公约。播送由人造卫星传播有节目的信号，包含了一系列复杂的技术问题。为此，该公约第1条详细地规定了有关的术语，比如“信号”（signal）是指能够传播节目的电子载波；“发射信号”（emitted signal）是指通过改变发射信号的技术性能而得到的信号，不论是否存在一种或数种中间的装置。[②]。可见，该公约涉及的邻接权，实质上是起源组织对其上述发射信号的权利。并且，该权利的保障是针对播送者未经起源组织的许可而播送的上述接收信号的行为。

---

① 韩骏伟著：《国际电影与电视节目贸易》，108－109页，北京，中国传媒大学出版社，2008。

② 李世华主编：《国际贸易公法与惯例总览（第三卷）》，167页，北京，中国人事出版社，2000。

该公约在序言中明确指出："应当建立一种国际制度以规定措施，防止播送者播送由人造卫星传播的，不是为了提供给他们的，载有节目的信号。"根据该公约第 2 条规定，这种国际制度是指，各缔约国有义务采取足够的措施，防止在其域内，或从其未经授权传播任何卫星转播信号节目。[①] 该公约是《罗马公约》的补充，其中起源组织的广播权是《罗马公约》所谓广播权的延伸。[②]

（五）《内罗毕条约》

《保护奥林匹克会徽内罗毕条约》（简称《内罗毕条约》）是 1981 年 9 月 26 日在肯尼亚内罗毕签订的，旨在保护国际奥林匹克委员会徽记。该条约规定成员国有义务保护奥林匹克会徽，防止未经国际奥林匹克委员会授权而为商业目的（在广告上，货物上，或作为商标）使用该会徽。

（六）《马德里协定》

《制止商品产地虚假或欺骗性标记的马德里协定》（简称《马德里协定》），是关于地理标记的第一个专门性国际公约，于 1891 年在马德里缔结，后经多次修改。它规定，所有带有直接或间接将某成员国或该国某地指为原产国或原产地的虚假或欺骗性产地标记的产品，均应于进口时没收，或禁止其进口，或就其进口采取制裁措施。[③]

（七）《世界知识产权组织版权条约》

该条约涉及两个版权保护的主题，一是计算机程序，无论其方式或表达形式如何；另一个是数据库，无论其形式如何，只需其内容的选择和安排具有创造性。不具备创造性的数据库不在该条约的保护范围内。

该条约涉及的作者权利有三，即发行权、出租权和向公众传输权，它们是独占权，但必须遵守一定的限制与例外。发行权指通过销售或其他转让所有权的方式授权将作品原件和复制件提供给公众；出租权指允许将计算机程序、电影作品和录音作品的原件和复制件向公众商业出租的权利；向公众传输权指通过有线或无线方式允许向公众传输作品的权利，包括"以公众成员可以从其独自选择的地点和时间接触作品的方式向公众提供作品的权利"。

---

① 张乃根主编：《国际贸易的知识产权法》，100－101 页，上海，复旦大学出版社，1999。

② 国家知识产权局组织编写、国家知识产权培训（湖北）基地主编：《国际贸易中的知识产权保护》，64 页，北京，知识产权出版社，2014。

③ 韩骏伟、胡晓明编著：《国际文化贸易》，115 页，广州，中山大学出版社，2009。

该条约要求成员国对绕过作者为行使其权利而使用的技术措施（如加密）提供法律补救，以及对撤掉或改变权利管理信息，如确定作品或其作者的，为管理其权利所需的某些数据（比如许可使用的数据、使用费的收集与发放的数据），提供法律补救。①

（八）《世界知识产权组织表演与录音制品条约》

该条约涉及两方面的受益人，一是表演者，如演员、歌唱家、音乐家等，二是录音制品的生产者。

该条约规定，表演者在其固定于录音制品中的表演（不是音像制品，如电影）享有四种经济权利，即复制权、发行权、出租权和提供权。它们是独占权，但必须遵守一定的限制与例外。复制权是指允许直接或间接以任何方式复制录音制品的权利。发行权指通过销售或其他转让所有权的方式授权将录音制品原件和复制件提供给公众的权利。出租权是指允许将成员国国内法决定的录音制品的原件和复制件向公众商业出租的权利。提供权是指通过有线或无线方式以公众成员可以从其独自选择的地点和时间接触录制的表演的方式，并允许向公众提供固定在录音制品中的表演的权利。这一权利尤指在因特网上根据请求进行的互动式提供。

该条约对表演者的未经固定的（实况）表演规定有三种经济权利，即广播权（重播除外）、向公众传输权以及录制权。该条约对表演者也规定有精神权利。该条约规定了表演者和录音制品制作者有权就直接或间接使用为商业目的而发行的录音制品，为广播之目的或为向公众传输之目的，享受一次性的合理报酬，但对这一规定任何成员国均可保留。保护期限为至少 50 年。

该条约要求成员国对绕过表演者和录音制品制作者为行使其权利而使用的技术措施（如加密）提供法律补救，对撤掉或改变权利管理信息（如确定表演者、表演、录音制品制作者）以及录音制品为管理其权利所需的某些数据（比如许可使用的数据、使用费的收集与发放的数据），提供法律补救。

此外，该条约还对国民待遇、执法等做出了规定。②

---

① 韩骏伟著：《国际电影与电视节目贸易》，110 页，北京，中国传媒大学出版社，2008。

② 韩骏伟、胡晓明编著：《国际文化贸易》，116 页，广州，中山大学出版社，2009。

（九）《视听表演北京条约》

2012年6月20至26日，保护音像表演外交会议在中国北京召开。来自154个世界知识产权组织成员国和48个国际组织，共202个代表团721名代表经过长达7天的讨论磋商，通过资格审查、条款修改等一系列建设性的工作，于6月24日，通过《视听表演北京条约》（以下简称《北京条约》）。

《北京条约》是世界首部专门保护视听表演知识产权的国际性条约，也是在中国诞生的第一个国际知识产权条约，还是世界知识产权领域一个重要的里程碑。该条约共30条，分别对“表演者”“视听录制品”“广播”“向公众传播表演”等进行定义，并详细规定了“保护的受益人”“国民待遇”“精神权利”“复制权”“发行权”“权利的转让”“权利限制与例外”“保护期”等问题。

“表演者”系指演员、歌唱家、音乐家、舞蹈家以及对文学或艺术作品或民间文学艺术表达进行表演、歌唱、演说、朗诵、演奏、表现或以其他方式进行表演的其他人员；“视听录制品”系指活动图像的体现物，不论是否伴有声音或声音表现物，从中通过某种装置可感觉、复制或传播该活动图像。

在保护的受益人方面，规定了两项：（1）缔约各方应将本条约规定的保护给予系其他缔约方国民的表演者。（2）非缔约方国民但在一个缔约方境内有惯常居所的表演者，在本条约中视同该缔约方的国民。

条约规定国民待遇原则，即在本条约所专门授予的专有权以及本条约第11条所规定的获得合理报酬的权利方面，每一缔约方均应将其给予本国国民的待遇给予其他缔约方的国民。

关于表演者的精神权利，该条约规定：表演者要求承认其系表演的表演者，除非因使用表演的方式而决定可省略不提其系表演者；以及反对任何对其表演进行的将有损其声誉的歪曲、篡改或其他修改，但同时应对视听录制品的特点予以适当考虑。

关于经济权利，该条约区分录制和尚未录制的表演。对于尚未录制的表演，表演者享有广播和向公众传播其尚未录制的表演、录制其尚未录制的表演；对于录制的表演，《北京条约》规定了复制权、发行权、出租权、提供已录制表演的权利、广播和向公众传播的权利。关于权利的转让和权利的限制，该条约也有相应的规定。

除上述内容之外，关于保护期，该条约第 14 条规定：依本条约给予表演者的保护期，应自表演录制之年年终算起，至少持续到 50 年期满为止。[①]

《北京条约》首次将对表演者的保护延伸至视听录制品中的表演，为保护视听表演者提供了明晰的国际法律框架，[②] 它的缔结完善了国际表演者版权保护体系，对推动世界各国文化产业健康繁荣、促进包括中国在内的具有悠久文化历史的发展中国家传统民间表演艺术的发展，具有里程碑意义。

① 国家知识产权局组织编写、国家知识产权培训（湖北）基地主编：《国际贸易中的知识产权保护》，68—69 页，北京，知识产权出版社，2014。

② 郑国辉主编：《知识产权法学》（第 2 版），454 页，北京，中国政法大学出版社，2015。

第四章　主要国家的文化贸易政策措施

伴随着文化产业参与国际竞争，文化贸易对国际经济、政治和文化的发展产生了深刻影响。因此，各国纷纷出台文化贸易政策措施，对本国文化产业进行必要的保护和扶持。

第一节　主要国家的文化贸易政策

文化贸易政策是指国家对有形的和无形的文化产品传递文化内容的进出口行为，所采取的一整套制度性规定、规范、原则和要求体系的总称。其内容包括国家政府在文化产品生产与服务层面与文化内容传承与创新层面的总体设计与规划，以及在此设计与规划基础上通过具体方法、手段和措施对文化企业与团体进行管理和调控等。文化贸易的发展现状和存在的问题，为各国政府对文化贸易进行管理和优化提供依据和参考。结合国际文化贸易的实践来看，各国的文化贸易政策存在差异，但大致上有保护性的文化贸易政策和自由发展文化贸易的政策两种形式。

一、放松管制与扩张并举：美国的文化贸易政策

美国既没有正式的官方文化政策文件也没有专门的职能部门来管理文化，不像法国（设有“文化部”）、英国（设有“文化、新闻和体育部”）、加拿大（设有“遗产部”）和澳大利亚（设有“艺术与通讯部”）等国家的政府那样设有专门的行政机构分管文化，分管文化产业和文化贸易。[①]市场机制在美国文化产业和文化贸易中起主导作用，其文化产业发展和文化贸易政策的特点可归纳为“放松管制与对外扩张并举”。

① 黄虚峰编著：《文化产业政策与法律法规》，40页，北京，北京大学出版社，2013。

（一）灵活多变、市场化特征显著的宽松政策

从文化产业政策演进的历程来看，美国文化产业政策具有“制定早、分类细、修改勤、覆盖面广、不同历史时期的政策内容和侧重点不同”等特点。美国在文化产业领域采用自由经济的策略。①

在文化产业的宏观管理实践中，美国的各种实用文化法规通常以相关文化条款的形式存在于各类通用法律中。比如，1787 年颁布的美国宪法第 1 条第 8 款中关于“保障著作家和发明家对其著作和发明物在限定时间内的专有权”的规定，即为人熟知的版权和专利条款。1791 年，美国宪法第一修正案规定：“国会不得制定法律剥夺人民的言论自由和出版自由。”这一规定限制了政府对文化行为的干预。为民众的文化活动提供了最大的自由度。其他文化实用法规散见于各类通用法律中，比如文艺合同法主要依据各州政府制定的商业合同法的有关条款；演艺业从业人员的权益保障体现在有关劳工保护的《公平劳工标准法》中。② 美国政府对文化产业和文化贸易政策进行适时调整，为动画、电影、广播、电视等媒介产业提供公平的竞争环境。③

1. 反垄断政策

美国政府通过反垄断法来营造有序的市场竞争环境和改善文化产业组织结构，最为著名的反垄断法案例莫过于 1948 年的派拉蒙判决。20 世纪 30 年代以来，好莱坞的五巨头米高梅、华纳兄弟、雷电华、派拉蒙和福克斯占据了行业垄断地位。好莱坞逐渐形成了行业垄断的大制片厂制度（The Studio System），大制片厂控制了影片的生产、发行和放映整体产业链，在生产链环方面，将编剧、导演、明星及其他演职人员等要素资源按费用最小化原则进行整合，发行则通过捆绑销售、成批定片、盲目定片的策略向院线发行，在放映链环上对自己拥有的影院优先放映，对独立影院实行价格歧视。

针对好莱坞五大巨头的垄断问题联邦贸易委员会，早在 1928 年就开始着手调查。因大萧条时期和第二次世界大战，直到 1948 年 5 月 3 日，美国最高法院大法官威廉·道格拉斯正式宣布了一项判决，判决派拉蒙公司

① 陈柏福著：《我国文化产业“走出去”发展研究——基于文化产品和服务的国际贸易视角》，158 页，厦门，厦门大学出版社，2014。

② 顾江主编：《文化产业研究》（第 6 辑），57 页，南京，南京大学出版社，2013。

③ 陈庚著：《艺术表演团体改革与发展的路径研究》，132 页，武汉，湖北人民出版社，2013。

垄断市场罪名成立。该判决以反托拉斯法的形式，强制打破了 20 世纪 30—40 年代好莱坞在美国电影产业的垄断，院线获得了独立经营权，改善了电影市场环境，刺激了独立制片业的发展。①

2. 放松管制

美国文化企业在市场经济的大潮中具有更大的独立自主经营权，例如，美国传媒文化产业的发展政策就基本上是由 NBC 环球、迪士尼 ABC、时代华纳、新闻集团等为代表的大型传媒娱乐集团所主导，这些公司的政策也就基本上代表着整个传媒行业和市场的规则。

美国以市场为导向，为文化产业的发展构筑了公正、高效的市场环境；适时放松所有权管制，为产业融合提供合法性，规模经济效应尤为显著。这种灵活的文化政策，为文化产业的发展和文化贸易提供良好的竞争环境。为了提升文化产业的国际竞争力，进入 20 世纪 90 年代后，美国联邦政府对文化产业和文化贸易采取放松管制的方式，放松管制包括所有权和内容管制两方面。

放松所有权管制主要表现在传媒所有权规则的变化上。1934 年的《1934 年通信法》奠定了传媒所有权的基本框架，该法规定了在美国全国性市场上，个人、公司、社团可拥有的无线电视台的数目不超过 7 家，1996 年以前累计收视率不得超过全美电视用户的 25%。随着信息技术的迅猛发展和海外文化市场的扩大，美国对于文化产业的垄断约束有了微妙的变化。1996 年美国参众两院通过了《1996 年电信法》，废除了长期存在的广播电视网对有线电视系统的交叉所有权的限制；赋予电话公司在其营业区内销售视频节目、经营有线电视等权利；取消了长期存在的对同一市场上电视台和电台进行合并的禁令，允许广播台站拥有有线系统。以放松管制为特征的《电信法》，放宽了对文化企业规模的限制，增强了本国文化企业在国际市场上的竞争力。该电信法彻底打通电信业、传媒业、娱乐业等行业的壁垒，大大放宽了媒体的经营范围，不仅引发了美国，而且引发了世界范围内媒体业和其他行业的大规模购并、联合与重组。

《1996 年电信法》实施以后，美国传媒文化产业的整合浪潮风起云涌：迪士尼并购了美国广播公司（ABC）、皮克斯，网络媒体 Go. com 等，加快了迪士尼内容在市场上的渗透和扩张，形成了更大规模效益，并逐渐登

① 王建陵编著：《当代美国动画产业创新优势及国际竞争力的建构》，210－211 页，昆明，云南大学出版社，2011。

上娱乐业的霸主位置；时代华纳并购了特纳广播公司系统、门户网站美国在线（AOL）；哥伦比亚广播公司、派拉蒙、米高梅被索尼买走；NBC环球被通用纳入旗下。美国大型跨国传媒集团在经过横向、纵向的产业整合后，形成内容资源的多次开发和利用，规模经济效益凸显。[①] 经过机构重组、产业关联、资金融合、技术平台等方面的整合打造的实力强大的美国传媒业，已经成为美国“新经济”重要的产业支柱，高居出口产业排行榜的榜首。2000年，被称为“王中王”的影视业及其所带动的相关的录像带、录音带、VCD、DVD等音像制品业的总收入高达600亿美元，占美国出口额的第一位，其中120多亿美元是由影视业直接创造的。

2001年9月13日，美国又通过了刺激美国媒介产业发展的更为宽松的法案。2002年2月19日，美国上诉法院做出判决，驳回了美国联邦通信委员会（FCC）有关禁止一家企业在同一座城市里同时拥有有线电视系统及电视台的规定，同时，上诉法院还取消了有关禁止一家企业拥有的电视台为超过35％以上的美国家庭提供电视服务的规定。这是美国《1996年电信法》出台后两次重大的举措，目的都是为美国电视业的发展提供更为宽松的“制度性安排”。[②]

（二）灵活机动的支持政策

美国联邦政府和地方政府针对不同文化产业领域制定和实施财税政策措施，以促进文化贸易的发展。美国文化产业在全球贸易中的确是最大的赢家，文化贸易占了美国GDP的近25％。[③] 美国文化产业的霸权地位至今在世界上无可匹敌，美国之所以能够在短短200多年时间内一举成为全球第一文化贸易大国，政策层面的支持作用可谓居功至伟。[④] 冷战时期，为与苏联的意识形态宣传对抗，美国采取直接或间接的方式，对电影、电视、报刊、广播等文化产业施加影响和干预，在文化管理方面的支出也十分可观。冷战结束后，美国的文化支出预算大幅削减，在文化产业管理方面更加强调市场调节和贸易自由，并且更为重视文化产业的经济效益而非社会效益。“9·11”事件发生后，美国加强了通过文化产品的输出扩大美

---

① 王建陵编著：《当代美国动画产业创新优势及国际竞争力的建构》，214－215页，昆明，云南大学出版社，2011。

② 李怀亮主编：《国际文化贸易导论》，230页，北京，中国传媒大学出版社，2008。

③ 张玉国著：《国家利益与文化政策》，245页，广州，广东人民出版社，.2005。

④ 陈柏福著：《我国文化产业“走出去”发展研究——基于文化产品和服务的国际贸易视角》，157页，厦门，厦门大学出版社，2011。

国价值观在世界的影响力的活动。

1. 联邦政府的税收刺激政策

美国政府一直鼓励非文化部门和外来资金投入到文化产业，为此他们积极创造良好的投资环境，吸引大量资本在文化产业中寻觅商机。美国联邦税法规定对非营利性文化团体和机构免征所得税，减免资助者的税额，同时，美国政府还注重通过制定优惠政策，鼓励各州、各企业以及全社会对文化事业进行赞助和支持。

1965年美国通过了《国家艺术及人文事业基金法》，这一立法，保证了美国每年拿出相当比例的资金投入文化艺术。此外，美国政府还依据文娱版权法、合同法和劳工法等保障文化工作者的权益、推动文化产业的发展。美国联邦政府对国家艺术基金、国家人文基金和博物馆图书馆学会等主要的文化机构进行直接资助，每年约2.5亿美元。加上其他文化单位获得的资助如史密斯学会、肯尼迪中心、公共广播有限公司等，联邦政府的资助每年约10亿美元。①

联邦政府支持的文化艺术项目除存在于其他联邦政府机构中，还包括国防部支持的军乐队、军事基地的艺术设施，还有国务院在世界范围内的大使馆的文化事务的开支。联邦政府每年直接的文化开支，据保守统计超过20亿美元。美国国会每年都给国际广播电台拨款，尤其积极扶植和资助新的海外电台如“自由亚洲电台”。2000年和2001年财政年度开支，美国国会给“自由亚洲电台”的拨款均为3000万美元。②

2004年美国财政部通过 *The American Jobs Creation Act*，这是一项旨在鼓励电影投资的法案。该法案直接减掉年度电影完全生产成本的税收。在扣除生产费用前，电影收入的计算可以延迟至发生次年；这减免了影片开发第一年的收入所得税。这项新的联邦税收计划适用于生产预算在一百万美元至一亿零五百万美元电影产业，且至少75%的合格费用在美国发生的电影。此外，对于电影生产和收入较为不发达的地区和社区，将增至两千万美元优惠预算；联邦税计划相对较低的预算门槛（最低一百万美

① 王海冬：《法国的文化政策及对中国的历史启示》，《上海财经大学学报》，2011(5)，15页。

② 韩源等著：《国家文化安全论：全球化背景下的中国战略》，105页，北京，社会科学文献出版社，2013。

元）可以让独立电影制片人受益。[①]

2. 各州的税收刺激政策

美国地方政府会针对不同文化产业领域制定和实施财税政策措施，以促进对外文化贸易的发展，帮助文化产业走出困境。

美国50个州政府成立类似州电影委员会的机构，出台有利于电影的产业政策，刺激当地电影产业的发展，促进当地经济的发展。在电影产业最为发达的加利福尼亚，加州政府成立了加利福尼亚电影委员会，负责处理动画、电影、影视产业事务，“保证加州电影业的就业和项目，共同促进加州经济发展”。[②] 许多州政府会出台一揽子经济刺激与税收减免方案，以促进文化贸易出口和文化产业振兴发展。截至2009年2月底，全美已有约40个州宣布对影视行业实行5%—30%不等的税收减免政策。各州的方案不仅包括税收减免，还包含了一揽子的配套措施，如密歇根州的一揽子方案主要包括电影、电视、游戏（及其他数码媒体）三大娱乐业板块，对在州内投资摄制、预算超过5万美元的影视片实行42%的税收返还政策。各州掀起的减税之风不仅针对电影电视业，多数还惠及其他文化产业。如密歇根州、路易斯安那州除对影视业（电影、电视、广告、MTV等）给予30%的税收返还、雇佣本州居民给予5%的税收减免外，还对音乐唱片业、数码媒体及游戏业、各类艺术剧院剧团给予25%的税收减免。[③]

（三）战略性的文化管理政策

美国既没有类似文化部的专门政府部门机构也没有直接以“文化产业政策”命名的法规性文件。但是，从广义的角度来看，“没有一个国家是没有产业政策的……国家最重要的职能是促进经济发展和提供公共福利。产业政策是国家经济发展的基石，尽管各国赋予其不同的名称和内容，各国却都实践着各种各样的产业政策”[④]。这恰恰是美国文化产业政策的独特之处，因为美国的文化产业政策不是孤立的、以单独法律或法规条文的形

---

① 王建陵著：《当代美国动画产业创新优势及国际竞争力的建构》，217－218，昆明，云南大学出版社，2011。

② 王建陵编著：《当代美国动画产业创新优势及国际竞争力的建构》，218页，昆明，云南大学出版社，2011。

③ 陈柏福著：《我国文化产业“走出去”发展研究——基于文化产品和服务的国际贸易视角》，160页，厦门，厦门大学出版社，2011。

④ 王建陵编著：《当代美国动画产业创新优势及国际竞争力的建构》，209页，昆明，云南大学出版社，2011。

式存在，而是渗透于美国的国家战略、经济、外交和贸易政策中。通过美国电影协会、世界贸易组织和知识产权保护向全世界输出自己的文化产品、价值观和生活方式，为美国在全球的战略地位服务。

20世纪40年代中期，美国就已经开始重视文化安全与美国的国际战略和经济发展战略相互联系，把文化贸易与对外政策结合起来。美国制定了一些对外文化交流的法案，如《富布莱特法案》（Fulbright Act of 1946）和《史密斯一蒙特法案》（Smith－Mundt Act），让更多人了解和认知美国的文化。美国政府直通过制定各种政策，为文化产品的出口保驾护航，以实现其文化产业的全球化扩张目的。如美国经常利用保护知识产权等手段与其他国家进行谈判甚至施压，以确保美国文化产业的相关利益。政府还放松对文化产品的出口限制，而对进口采取保护政策。美国凭借着部分文化产品或文化产品生产设备的技术标准，将外国的文化产品挡在门外，外国投资超过公司投资总额25%的不能办电视台，同时对外来的电视节目也不轻易接纳。

美国对文化产业发展的具体管理是以各州政府为核心协调单位而展开，管理方式灵活多变，但战略性极强。通过形成各种介于各州政府和具体文化产业部门之间的非营利性文化组织，设立基金会、创设各种资助文化单位的捐赠制度，促进各种文化产业、各个文化部门的协调发展。美国完全是基于自身国家利益的考虑，其目的在于保护文化产业自由、文化贸易自由。①

正是在美国倡导的自由经济条件下，一方面美国文化产品和服务肆无忌惮地冲击着各个国家的文化市场，好莱坞的大制作电影、FOX的电视新闻、MW频道的流行音乐、《时代》杂志封面、ESPN的体育直播、广告形象和包装形式、牛仔裤等文化产品的传播跨越了地域时空的限制，美国文化触角伸向世界的每个角落；另一方面美国文化产业依赖于跨国公司来运作。

在国际贸易领域，美国奉行开放性市场战略，要求其他国家开放本国文化市场，取消对本国文化产业的保护壁垒，以实现全球文化产品的贸易自由。② 美国主张全球文化市场的自由开放，坚决反对法、加等国通过贸

① 陈柏福著：《我国文化产业“走出去”发展研究——基于文化产品和服务的国际贸易视角》，160－161页，厦门，厦门大学出版社，2011。

② 朱春阳著：《现代传媒集团成长理论与策略》，187页，上海，上海人民出版社，2008。

易壁垒、政府补贴、配额制等形式对国外文化贸易进行限制，将文化看作重要的“软实力”，极力向世界各国输出自己的价值观念、生活方式，为美国的世界霸权服务。[①] 事实上，美国的文化产品在实现美国文化政策目标时发挥了非常重要的作用。

美国国会先后制定法律，容许、鼓励与扶持美国企业在对外贸易活动中的垄断行为，各大制片厂的强强联合令好莱坞在国际竞争中呈现出压倒性优势。美国“把世界上每一家电影院都变成了一座美国领事馆”。[②] 鼓励跨国经营、扩大文化资本输出。美国主要通过跨国投资和国际贸易两种方式来进行文化产品的输出。美国的文化产业集团通过跨国并购、购买股权、直接投资等方式到发展中国家投资。

美国的文化贸易政策内外有别。美国通过贸易保护政策、关税壁垒和非关税壁垒等形式把外国的文化产品挡在国门之外，对外国进口商品课以重税，通过法律政策促进本国文化产品在世界市场上保持竞争优势。美国对外文化贸易政策具有保护性。在 1950 年的《佛罗伦萨协议》中，美国坚持协议应有“保留条款”，允许各国不进口那些“可能对本国文化产业发展构成损害的文化商品”。然而，当国际市场对于美国文化产业的发展越来越重要时，美国也越来越坚持全球文化市场的自由开放。

美国政府积极促进美国文化的扩张。如美国在同意其他国家享受最惠国待遇时，把不要干涉美国在受惠国的文化宣传活动作为前提条件；在经济援助他国的过程中，把美国文化扩张的条款加入其中等。

二、政府管理与资助：法国的文化贸易政策

（一）保护和弘扬本民族优秀文化

法国一直把保护本国优秀文化传统放在十分重要的地位，对于文化艺术实行保护和扶持策略。“法国文化政策的历史可上溯到 16 世纪的皇室庇护传统，从那时直至今天，法国文化政策一直具有这种皇室扶持特征：即提高文化知识和文化艺术，逐步完善国家文化行政管理机构和文化预算。”这在当代发达国家的文化政策文件中是十分独特的。[③]

在文化产业的管理方面，法国政府出台了系统的文化政策和规划。二

---

① 韩骏伟、胡晓明著：《国际文化贸易》，123 页，广州，中山大学出版社，2009。

② ［英］皮特·托德著、梅峰译：《1990 年代英国电影工业》，《当代电影》，2001 (2)，66 页。

③ 熊澄宇著：《世界文化产业研究》，231 页，北京，清华大学出版社，2012。

战以后，法国在欧洲国家中最早设立国家文化部。1958 年 12 月，戴高乐总统任命文学家安德烈·马尔罗（Andre Malraux）出任国务部长并兼管文化部，这是法国有史以来首次设立文化部。文化部的主要职责一是保护民族文化、确立文化领域内法律法规和各项规章制度，扶持法国文化产业发展；二是把法国文化传播到世界各地。

在保护本国文化传统方面，法国先后出台了《保护及修复历史遗迹法》（1962 年和 1967 年），《古迹保护法》（1967 年），《遗产捐赠与继承抵偿法》（1968 年），《建筑法》（1977 年），《图书单一价格法》（1981 年），《著作法》（1986 年），《电台电视台法》（1974、1982、1986 年）等。

法国政府的文化产业政策异常关注保护本民族文化特色和文化独立性问题。在国际贸易谈判、欧盟文化政策制定等方面一直采取十分坚决的立场。法国政府认为文化产业关涉到国民素质、民族传统和凝聚力、国家形象与国家安全等，与其他产业有着巨大区别，反对美国把文化列入一般服务贸易范畴，提出“文化不是一般商品”“文化例外”的概念。法国在 1993 年乌拉圭回合多边贸易谈判中，针对美国要求欧洲开放文化产品市场，法国就提出“文化例外”的原则，反对将文化、视听及服务产品等同于一般商品，任其自由流通。在 1998 年经济合作组织关于投资的多边协议谈判中，法国继续坚持“文化例外”的立场。[①] 在全球化浪潮中，法国政府坚决反对把所有的文化问题（包括文化事业和文化产业问题）纳入世界贸易组织的商业规范之下，对法国的影视业起到了保护作用。

法国一直非常重视与欧盟国家的文化交流与合作，努力在欧盟文化合作中发挥自己的作用。因此，法国有必要进一步加强与欧盟其他国家在文化领域的合作，相互取长补短，形成合力，以保持自身文化的独特性和世界文化的多样性。[②] 1989 年，在法国的不懈努力下，欧盟国家制定了《无国界的电视》，实际上是音像配额制度。法国不遗余力地在欧盟内部推动“无国界电视”，是为了保护法国和欧洲的音像作品制作和播放。《无国界的电视》规定 40%的时间必须是播放法国音像作品，余下时间中的 60%播放其他欧洲国家的影视作品。[③] 客观上，《无国界的电视》为法国电视剧制作、播放提供了空间，增进成员国间了解，增强欧盟视听产业的竞争力；对限制美国电视剧的播放量有一定的作用。

---

① 柏定国主编：《文化品牌学》，297 页，长沙，湖南师范大学出版社，2010。

② 熊澄宇著：《世界文化产业研究》，231 页，北京，清华大学出版社，2012。

③ 李怀亮著：《国际文化贸易概论》，67－68 页，北京，高等教育出版社，2006。

法国政府非常重视推动法兰西文化在世界上的传播，大力推进文化“走出去”。1986 年，在密特朗总统的倡议下，法语国家组织宣告成立。该组织包括 52 个国家和地区的 1.6 亿人口。法国在世界各地都设立了法国文化协会（Alliance Francaise），为各国法语教学提供教师，并为各国的法语教师提供赴法进修的奖学金。1975 年开播的法国国际广播电台，现已有 3000 多万听众。1994 年，法国与加拿大、比利时等国合作开通了法语卫星电视 TV5，向全球传送法语节目。[①]

1994 年 8 月 4 日，法国议会通过了文化部长杜蓬提出的《关于法语使用的法案》，简称《杜蓬法》。该法规定，禁止在公告、广告以及在电台、电视台播送节目中（外语节目除外）使用外语，要求在法国境内出版的出版物必须有法语的概述，在法国境内举行的各种研讨会，法国人必须使用本国语言作大会发言。对违反《杜蓬法》的将处以 5000—25000 法郎的罚款，违反多少次就罚款多少次。

法国政府为文化产业的发展提供了一些优惠政策和资助，使图书出版、影片生产、音像制品、报纸杂志等行业都取得了较好的经济效益。[②]此外，为了限制美国文化的渗透和影响，保护和扶持民族文化的发展，法国还采取了规定电视台法语节目的播放比例、大力宣传本国文化、资助本国影视制作业、加强同欧盟国家的文化合作等具体措施。[③]

（二）增加文化预算

法国的文化预算和法律规章必须由国会审议监督，行政上实行中央一管到底，文化事务则是由政府主导，多头管理。具体类别上，艺术、文学、技艺、音乐、影剧分别由教育部、外交部、文化技术局、经济部或对外合作事务部负责管理。法国把文化视为教育的一部分，所以广播、电视、图书馆、博物馆、歌剧院及艺术画廊等文化媒体与机构，都成为学校的延伸而隶属于教育部管辖。

在马尔罗的任内十年（1959—1969），无论是传统的文物保存还是现代的艺术创作，都纳入文化部管辖与主导。法国文化产业政策因时间的迁徙及新观念的引进，政府也会采取弹性实践方针，主动调整，这也正是法

---

① 李怀亮著：《国际文化贸易概论》，68－69 页，北京，高等教育出版社，2006。

② 肖安鹿、段建玲主编：《文化产业发展与文化大省建设》，31 页，兰州，甘肃文化出版社，2012。

③ 唐任伍、赵莉著：《文化产业：21 世纪的潜能产业》，219 页，贵阳，贵州人民出版社，2004。

国文化产业政策的最大特色。

法国文化部第二任部长贾克隆上任后的第二年即修订马尔罗制订的法律，强调让法国文化多元化，走向世界。在他任内，文化部预算占政府总预算的比例得以增加一倍，由0.4%增为0.8%。

第三任部长迪莎卡任期内，法国文化部展现出新气象、新作为。首先值得一提的是，为确保大型国有文化机构正常运作，文化部提供给诸如巴黎歌剧院、国家图书馆、蓬皮杜艺术中心等大型国有文化机构总预算的1/3。其次在经费补助制度方面，文化部也采取与教育部、工业部等跨部门合作的方式进行。①

从1959年起，法国文化部的预算比重逐渐增大。1962年，文化部的支出为每人31法郎，占国民生产总值的0.08%，到1985年，达到每人156法郎，占国民生产总值的0.19%。1981年密特朗当选总统后，在文化产业政策方面，积极保护原有的法国文化，他把1981年的文化财政预算由0.47%提高到0.76%，1985年0.86%，1986年0.93%，1992年0.98%，1993年达1%。② 据法国文化部的官员说，法国文化部每年的财政预算均占国家财政总预算的1%。

至今，法国仍采用政府管理和资助的模式。除此以外，法国地方各级政府还要投入两倍于国家预算的资金，用于发展本国文化。国家每年拿出大约50亿法郎扶持新闻、文学、艺术、音乐、电视、电影等行业。

（三）扶持的重点文化产业

二战结束后，法国从制度上充分保证文化事业的发展。从1948年开始，法国政府对电影产业提供财政特别资助，建立了电影产业资助账户，保证了法国民族电影的生产不受各种危机的影响，鼓励欧洲国家生产合拍片，以保持法国电影人与欧洲各国的和谐发展，使法国电影在各个环节上具备了与国际电影竞争的实力，并颁布了相关的法令。法国于1948年颁布了政府令，规定国家对电影业的生产、发行和放映等各个环节给予扶持性资助。政府对电影的扶持资金均由国家电影中心管理和提供。1998年，共提供了26.3亿法郎的资助，其中24.25亿法郎来自本行业的各种税收，

① 郭鉴著：《吾地吾民：地方文化产业研究》，132页，杭州，浙江大学出版社，2008。

② 朱威烈主编：《国际文化战略研究》，113页，上海，上海外语教育出版社，2002。

2.05亿法郎来自国家的拨款。[①] 法国的电影制作、发行和放映公司均可获得政府资助。

法国政府文化产业政策的基本思路是：增加文化投资、通过文化产业的发展创造就业机会，带动经济发展。[②] 1996年8月16日，法国文化部部长在国民议会的演讲中指出："文化投资即是就业投资，因为，投资与就业之间的最佳途径就是文化。"[③]政府增加文化投资，文化机构和设施的扩建就成为解决就业的途径之一。中央和地方政府不断兴建文化设施，在这些设施内或周围建设不少餐饮、娱乐、服务等配套附属设施，从而解决了不少人员的就业问题。

法国的支柱性文化产业主要有以下几个方面。文化设施的建设是法国最重要的文化产业。法国政府非常重视文化基础设施的建设，每年都拨出几十亿法郎用于兴建图书馆、博物馆、剧场等文化设施。除了国家级重点设施外，各省市均有数量不等的文化设施。

图书出版是法国重要的文化产业之一。法国是图书生产、销售和出口大国，文化部通过国家图书中心对图书出版业给予扶持和资助。创办于1947年的图书中心是政府机构，其资金主要来自图书生产和销售方面的税收。

在政府的支持下，法国出版业的规模不断扩大，自2004年形成由阿歇特（HA-CHETIE）和艾迪蒂斯（Editis）两大集团为主的产业格局，其营业额占法国全国出版业营业额的65%。法国最大的图书出版集团是阿歇特出版集团（欧洲第三大出版集团），有自己的创作、印刷、经销和发行系统，该集团图书的出版种类涉及教育、文学、旅游、艺术等领域。从2000年到2004年，阿歇特出版集团的营业额增长71%。仅2003年到2004年间，集团营业额便攀升了48%。2004年该集团营业额达14亿欧元。2009年实现营业额22.73亿欧元。

法国第二大出版集团艾迪蒂斯（Editis），拥有40个出版品牌，其业务活动遍及世界5个大陆，在2004年实现了7.17亿欧元的营业额，2006年净收入7.5亿欧元，毛利8000万欧元。2007年上半年营业收入3.207

---

① 张延兴、兵晓华、董佳兰等著：《中国文化产业概论》，51页，济南，山东人民出版社，2015。

② 柏定国主编：《文化品牌学》，299页，长沙，湖南师范大学出版社，2010。

③ 唐任伍、赵莉著：《文化产业：21世纪的潜能产业》，218－219页，贵阳，贵州人民出版社，2004。

亿欧元。艾迪蒂斯出版的图书主要集中在教育和文学领域，这两个领域分别实现了该集团 2004 年 30％和 32％的营业额。①

三、多元文化政策与捍卫文化主权：加拿大的文化贸易政策

（一）多元文化政策

加拿大的文化产业政策是坚持“文化多样化”原则，反对美国文化入侵，对本国文化产业采取补贴、减免税收等多种扶持措施，对于视听媒体和期刊等，规定“加拿大内容”的比例。②

加拿大政府在西方国家中第一个宣布实行多元文化政策。1971 年 10 月 8 日，特鲁多总理在众议院宣布了一项新的国家政策——多元文化主义。多元文化主义意味着多种文化的平等共存，任何一种文化都不能居于统治或主导地位，任何加拿大人（尤其是多数群体）都应接受广泛的人类差异，克服种族主义、性别主义和其他形式的歧视。特鲁多明确指出，基于对民族多样性及其重要性的认识，加拿大联邦政府必须支持所有给加拿大社会带来生命力和特色的族裔文化，国家的统一和团结所需要的共同文化政策，只能是多元文化主义政策。1988 年 7 月 21 日，加拿大议会正式通过《加拿大多元文化法》（The Canadian Multicuralism Act：A Guide for Canadians），成为世界上第一个以法律形式明确其国家为多元文化主义的国家。该法进一步明确了加拿大政府的多元化主义政策：“承认所有加拿大人作为加拿大社会的充分和平等的参与者。”③ 联邦政府和各省政府都大力推行多元文化政策，促进了各民族之间的了解和团结，尊重民族和文化之间的差异性和多样性。

1988 年，加拿大国会颁布的《加拿大多元文化法》第 3 条第 1 款提出了以下加拿大多元文化政策的内容：①认可并促进关于多元文化反映加拿大社会的文化和种族多样性的理解，确认加拿大社会所有成员保护、提高和分享他们的文化遗产的自由；②认可并促进关于多元文化是加拿大的遗产和身份的基本特性的理解，它为塑造加拿大的未来提供了一种无价的资源；③促进所有本土的个人和社会全面而公平地参与加拿大社会所有领域

① 肖安鹿、段建玲主编：《文化产业发展与文化大省建设》，32－33 页，兰州，甘肃文化出版社，2012。

② 张帆主编：《文化产业与文化创新》，133－134 页，镇江，江苏大学出版社，2011。

③ 吴斐主编：《大国文化心态·加拿大卷》，66 页，武汉，武汉大学出版社，2014。

的塑造和持续性演进，帮助他们消除任何妨碍参与的障碍；④认识到社区的存在，其成员拥有共同的血统，并对加拿大的社会做出了他们的历史贡献，因而要扩大他们的发展；⑤在尊重和重视他们的多样性的同时，确保所有个人获得本法所提供的平等待遇和平等保护；⑥鼓励和支持加拿大的社会、文化、经济和政治制度中尊重和包容加拿大多元文化的特性；⑦促进来源于不同血统的个人和社区之间的互相作用而产生的理解和创造性；⑧培养加拿大社会多样文化的识别和欣赏能力，促进那些文化表达的反思和进展；⑨在增强加拿大官方语言的使用和地位的同时，保护和提高英语和法语之外的其他语言的使用；⑩通过与国家确定的加拿大官方语言的和谐，推进加拿大的多元文化。[①]

1988年的《加拿大多元文化法》的颁布，标志着多元文化主义成为加拿大民族关系中的主流意识形态。多元文化政策推动了加拿大人对民族多样性的现实态度，它所体现的自由、平等原则受到了广泛一致的肯定。多元文化为加拿大的未来发展提供了价值无穷的力量源泉。[②]

（二）立法保护文化主权

基于独特的地理位置和人口、国土因素和文化差异，加拿大创造性地提出了文化主权的概念与观念。所谓文化主权是指加拿大有能力得以自行而不受干扰地制定法律、法规和政策，以有效地保护和推动符合加拿大人民利益的文化与文化产业。为捍卫文化主权，加拿大政府出台一系列措施。1977年，加拿大国会对1958年的《所得税法案》进行了修订，该措施使加拿大期刊和电视得到较为充足的广告收入来源。

在文化产业领域限制外国投资和所有权。1985年通过的《加拿大投资法案》对外资公司在加拿大文化产业领域的投资进行了严格限制：外资公司在加拿大文化产业领域投资要经过政府有关部门的审批；严格限制外资公司对加拿大文化企业的兼并收购，列举了约束条件；根据1998年制定的外国投资指导方针，在电影产业，外资公司不能收购加拿大公司。

知识产权保护措施。加拿大的版权保护措施主要有二：一是在修订《版权法》时，增加了“版权邻接权”的条款，规定电台或公共场所（如酒吧、餐馆、接待室或体育场）播出录音产品时，必须付给作者、生产者

---

① 陈鸣编著：《西方文化管理概论》（第2版），118－119页，清华大学出版社，2014。

② 蔡尚伟著：《文化产业导论》，240页，上海，复旦大学出版社，2006。

和表演者版税；[①] 二是禁止图书平行进口。即禁止未取得独家发行国外出版图书权利的个人或团体直接从国外进口图书。[②]

“加拿大内容”要求（CanadianContentRequirements）。“内容要求”是加拿大保护文化产业最重要的措施之一，主要从广播和电视两个方面对“加拿大内容”进行了非常详细的规定。[③] 在各类电视和电视台的节目中，与加拿大有关的内容不得低于60%。在加拿大运营的所有电视台必须给加拿大内容以45%的节目配额，在广播电视中播出的本国音乐产品的比例不得少于30%。1993—1999年间，美国和加拿大就杂志出版问题产生了分歧。为保护本国杂志出版行业，抵制美国杂志的大规模入侵，加拿大政府于1994年宣布对外国杂志根据广告额的档次征收80%的执照税，并于1998年颁布了《C—55法案》（即《外国出版社广告服务法》）来保护本国杂志的发展。[④] 美国政府无奈，只得坐下来与加拿大政府谈判，最后双方各让一步，达成妥协。

（三）“贸易之路计划”

加拿大政府认为文化产业是加拿大整体经济的一个重要部分，是发展文化产业开拓国际市场、出口创收不可缺少的一个环节。为鼓励和支持加拿大文化机构和企业向海外发展，寻找商机和合作伙伴，积极参与国际竞争，加拿大政府于2001年推出了一项为期3年的“贸易之路计划”（TRADE ROUTES PROGRAM），旨在让加拿大文化机构和企业了解政府提供的所有贸易计划和服务，充分利用快速变化的全球经济所带来的机遇，开拓海外市场，减少投资风险，提高出口能力，扩大加拿大文化产品的品牌知名度等。“贸易之路计划”主要包括“贸易之路贡献计划”“文化贸易顾问服务”“战略市场信息服务”三个部分[⑤]，其中“贸易之路贡献计划”主要用于资助文化机构和企业，为出口产品和开发国际市场的相关项目做准备，如出席贸易展销会，参加贸易访问团，举办贸易培训班，与外国买家建立贸易关系等；“文化贸易顾问服务”的主要内容是，在加拿大

---

① 张玉国著：《国家利益与文化政策》，213页，广州，广东人民出版社，2005。

② 蔡尚伟著：《文化产业导论》，242页，上海，复旦大学出版社，2006。

③ 蔡尚伟著：《文化产业导论》，241页，上海，复旦大学出版社，2006。

④ 《求是》杂志总编室编：《“三个代表”与创新》，323页，长春，长春出版社，2003。

⑤ 黄波涛著：《中华文化“走出去”的财政政策研究》，150页，北京，社会科学文献出版社，2013。

重点城市和在海外主要市场国家的使、领馆设立文化贸易专员，其职责是专门为加拿大文化机构和企业提供咨询服务，协助文化机构和企业设计出口战略，确定针对某一市场的出口产品，回答移民、签证等有关问题，帮助本国文化机构和企业与买方建立联系，寻找商机和合作伙伴，推广和介绍加拿大品牌产品和服务等；“战略市场信息服务”是指为加拿大文化机构和企业提供各种及时和准确的市场信息和国际贸易指导，包括主要国家特定市场的信息、贸易展销会报告、加拿大文化行业调查报告、加拿大文化产品出口和文化贸易的数据等，有关服务对象涵盖文化产业的各个领域，包括表演艺术、视觉艺术、电影和录像、广播、电视、音乐和录音、出版、设计、手工艺、文化遗产和新媒体等。

为支持本国文化企业“走出去”，政府长期对加拿大广播公司给予大额财政补贴，加拿大每年文化事业支出占联邦财政总支出的1.8%左右，还通过税收减免等措施支持文化产品出口。20世纪90年代后，加拿大成为美国有线电视网络最大的外国原创节目提供国。①

在很长一段时间里，加拿大政府一直采用比较简单的办法来支持文化产业的发展，即对国内文化产业进行直接财政补贴；对外来文化产品设立关税壁垒。随着时间的推进、技术的发展和国际文化贸易环境的改变，加拿大政府的文化政策遭遇到极大的挑战，其文化政策系统被迫逐渐过渡到由税收、投资措施和其他管理规定组成的复合型的文化政策系统。

四、完善的保障体系与扶持机制：韩国的文化贸易政策

（一）法律保障体系

早在20世纪60年代，韩国就试图从传统文化里寻找现代化的力量，1986年韩国提出“文化的发展与国家的发展同步化”的政策目标。1990年政府颁布了《文化发展十年规划》，提出“文化要面向全体国民”的政策理念；1993年政府出台的“文化繁荣五年计划”将文化产业的开发作为重要目标之一。1994年，文化观光部设立文化产业政策局，并着手准备文化产业的法律体系。1995年对1972年制订的《文化艺术振兴法》进行全面修改。振兴法阐明立法的目的、施政措施与资助原则等；规定了文化艺术空间设置的资助和奖励原则；相关的文化活动日、文化讲座、学校等文

---

① 黄波涛著：《中华文化“走出去”的财政政策研究》，150页，北京，社会科学文献出版社，2013。

化艺术的推动原则；说明基金的设置、组成、筹集和用途等。值得注意的是，该法明文规定了国家与地方自治团体必须在资金与技术方面对文化产业进行支持。

韩国是一个资源较为匮乏的国家，其对外贸易依存度相当高。在亚洲金融危机以后，韩国政府决定大力扶持文化产业来振兴韩国的经济。1998年，韩国政府正式提出“文化立国”的战略，先后颁布《国民政府的新文化政策》(1998年)、《文化产业振兴基本法》(1999年)、《文化产业发展五年计划》(1999年)、《文化产业发展推进计划》、《21世纪文化产业的设想》(2000年)、《电影产业振兴综合计划》(2000年)、《文化韩国21世纪设想》(2001年)等计划和《文化产业振兴基本法》(1999年)、《设立文化地区特别法》、《出版与印刷基本法》(2002年)等法律保障政策。其政策重点：一是优化文化产业发展环境；二是设立文化产业振兴基金；三是建立国家级尖端文化产业基地，构筑文化产业基础网络体系，形成文化产业部门之间的共同信息系统；四是形成集约化、规模化的产业经营和专业化城市生产布局；五是强化外向型产品，积极开拓海外市场。[①] 在此特别指出的是《文化产业发展五年计划》，让韩国文化产品的市场份额提升至5%。2001年8月24日，成立了韩国文化产业振兴院。成立该院的主要目的就是推动“文化立国”战略的全面实施，全方位地支援文化产业。[②]

（二）对文化产业的扶持

在“文化立国”战略正式实施后，韩国政府加大了对文化产业的投入力度。2000年，韩国对文化产业的投资突破了国家预算的1％。之后，又拓宽了对文化产业支持的资金来源渠道。在国家财政资金和民间资本的鼎力支持下，韩国文化已经形成一股“韩流”，影响着以中国为主的一些国家的不同层次的人群，也引领了青年人的时尚潮流。2000－2008年间，“韩剧”在中国等亚洲国家热播；2012年，韩国凭借“鸟叔”的《江南STYLE》风靡全球，正式让韩国娱乐文化进入全球市场。[③]

---

① 李宇著：《中国电视国际化与对外传播》，143页，北京，中国传媒大学出版社，2010。

② 安宇、沈山：《日本和韩国的“文化立国”战略及其对我国的借鉴》，《世界经济与政治论坛》，2005(4)，116页。

③ 苏毅：《略论美日韩文化保护经验》，《学术研究》，2014(5)，56页。

五、扶持与保护：日本文化贸易政策

十分发达的文化产业，为日本开拓海外文化市场奠定了坚实的物质基础。2000年度，日本的电影和音乐创收，分别列世界第二位；CD销售额为5398亿日元，约占世界的17%。① 为文化企业提供方便，制定相关保护政策，这是日本文化产业和文化贸易得以发展的一个根本原因。日本的文化产业和文化贸易政策属于政府主导型的。

（一）调整文化政策

早在第二次世界大战结束之初，日本相继废除了《治安维持法》《出版法》《新闻报刊法》《电影法》等军国主义制度下的文化政策法规，并制定“政府不干涉文化内容原则”。在这一原则的指导下，日本的文化产业有了充分的发展。20世纪70年代的“贸易立国战略”为日本文化产品输出提供了物质基础，80年代的“科技立国战略”提升了日本文化产品的科技含量，使文化产品更具吸引力。90年代开始，日本提出了“文化立国战略”。

随着全球化趋势以及科技信息业的发展，日本政府充分意识到，文化的交流和辐射是日本文化创新和发展的基本动力。日本于1990年成立了由专家学者和艺术权威组成的“文化政策促进会议”，1995年7月文化政策促进会议提出《新的文化立国目标——当前振兴文化的重点和对策》报告。1996年7月，文化厅正式提出了《21世纪文化立国方案》，日本的“文化立国”战略正式确立。

日本的“文化立国”战略的基本政策主要包括以下几个方面的内容：一是建设大型的国家级文化基地，增强文化对外辐射能力；二是构筑与文化政策相配套的环境政策、观光政策和产业政策；三是实施地域性的“文化街区建设计划”；四是重视充实与加强文化设施的内容与功能，推动大型“参与型”的文化事务活动；五是构筑文化信息的综合系统，致力于新兴文化产业的振兴；六是适应知识经济时代特征，完善著作权益制度；七是加强日本国语地位，适应全球化和国际化趋势；八是建立多元化的文化事业的支援体系；九是扩大保护文化遗产对象，设立世界文化遗产保护与修复的合作基地和支援体系；十是重视对亚洲的国际交流与合作，构筑日语教育的国际援助网络。②

---

① 欧阳友权主编：《文化产业通论》，8页，长沙，湖南人民出版社，2006。

② 安宇、沈山：《日本和韩国的“文化立国”战略及其对我国的借鉴》，《世界经济与政治论坛》，2005（4），115页。

（二）日本的文化法律法规

日本政府通过相关的保护政策和健全的机制性的法律法规手段来调控文化发展和文化市场，使得日本逐步拥有了完备和成熟的文化市场体系和网络。文化产业及贸易是离不开法律的保护和支持，尤其是知识产权更是至关重要的。日本是世界上比较早实施知识产权保护的国家之一。为促进文化产业发展，日本不仅在政策上予以鼓励，而且还制定健全的法律、法规。1970年5月6日颁布的《著作权法》明确规定：保护各类著作物作者的所有权利，以及有关部门作品和表演、唱片、广播电视等的权利及相关权益。[①] 2001年10月1日，修改后的《著作权法》更名为《著作权管理法》，与之前相比，极大地提高了著作的使用范围以及保护作用，同时极大地延长了保护的时间。该法的作用和意义在于引导人们公正使用文化成果，有效维护作者权利，使文化产业得以健康有序发展。[②]

近来，根据文化产业发展的新形势，日本又制定了多部新的法律，如《IT基本法》《知识产权基本法》《振兴文化艺术基本法》等。可操作性强是日本文化产业法律法规的特点。新的法律颁布后，往往伴有更为具体的措施相配套。比如，同《文化艺术振兴基本法》相配套的就有《关于文化艺术振兴的基本方针》，同《知识产权基本法》相配套的是《知识产权战略大纲》。[③]

日本国会在第153届临时国会上提出了《文化艺术振兴基本法》，经众参两院审议，该法于2001年11月30日获得通过，并于同年12月7日公布施行。《振兴文化艺术基本法》中规定了振兴文化艺术中的核心部分，例如，传统技艺、日本生活文化、文化遗产、媒体艺术、出版物及影视唱片等；规定了国家及地方的各自职责，明确了振兴日本文化的政策及基本方法。这部法律的颁布极大地满足了日本人为振兴日本文化的强烈愿望。促进了从事文化艺术活动的行为者自主地开展活动，全面推进有关振兴文化艺术的政策实施，具有重要的意义。

2002年11月27日通过了政府制定的《知识产权保护法》。该法明确区分了国家、地方团体、大学以及企事业单位等不同组织机构的职责，同时规定了有关产品研发、技术成果转让、加快授权、完善诉讼程序、反侵权、国际经济关系协调、高新技术和人才保护等各方面措施。这部法律的意义，一是推动实施知识产权的相关措施，进而促进日本文化企业国际竞

① 肖安鹿、段建玲主编：《文化产业发展与文化大省建设》，36页，兰州，甘肃文化出版社，2012。

② 蔡尚伟著：《文化产业导论》，243页，上海，复旦大学出版社，2006。

③ 祁述裕主编：《文化管理概论》，253页，北京，国家行政学院出版社，2013。

争力的提高；二是以法律的形式保障了日本 2002 年 4 月提出的“知识产权立国”战略。

随着文化产业发展的新情况，日本又相应颁布了许多新的法律以促进文化产业的发展。2004 年，推出《文化产品创造、保护及活用促进基本法》。该法规定文化产业除了丰富人们的生活、促进经济健康发展之外，还肩负着让其他国家了解日本文化的任务，国家、地方政府、公共团体都有义务积极扶持，在融资和税收方面给予优惠待遇。另外，针对文化市场的中介业务、中介组织、经纪人、经纪公司等，日本制定了《著作权中介业务法》，规范文化市场中开展的中介业务、中介及经济组织、经纪人等的经济行为。

2006 年 11 月，日本的企业界和学界人士，组织了“亚洲前景战略会议”委员会，该委员会于 2007 年 5 月通过《日本文化产业战略》。2009 年，知识产权战略推进事务局又宣布了《知识产权战略方案 2009》，2010 年又确定《文化产业大国战略》。① 一系列国家政策的制定和推进，为文化产业在日本的发展和壮大奠定了坚实的基础。

（三）政府的财政支持政策

日本的文部科技省、文化厅、经济产业省、总务省、国土交通省以及各地方自治体，对发展文化产业都给予大力支持。日本对文化产业的财政政策和措施主要包括财政补贴、多方面的财政援助、政府投资、建立财政基金以及政府主导的采购等多种不同的财政政策去扶持不同领域的文化产业。尤其是具有浓重的日本民间和地方色彩的多样的历史文化遗产以及传统的历史流传下来的文化工艺给予多种的财政补贴，并将财政补贴、税收优惠政策、政府财政主导的优惠贷款项目以及政府投资等各种援助给予具有民族特色文化的艺术产业，这极大地推动了日本文化产业的发展繁荣。

日本的金融业在支持文化产业发展和落实政策措施中扮演了重要的角色，金融业的配合有效地解决了文化产业发展过程中融资难的问题。日本重新修订了《信托业法》后，一些从事文化产业的知识产权人（主要是从事动漫以及影视剧等）可以利用企业资产的合法证券化的方式来公开进行社会融资。日本住友信托银行与上市的电影制作和发行公司签订信托协议，主要规定了文化公司要把电影等的销售权限作为可以信托的财产进行信托，而住友信托银行作为受托人，将信托财产进行划小份额，然后将其再转让给投资人，一方面可以为该文化公司筹措资金，另一方面投资者也可以从这些销售权益中获得收益权利。这也就意味着具有电影、动画等知识产权的文化企业可以提前将影视动画资本化，从而有效地解决了企业缺

---

① 胡惠林等著：《国家文化安全研究导论》，403 页，上海，上海人民出版社，2013。

乏运营资金的难题。这是日本第一个以动漫和影视为主要经营内容的知识产权信托融资的成功案例。除了信托融资方式之外，日本政府还成立专门为文化产业投资的基金组织，主要用于投资的文化领域是动漫、电影、游戏以及音乐等多个文化产业重点发展领域。随着基金管理企业的参与，文化产业外的大量资金涌入，为鼓励文化产业的经营、创意产品的研发提供了有利的条件。

表 4-1　日本财政扶持的方式和内容

财政扶持方式	面向国内的文化产业扶持内容	面向国外的文化产业扶持内容
财政补助	对民间艺术团体的艺术人员培养，文艺活动的举办，歌剧、芭蕾舞和电影等领域专业人才的培养，优秀文化作品创作及发行等，各级政府给予不同的财政补贴。	对游戏、数字技术产业给予不同的财政补贴。财政补贴金额由各级财政部门依据一定标准确定。
综合援助	中央政府和地方政府在财政、税收、融资、信用担保等方面对振兴具有地方特色的文化遗产、民间艺术、非物质文化遗产、传统工艺、祭祀活动给予综合财政援助。	日本政府利用财政、税收和金融优惠政策组织本国民间文化团体到世界各国举办具有日本文化特色的花道、跆拳道、茶艺、艺技等文化表演活动。
财政基金	运用财政资金设立各种文化基金（“艺术文化振兴基金”“特殊法人日本艺术文化振兴基金”等），鼓励民间资本投资文化产业；政府出资设立众多文化奖项（数字内容大奖、多媒体大奖、卡通动画大奖等）以鼓励本国文化产业发展。	政府利用“国家文化交流基金”，举办具有日本特色的文化项目和文化活动，扩大在全球的影响力。
财政投资	中央与地方财政资金投资于新建的公共文化基础设施项目、文化产业中的文化设施改建与扩建，以及投资于公益性的文化项目。	
政府财政采购	为支持中小文化企业发展，政府采取财政采购的方式购买具有一定地方特色的民间文化产品或文化服务，免费提供给边远地区和海岛地区的居民。	政府出资 24 亿日元从本国动漫（画）厂商购买卡通动画片播放产权，无偿提供给世界各国特别是发展中国家，在国际上推广日本的卡通动漫文化，扩大其影响力和知名度。

来源：杨京钟著：《中国文化产业财税政策研究》①

（四）文化安全外扩战略

日本的文化安全外扩战略可以用“走出去”和“引进来”进行概括。

① 杨京钟著：《中国文化产业财税政策研究》，159 页，厦门，厦门大学出版社，2012。

日本文化“走出去”的具体做法是：通过文化贸易形式，将日本文化的产品向外输送。日本的文化产品主要以动漫产业为主。据统计，日本向外输出的动漫文化产品占据了全世界超过3成的市场份额。在输出产品的同时，还通过跨国公司的企业文化来宣传日本的文化精神。东亚特别是东南亚是日本开展对外直接投资的重要区域，通过在这些国家设立跨国公司，一方面可以更好地获得原材料和销售产品，另一方面可以通过跨国公司的公司文化来传播日本文化。

日本文化“引进来”的具体做法主要有：通过设立留学基金吸引外国学生到日本留学；设立研究基金吸引外国学者研究日本问题；通过学术交流来加强外国对日本文化的了解，日本政府相信通过资助外国研究人员和留学生到日本学习和研究，能够加深他们对日本的理解。

日本政府的资金投入为文化外扩战略打下了坚实的基础，日本在1968年，文化方面的财政预算仅50亿日元，到2008年，预算增长了20倍以上。不仅政府对文化方面的资金预算增加幅度有很大提高，日本企业对文化方面的资金投入也很大。日本很多跨国公司都设立了研究基金，专门资助对日本的研究；企业的投入力度也很大，同样吸引许多外国学者加入到日本研究的行列中。①

为了提高日本文化企业在国际上的影响力，2002年8月，日本经产省与文部省共同合作建立了“内容产品海外流通促进会”，组建该机构，主要目的是利用政府财政补贴及各种支持援助措施的形式来促进日本文化产品的出口，管理海外市场的反盗版活动，代表日本文化产业界参加国际知识产权保护论坛，参与海外市场的诉讼关联活动，保护本国文化产品及服务的知识产权不受到侵犯，维护其合法权益。

日本政府为了促进和扶持文化产品及服务的出口，制订了战略性贸易政策。一方面，日本政府利用信贷方式来鼓励出口，日本政府专门为文化产业中的重点发展领域建立了日本进出口银行和开发银行，为文化产业提供便捷的贷款，利率往往较低；另一方面，日本对一些进口的文化产品及服务有一定的限制，从而保护本国的文化产品市场。此外，政府还帮助本国从事文化出口的企业开拓国际市场，鼓励文化产品的出口，放宽文化产品出口的审批权，简化出口手续及程序。日本政府为了在国际上扩大日本动漫产品的市场，日本外务省曾代表国家利用政府采购的形式，用日本成

① 苏毅：《略论美日韩文化保护经验》，《学术研究》，2014（5），55页。

立的专门援助文化产业发展的“文化无偿援助”基金项目的资金，这笔资金高达24亿日元，购买日本从事动漫文化企业的动画播放权，免费无偿提供给世界各国，尤其是提供给发展中国家的国家传播文化的播放媒体。这有效地扩大了日本动漫在世界的影响力，极大地开拓了日本动漫的国际市场。

日本政府通过多种措施来鼓励文化产品及服务的出口，鼓励从事文化出口的企业积极参与国际竞争，这些措施主要包括财政政策、税收政策以及银行金融政策等。日本政府对从事文化产品出口的文化企业给予政策支持。日本政府还协助民间的团体和组织去世界各地表演日本的花道、跆拳道、相扑、茶艺、传统技艺等文化活动。这样既大力宣传了日本传统与特色文化，同时又极大地提高了日本传统和特色文化在世界的知名度，又获得了海外巨大的经济利益。

第二节　主要国家的文化贸易措施

在国际文化贸易实践中，各国通常采取进口关税、国产内容配额、补贴、市场准入限制等措施。为了保护文化的多样性和民族文化的可持续性，很少有国家就视听产品等文化产品做出承诺。基本上，各国以关税和非关税管理措施为主要手段。

一、关税

关税是指一个国家的海关对运进或运出其边境的货物所征收的税种。其中进口关税常被用来增加进口商的成本，削弱其商品的竞争能力，以达到保护本国相同或类似产业的目的。关税是被最广泛使用的贸易壁垒之一，如规定境外的影视制品必须承担较高的税费，或规定不同国家或地区的影视产品承担不同税费。[①] 在文化贸易领域，关税的征收对象主要包括以物质形态存在的文化产品，如手工艺品、电影胶片或拷贝、时装或珠宝等设计类产品、歌曲或影视磁带或CD、多媒体产品以及视觉艺术品等，还可对文化产业外围领域的乐器、文具等产品征税。以中国为例，中国除对进口乐器（如钢琴、弦乐器、管乐器、打击乐器和键盘乐器等）、首饰、

① 余雄飞：《影视服务贸易及文化贸易壁垒》，《法制与社会》，2009（3）下，126页。

珠宝、金银器、象牙和兽骨制品等奢侈文化产品征收20%左右的关税外；对纺织类手工艺品、手绘绘画、原版雕像和塑像、小雕像及其他装饰品（玻璃制品、象牙和兽骨制品，以及贱金属铸成的艺术品和收藏品除外）等征收的进口关税在10%左右；对国家鼓励的重点文化产业项目所需要的自用设备和配套件、备件等实行免征进口关税和进口增值税。

对外国的文化产品征税，固然可以保护本国文化免受外来冲击，但是可能会导致对方的贸易报复，从而抵消本国关税的壁垒作用。随着经济全球化的深入与发展，鉴于世界贸易组织的贸易自由化宗旨以及越来越多的国家之间致力于双边或多边自由贸易协定的签订，关税作为保护本国文化产业的政策空间越来越小。

二、配额限制

在文化贸易领域，各国政府主要使用数量限制措施，规定外国文化产品进口的最高限额，以此来控制国外文化产品的输入。配额限制是各国海关限制商品进口的贸易手段，进口配额主要包括两种形式，即绝对配额与关税配额。① 绝对配额在实践中又分为全球配额与国别配额。在国际文化贸易中，国别配额演化为国产内容配额（Content Regulation），也有人称之为内容管理。② 与一般商品的贸易不同，国产内容配额是最具文化贸易特色、最常采用的文化贸易保护措施，主要针对国际视听节目贸易或印刷品贸易（如影视、图书、杂志、报纸等）。大多数主权国家通常都会采取要求本土内容最低限度的配额要求。

目前大多数国家采用配额制来抑制影视产品的进口，进口配额一是对进口数量的直接限制；二是银幕配额，是影视产品经过贸易环节在国内放映时实施的限制措施。1959年韩国开始执行配额制并经过多次修改，1966年第二次修订《电影法》，根据该项政策，每年的进口片数量不能超过当年拍摄的国产片数量的1/3，每年放映进口片的时间不得超过当年全年放映时间的2/3。③ 此外，为了调控每年外国电影进口数量，政府每年发布《电影政策措施》，设定进口配额和银幕配额。在拍摄流程上，政府开始实

① 王钰著：《国际贸易壁垒的经济分析与对策研究》，352页，北京，中国财政经济出版社，2008。

② 张玉国著：《文化产业与政策导论》，27页，北京，高等教育出版社，2006。

③ ［美］闵应畯、［韩］朱真淑、［韩］郭汉周著，金虎译：《韩国电影：历史、反抗与民主的想象》，83－84页，北京，中国电影出版社，2013。

施更为严格的双重审查制度，既要事前审查拍片前的剧本，还要审查待上映的成片。当时实施的国家“紧急状态措施”，也被用于实际的电影放映审查。政府还根据宣传“维新”思想的宗旨制定实施了“优秀电影奖励制度”。根据该奖励制度，电影制片商只要拍摄了旨在宣教的“优秀电影”，就可获得进口配额。最后，修改后的《电影法》解散了当时的电影振兴组合，并由新成立的电影发行公社取而代之，主要负责全国影片包括外国影片的发行任务。[①] 1970 年规定国产电影放映配额不少于 90 天，1973 年调整为 121 天，1981 年再次调整为 165 天，然而从 1996 年起，这个数字被降低到每年 106 天。[②] 1986 年，韩国对《电影法》进行第三次修订，规定影院必须 33％的放映日放映国产电影。

通过颁发进口许可证的制度来控制国外文化产品（尤其是视听类文化产品，如电影、电视和广播以及书籍、报纸、杂志等）的输入的国家中不仅有发展中国家（如印度、埃及、喀麦隆等），也有加拿大、西班牙、瑞士等发达国家。还有一些国家或地区对国外内容性文化产品实行进口配额和进口许可证相结合的制度，如中国大陆和台湾地区[③]。

中国政府使用的进口数量限制措施主要是进口配额和进口许可制度。2005 年 8 月，中宣部等六部门联合发布《关于加强文化产品进口管理的办法》，进一步强调国家继续对文化产品进口实行特许经营，对经营单位实行文化产品进口经营许可证制度；加强对网络游戏、电影、电视、图书报刊、电子出版物、音像制品等文化产品和服务的进口审批；加强对年度引进版权的总量控制，并对出版社引进版权的数量进行限定。2005 年 9 月，国家广播电影电视总局下发《关于禁止以栏目形式播出境外动画片的紧急通知》，进一步强调要严格执行有关境外动画片引进的审查管理和播出数量的规定。2012 年 2 月，国家广电总局下发《关于进一步加强和改进境外影视剧引进和播出管理的通知》，要求加强对境外影视剧引进的立项、审批和播出管理。在 WTO《中国服务贸易具体承诺减让表》中，中国政府规定每年以分账形式进口的国外影片数量不得超过 20 部。

---

① ［美］闵应畯、［韩］朱真淑、［韩］郭汉周著，金虎译：《韩国电影：历史、反抗与民主的想象》，84 页，北京，中国电影出版社，2013。

② 韩骏伟著：《国际电影与电视节目贸易》，266 页，北京，中国传媒大学出版社，2008。

③ 余雄飞：《影视服务贸易及文化贸易壁垒》，《法制与社会》，2009（3）下，126 页。

GATT 的原则之一就是一般禁止数量限制，当然在某些非同一般的情况下，数量限制还是可以使用的。在乌拉圭回合多边贸易谈判中，各国在取消数量限制方面达成了一些共识：第一，采取“逐步回退”的办法逐步减少配额和许可证。第二，从取消数量限制向取消其他非关税壁垒延伸。第三，把一般取消数量限制原则扩大到其他有关协定，如服务贸易总协定。① 世界贸易组织原则上要求成员一般不采用数量限制等非关税措施来限制或禁止进出口贸易，但鉴于文化贸易的特殊双重属性，世界上多数国家都以“文化例外”为理由对国外文化产品和服务的输入进行控制，因此，数量限制措施在国际文化贸易中的使用较为普遍。

三、内容要求

内容要求是西方国家在国家文化主权理念下创导的国家视听文化政策，它规定各类广电媒体必须给予本国文化作品一定的份额。实施该政策，旨在为本国文化产品和服务提供生存空间，限制进口国外文化产品和服务，以保护本国同类文化产品发展及避免本国文化市场完全被外国占有。这种国家视听文化管制制度，不仅为法国、加拿大等发达国家所采用，也为发展中国家所应用。

法国对电视网络播放的电影中至少有 60%必须是欧洲制作的，其中不少于 40%为法语内容原文表达作品；加密模拟信号地面电视网络必须将其产值的 3.2%用于原创法语电影的制作；对于非加密电视频道，电视台每年必须支出不少于其产值的 20%用于购买欧洲和法语电影作品的播放权；私人广播电台节目中必须有不少于 40%的内容是法语歌曲。②

“加拿大内容要求”最早起源于加拿大政府对广播领域的控制，是加拿大政府文化政策中最特殊和争议最大的一项政策。根据加拿大政府的解释，“加拿大内容要求”的管理规定是建立在以下两个方面的认识之上：一是反映加拿大历史、文化和社会生活的出版物是增强民族团结和民族自豪感的关键；二是加拿大人拥有成控股的出版商更倾向于生产和出版反映“加拿大内容”的出版物。

1958 年，加拿大《广播电视法案》首次在立法中把“加拿大内容”管

---

① 王钰著：《国际贸易壁垒的经济分析与对策研究》，344—345 页，北京，中国财政经济出版社，2008。

② 张华著：《文化产品国际贸易法律问题研究》，77 页，厦门，厦门大学出版社，2013。

理规定包含进来，规定在加拿大运营的所有电视台必须给加拿大内容以45%的节目配额，这是颁发营业执照的基本条件之一。① 在1960年加拿大就制定了有关“加拿大内容要求”的法规，规定任何电视台都必须达到平均每月播出55%的加拿大节目播出量的规定，1968年政府重新修订该条例，将此配额提高到60%。对于电视节目的播放时间的规定是：加拿大广播公司（CBC）作为国营电视台在任何时间都必须至少播出60%的“加拿大内容”的电视节目；私营电视台要获得经营执照，其一年播出的加拿大内容节目要达到60%以上的比例，从早上6点至晚上12点，必须至少播出50%的加拿大节目；对于公共电视台，必须保证每天从早晨6时到午夜播放60%的加拿大节目。每天6点到12点播出的音乐节目中，加拿大的流行音乐节目至少要达到35%。②

在期刊出版领域，“加拿大内容”是必须满足两个条件中的一个：一是作者必须是加拿大人，二是内容采编自加拿大，没有在其他外国期刊中出现过。“加拿大内容要求”与立法、税收和投资措施联系在一起。只有“加拿大内容”占编辑内容大多数的外国期刊才有资格享受税收减免，才能投资广告市场。③

表4-2　现行的立法、税收和投资措施与“加拿大内容要求”的关系表

涉及法律	“加拿大内容”占全部编辑内容的百分比	来自加拿大的广告百分比	税收减免幅度
《外国出版商广告服务法》《投资法》《所得税法》	少于50%	最多18%	免税50%
	50%—79%	最多可达100%	免税50%
	80%以上	最多可达100%	免税100%

参见张玉国著：《文化产业与政策导论》，53页，北京，高等教育出版社，2006。

目前，中国影视配额执行情况是：院线公映的外国影片的进口数量每年大约在70部左右，包括分账片、买断片和特种片，其中有34部进口片来自美国。《电影管理条例》第44条规定放映单位年放映国产电影片的时间不得低于年放映电影片时间总和的2/3。2000年3月，国家广播电影电视总局在《关于加强动画片引进和播放管理的通知》中严格规定引进动画片的播放时间不得超过少儿节目总播放时间的25%，引进动画片不得超过

① 张玉国著：《国家利益与文化政策》，209页，广州，广东人民出版社，2005。

② 向勇著：《文化产业导论》，378页，北京，北京大学出版社，2015。

③ 蔡帼芬等著：《镜像与她者——加拿大媒介与女性》，63页，北京，中国传媒大学出版社，2009。

动画片播放总量的40%。2004年5月，国家广播电影电视总局下发《关于发展我国影视动画产业的若干意见》，其中规定在各频道每季度播出的动画片中，国产动画片与引进动画片的播出比例不低于6∶4；在影视剧方面，2004年9月国家广播电影电视总局出台的《境外电视节目引进、播出管理规定》，其中第二十八条规定，未经广电总局批准，不得在黄金时段（19：00—22：00）播出境外影视剧；各电视频道每天播出的境外影视剧，不得超过该频道当天影视剧总播出时间的25%；每天播出的其他境外电视节目，不得超过该频道当天总播出时间的15%。[①] 2012年2月，国家广播电影电视总局下发的《关于进一步加强和改进境外影视剧引进和播出管理的通知》，也做出上述规定。

四、补贴

根据世贸组织的《补贴与反补贴措施协定（SCM）》的规定，补贴是指政府或任何其他公共机构授予的财政资助给接受者带来的利益。其中财政资助主要包括三方面：涉及资金的直接转移、潜在的资金或债务的直接转移；放弃或未征收在其他情况下应征收的政府税收；政府提供一般基础设施以外的货物或服务。

随着现代通信技术的迅猛发展，国外影视作品可以通过数字渠道进入千家万户，关税、数量限制以及国产内容配额等边境措施对本国影视节目的保护效果受到极大挑战。在此背景下，补贴和国内税收政策就成为各国政府保护和推动本国文化产业（尤其是视听产业）发展，提升其国际竞争力的有效措施。

补贴是文化贸易领域当中各国使用最为广泛，也最为重要的政府财政支持措施，补贴在保护和促进本土文化的各项措施中占有重要的地位。补贴具有针对性强、覆盖面广、效果立竿见影等优点，是目前各国促进影视产业发展的最重要手段。虽然各国国情不同，对影视业补贴的政策各异，但基本不外乎资金补助、优惠信贷、减免税收、基金补贴等措施。

世界贸易组织秘书处在1998年的报告中指出，至少有17个世界贸易组织的成员对其视听产业提供相应的补贴。补贴是欧盟及其成员国政府在视听领域采取的最重要的措施。法国为本国电影工业的发展提供了最大数

---

① 中国广播电视协会编：《中国广播电视行业自律与维权报告书》（2007年卷），39页，北京，中国广播电视出版社，2007。

量的补贴。每年，法国视听工业都得到艺术文化部预算给予的直接补贴3350万欧元。除此之外，还有电影管理部门划拨及电视节目制作公司、视频产品制作销售者营业额共2亿欧元。为了挽救电影产业，德国政府于1967年颁布了《电影促进法》，后又根据实际情况多次修订。根据该法律，德国建立了联邦和州两级电影促进基金，每年提供3000万欧元资助影视业的发展。几乎所有的德国电影都接受政府的基金补贴，受惠于这一政策。根据《电影促进法》的规定，电影票房收入的1.5%到2.5%和录像产品收入的1.8%都要上交给电影促进机构，与从电视台提取的资金一起作为电影促进基金使用。根据这一模式，电影制片人花在德国本土电影制作上的费用可以得到15%到20%的补偿，联邦政府每年为此支付6000万欧元的专项基金支持，此举旨在吸引更多的大规模国际合作的电影在德国制作。截至2013年，总共发放金额3.56亿欧元，资助德国影片642部，有力地推动了德国电影业的发展。[①] 英国1985年《电影法案》取消了电影许可税，该项税收曾是1951年以来支持英国电影发展的主要财源，取而代之的是用国家彩券基金收益进行贷款和降低税收的一套办法。电影委员会运用国家彩券基金向那些没有该项基金投资就无法实现的电影计划进行贷款。大多数欧洲国家都有自己的公共电视服务体系，以提供补贴或实施某项有价值的文化服务政策所产生的许可费收益等方式奖励特定的广播节目制作者。

加拿大是除欧洲以外对视听产业提供补贴最多的国家。加拿大政府每年都为公共广播服务提供了10亿加元以上的补贴。1996年到1997年，超过3000万加元的加拿大电影基金投入到了电影的生产中；每年有2亿加元的电视基金投入到国内电视电影的生产制作中。对于从事图书杂志出版、电影音像、录音录像和多媒体制作等行业的提供优惠利息的贷款。[②] 而且加拿大还以不可偿还的国家补贴、无息贷款或减少运输费等方式补贴音乐工业，出版业与新闻业。

资助的范围还涉及行业组织和研究开发。所有与图书出版产业有关的行业协会、组织都有资格申请这项资金；涉及出版产业发展的研究开发、培训活动也在资助范围之内。2001年用于这个项目的资金为201万加元，

---

① 张胜冰、徐向昱、马树华著：《世界文化产业导论》，135页，北京，北京大学出版社，2014。

② 张华著：《文化产品国际贸易法律问题研究》，77页，厦门，厦门大学出版社，2013。

占 BPIDP 资金总数的 7%。资助图书发行，主要用于资助图书出版商和发行商建立图书发行网络。2001 年，共有 7 家发行商和出版商得到 38 万加元的资助，占 BPIDP 资金总数的 1%。

资助国际市场销售。鼓励图书出版商和发行商扩大图书出口，向海外销售版权，参加国际书展和其他广告宣传活动。这部分资金由加拿大文化遗产部委托“加拿大图书出口协会”进行管理。2001 年，用于该项目的资金达 350 万加元，占全部 BPIDP 资金的 11%。

期刊业方面的直接资助项目为“加拿大期刊基金”，由加拿大文化遗产部进行管理，目标是加强加拿大期刊产业的基础建设，保证期刊品种的多样化，资助加拿大期刊出版商在竞争日益激烈的期刊业和广告市场上取得主动，提升期刊的编辑内容含量。这项资助金额不多，大约每年在 200 万—300 万加元。加拿大 50%以上的期刊依靠邮局发行，所以对于期刊业，最重要的资助来自邮政补贴。加拿大政府从 20 世纪初就开始对期刊业实行邮政补贴，至今已经实行了 100 多年。联邦政府用于邮政补贴的资金将近 3 亿加元，是加拿大文化领域最大的资助项目。①

公共财政的支持对于推动各国国内文化产业的发展都起了一定的积极作用。但补贴措施在实施过程中可能会带来补贴对象选择上的信息不对称、公共机构的寻租行为以及对补贴对象的过度保护等问题，因此各国政府在该项政策措施的使用上也要格外小心谨慎。

五、税收优惠

文化生产领域国内税收的形式多种多样。以法国为例，法国针对文物保护，文化、电影、音像和唱片的发展和传播，新闻，出版等五个领域采取了税收优惠措施，包括所得税减免、增值税标准降低、专业税减免、财产税和登记费减免等。英国对于制作成本在 2000 万英镑以下的英国电影，电影公司至少可以获得在英国花费成本 20%的税收优惠；成本高于 2000 万英镑的英国电影，电影公司至少可以获得在英国花费成本 16%的税收优惠。加拿大支持文化产业的税收措施主要体现在《所得税法案》中。1977 年，加拿大对 1958 年的《所得税法案》进行了修订，规定在加拿大人拥有 75%股份的期刊和 80%股份的电视台做广告，可以享受税收减免待

---

① 张玉国著：《文化产业与政策导论》，51 页，北京，高等教育出版社，2006。

遇。[①] 20世纪80年代，加拿大多个省份纷纷采取税收鼓励政策支持本国影视作品的生产，例如安大略省就对其电影和电视节目实行课税扣除20%的优惠政策。在报纸期刊领域，多年来多次采取行动从给予在加拿大杂志上刊登广告的公司以税收优惠来吸引广告投入，对渗透进入加拿大的美国杂志课以重税。加拿大政府通过税收手段支持文化产业，最为典型的便是《1997年所得税法》修正案对加拿大广告业的税收优惠。1998年7月30日，加拿大文化遗产部公布了一项新的政策规定：加拿大政府将邮政补贴直接支付给加拿大杂志出版者，禁止加拿大广告公司在外国杂志上做广告，违反该规定的外国杂志也将受到罚款处理。

通过减免本国文化产品的税收或增加外国文化产品的课税，国内税收政策降低了本国文化企业的生产成本，增加了其国外竞争者的生产成本，从而为本国文化产品和服务创造了市场价格优势，因此国内税收也可以被看作是一种隐性补贴。然而，国内税收政策的实施也常常由于与世界贸易组织的相关规定不一致而导致贸易摩擦和纠纷。

六、知识产权保护

知识产权保护即是通过相关法律和法规对版权、专利、商标、工业设计和地理标识等知识产权内容进行保护，以维护人们对其发明或创造成果的合法权益。通过协调和平衡创作者权益与社会公众利益之间的关系，知识产权保护的目的在于营造鼓励发明与创新的政策环境。国际文化产品贸易的贸易对象是含有文化内容的，包含了很多与价值理念相关的内容，是文化精神价值的体现与渗透。[②] 文化贸易的特殊性决定了相关知识产权保护的综合性与复杂性以及知识产权保护的重要性，各国大都通过立法对文化产品贸易进行知识产权保护。

关于知识产权保护立法主要从国际和国内两个层面进行。与文化产品贸易知识产权保护相关的国际协定，一是《关税与贸易总协定》的“电影配额制”。《关税与贸易总协定》第4条允许“电影配额制”以支持国产影片；第20条为“保护公共道德”而采取的必要措施以及“用来保护具有艺术、历史或者考古价值的民族财富”的措施创设了一般例外。“上述两

---

① 张玉国著：《国家利益与文化政策》，212页，广州，广东人民出版社，2005。

② 刘亚军：《国际文化产品贸易中的知识产权保护逻辑》，《当代法学》，2016（3），131页。

个条款对于电影‘商业性放映’的具体适用更明确了，这意味着几乎不应该有如电视、电影、电视节目的例外。更普遍地保护具有艺术、历史及考古价值的国民财富的例外似乎不会非常舒服地接受流行文化。实际的文化例外仅会出现在以后的区域设定的贸易协定中。”① 就明确地给各国政府处理文化产品问题时留下一些余地。

二是《与贸易有关的知识产权保护协议》（TRIPS 协议）。TRIPS 协议是基于现实而达成的国际知识产权保护最低标准，其所确定的知识产权范围，具有成员一体遵行的现实作用。整体而言，以 TRIPS 协议为核心的知识产权国际保护制度具有相对公平正义的内涵。②

三是世界知识产权组织的“版权邻接权”等的规定。以加拿大为例，加拿大政府根据实际情况的变化对知识产权保护措施不断进行调整。在其 1997 年修改后的《版权法》中，增加了“版权邻接权”条款以及私人复制费，以保护音像制品作者、生产者和表演者的合法利益；同时禁止图书平行进口③，以保护本国发行商的合法权益。《版权法》制订于 1924 年，此后不断修订以适应科技发展和加拿大加入双边和多边贸易机构与国际条约后所引起的变化。近十年来已修订 5 次之多，以保护加拿大版权所有者的利益。

知识产权保护，一方面通过维护文化产品生产者的权益，支持和推动了本国文化产业创新和发展；另一方面也可能成为阻碍文化贸易的正常进行。如果知识产权保护不足，可能导致假冒、盗版等侵权产品猖獗，扰乱文化产品市场的正常竞争，阻碍拥有合法知识产权的正版文化产品的进出口；过度保护则可能阻碍新知识、新技术的产业转化和推广，抑制人类先进成果的共享与进步。并且，在知识产权申请、许可和救济过程中的权利滥用④也会给国际文化贸易造成障碍。各国政府出于本国经济、文化利益

---

① 刘亚军：《国际文化产品贸易中的知识产权保护逻辑》，《当代法学》，2016（3），135 页。

② 刘亚军：《国际文化产品贸易中的知识产权保护逻辑》，《当代法学》，2016（3），134 页。

③ 所谓平行进口的图书是指某国内发行商取得一本外国出版图书在本国境内独家发行的权利，但有其他个人或企业不经过该国内发行商的同意，从国外直接进口了此图书，从而损害了这个拥有境内独家发行权的国内发行商的利益。修改后的加拿大版权法同时赋予版权所有者以及取得境内发行权的国内发行商均具有阻止图书平行进口的权利。

④ 例如恶意抢注他人的潜在的知识产权、拒绝许可、搭售行为、价格歧视、知识产权诉权滥用以及滥发警告函等。

考虑而实施的多种形式的知识产权保护措施依然导致国际文化贸易领域的知识产权摩擦和纠纷不断。

知识产权法具有两个基本功能：一是促进知识的发展与传播，通过依法保障知识产权人获得有限的垄断利益，激发其创造积极性、刺激更多创造性成果出现的同时，最大程度增加社会福祉；二是努力实现相对的动态利益平衡，至少包括知识产权人与相关公众之间、主权国家之间乃至国家集团之间三个层面的利益博弈，以体现相对公平正义的内涵。[①]

七、市场准入

在国际文化贸易中，运用市场准入限制对其他国家的文化产品和文化服务筑贸易壁垒的做法非常广泛，尤其是北美、欧洲、南非以及加勒比海地区。实行市场准入主要体现为，包括服务供应商的数量或经营价值限制、影片放映限制、电视播出限制、外国电影配音限制、国外投资限制、自然人流动限制、经营类型限制、差别征税或税率以及歧视性政府采购等。如西班牙政府设置了一套复杂的外国影视节目配音许可要求；[②] 阿根廷、巴西则要求国外出版物的印刷以及国外影视节目的配音都必须在本国进行；澳大利亚、加拿大、英国和美国在内的多数发达和发展中国家都对视听领域的外国投资与所有权进行了限制规定。[③] 加拿大通过特许权投放对外国视听产品进到国内广播和电视市场进行了控制。加拿大对投资广播业的外商所有权予以限制——持许可证的公司所有权不得超过 20%，控股公司的所有权不得超过 33.3%。1985 年通过的《加拿大投资法案》对外资公司在加拿大文化产业领域的投资进行了严格限制：不仅需要经过政府有关部门的审批，还对加拿大文化企业的兼并收购列举了约束条件。[④]《投资加拿大法》（1985 年）对外国人在加拿大的重大投资项目须经加拿大政府审议以确保加拿大人的经济和就业利益不受损害。1997 年修订《所得税法》，规定加拿大广告公司在加拿大人拥有 75% 以上股份的杂志和拥有

① 刘亚军：《国际文化产品贸易中的知识产权保护逻辑》，《当代法学》，2016（3），133 页。

② 即电影发行人只有在承诺发行一定数量的本国影片的前提下，才能获得对外国电影进行配音的许可。

③ 其中，澳大利亚、加拿大和美国规定视听部门外国投资或持有所有权的最高限额分别为 15%、20%以及 35%。

④ 张华著：《文化产品国际贸易法律问题研究》，79 页，厦门，厦门大学出版社，2013。

80%以上股份的电视台做广告可以享受税收减免优惠。美国在此方面有一系列的措施，比如，单个电视运营商在广电市场上的份额不得超过45%。在报纸和新闻广播或者有线电视运营中的合资比例也有严格的限制，同样，法国、奥地利、澳大利亚、加拿大、英国等国家的法律中都规定了相类似的措施。①

鉴于文化产品和服务的文化属性，各国对于文化领域的对外开放和市场准入都存在不同程度的限制。以中国广播电影电视领域为例，国家广电总局就境外机构设立驻华广播电视办事机构、境外卫星电视频道境内落地、境外电视节目引进和播出、中外合作摄制电影片和电视剧，以及外商投资电影院等方面均设置了严格详尽的规范措施和限制。图书音像出版领域，文化部和新闻出版总署对音像制品进口、中外合作音像制品分销企业、进口出版物内容审查、进口网络游戏审批以及外商投资图书报纸期刊分销企业等方面也都颁布了相应的法令法规进行严格的监督和规制。在文化产业利用外资政策方面，2005年8月文化部等五部门联合制定的《关于文化领域引进外资的若干意见》，对允许和禁止外国资本进入的具体文化生产和服务领域、进入方式、进入条件和审批程序等内容进行了详尽规定。2015年3月，国家发展和改革委员会以及商务部联合对外发布最新修订的《外商投资产业指导目录》，其中明确了鼓励、限制和禁止外商投资的具体文化行业范围。中国核心文化产业领域的外商投资政策仍以限制为主。

银幕及电视配额。银幕配额是对国产电影在电影院中放映时长占据电影总体放映时长的份额进行规制，属于限制国内电影市场准入措施的范畴。电视配额方面最突出的例证是欧共体1989年10月颁布的《无国界电视指令》，其中尤为引人注意：第4、5条要求广播公司将50%以上的节目播出时间留于欧洲制作的节目（除新闻、体育、游戏、广告、图文电视服务及电视购物等其他的节目），而且10%以上的节目时间或节目预算属于独立制作人制作的欧洲节目。这两项配额的区别就在于，前者旨在提升欧洲作品的流传度，而后者则意图进一步促进独立制作人制作欧洲节目。上述两项配额都得到了贯彻实施。②

---

① 上海WTO事务咨询中心编：《中国贸易运行监控报告2014》，90页，上海，上海人民出版社，2014。

② 马冉：《文化贸易领域欧洲政策法规研究》，《广西政法管理干部学院学报》，2009(3)，86页。

尽管在世界贸易组织《服务贸易总协定》的框架下，基于国民待遇原则，任何市场准入限制措施都应该被禁止，但由于各成员国（包括美国[①]）都认为文化贸易的重要性不仅体现于其经济效应，更重要的是在于其文化价值与内涵，因而与文化贸易有关的政策应更多地从文化视角出发，而不是仅限于经济或贸易视角。因此，在实践中，世界贸易组织的许多成员都不愿意在文化服务领域做出过多的开放承诺。

经验证明，当文化市场失灵或者文化产业国际竞争力缺乏时，过度或不恰当地使用文化贸易保护手段，尤其是对本国落后的文化生产进行过度保护可能带来市场扭曲，会导致政策效果与政府期望达到的政策目标背道而驰，甚至会产生负面的后果。

① 美国政府曾在1950年对《哈瓦那宪章》第四条关于电影产品保护的分析报告中指出：电影不同于其他任何产品，因为其真正的价值蕴涵于影片本身而并非它所带来的收入，所以与电影有关的相关政策应更多地与当地文化保护和发展有关，而不是完全出于经济或贸易的角度考虑。

第五章 文化贸易统计指标体系的构建

国际文化贸易已经成为国际贸易的重要组成部分，各国都积极发展国际文化贸易以此获得利润并巩固和提升自己的文化影响力。因此，大力推进国际文化贸易的研究和实践刻不容缓。目前，对文化贸易统计的研究相对来说比较薄弱，缺乏统计基础、统计建设滞后，难以适应文化贸易实践发展的要求。如何正确有效地统计文化贸易的各项指标数值、客观地反映文化贸易发展的现状、准确地判断文化贸易在国际贸易中的地位和发展趋势，显得尤为重要。

第一节 文化贸易结构

一、国际文化贸易的结构特点

广义的贸易结构是指特定时期内货物贸易与服务贸易的构成情况。本书采用贸易产品结构分析法和区域结构分析法对文化贸易的结构进行分析。

当前，国际文化产品贸易额持续扩大，文化服务贸易额快速增长，文化贸易结构具有如下特点。

（一）文化产品贸易量大

2008 年，世界文化产品贸易额达 8278 亿美元，是当年世界文化服务贸易额的 2.3 倍。2002—2008 年，世界文化产品贸易额年均增长 13.2%，比服务贸易额年均增速低 4.3%。2012 年，世界文化产品贸易额高达 9055 亿美元，是 2003 年的 19 倍，年均增长 7.4%。①

① “世界主要经济体文化产业发展现状研究”课题组：《世界文化产品和服务贸易的现状与特点》，《调研世界》，2014（11），14 页。

（二）文化服务贸易增长快于世界服务贸易

2002—2008年，世界文化服务贸易年均增长17.5%，比同期世界服务贸易增速快2.2个百分点。2003—2012年，世界文化产品贸易额年均增长7.7%，比世界货物贸易增速低2.6个百分点。

（三）新媒介、视听产品和视觉艺术品出口额增长快

2012年文化产品出口额中，增速较快的是新媒介、视听产品和视觉艺术品，分别比2011年增长17.8%、11.4%和9.8%，分别比文化产品出口额增速高9.1%、2.7%和1.1%；增速较慢的是出版物和工艺品，分别比2011年增长1.4%和5.4%，分别比文化产品出口额增速低7.3%和3.3%。2003—2012年，视觉艺术品一枝独秀，出口额年均增长22.7%，视听产品和出版物出口萎缩，年均降幅达11.3%和10.8%。

从文化服务项目看，2002—2008年，建筑服务和广告服务出口额快速增长，年均增速分别为28.8%和21.0%，比文化服务出口额增速高出8.9%和1.1%；研究开发服务、视听服务和个人文化娱乐服务年均增长16.3%、11.6%和10.9%，分别比文化服务出口额增速低3.6%、8.3%和9.0%。

（四）发达国家和发展中国家在文化产品和文化服务出口方面各具优势

2012年，发展中国家文化产品出口额占世界的57.6%，比发达国家高出16.0%，比2003年高出18.4%。发展中国家劳动力价格低廉，劳动密集型文化产品具有很大优势，尤其是挂毯、庆祝活动用品和纱制品等出口占比较高，分别高出发达国家78.6%、55.8%和54.8%。发达国家在印制乐谱、绘画和古董等文化含量较高的产品上占比较高，分别比发展中国家高出94.3%、87.6%和80.9%。

2008年，发达国家文化服务出口额占世界的82.9%，而发展中国家和转轨国家合计仅占17.1%。2002—2008年，尽管发达国家文化服务出口额占世界的比重呈下降趋势，但始终稳定在80%以上。2008年，发达国家在所有文化服务项目上的出口额均超过发展中国家，视听服务、研究开发服务和建筑服务更是遥遥领先，其出口额占世界的比重分别高达88.4%、78.7%和74.4%。①

---

① “世界主要经济体文化产业发展现状研究”课题组：《世界文化产品和服务贸易的现状与特点》，《调研世界》，2014（11），15—16页。

（五）文化产品的出口地相对集中而进口来源地呈多元化

据联合国贸发会议测算，2012年，全球文化产品的出口市场集中度和进口市场集中度分别为0.299和0.201；与2003年相比，出口市场集中度上升了0.1%，进口市场集中度下降了0.075%，说明世界文化产品的出口逐渐集中到具有比较优势的经济体，而进口文化产品的来源则日渐多元化。

从文化贸易产品种类看，2012年，工艺品和视觉艺术品的出口集中度分别为0.40和0.385，垄断程度最高；出版物的出口集中度为0.188，竞争最为激烈。进口集中度最高视觉艺术品和表演艺术品分别达到0.393和0.222，进口需求集中在较少数经济体；最低的依然是出版物，为0.141，进口来源地均比较分散。①

二、中国对外文化贸易的结构特点

（一）中国对外文化贸易的总体结构

近年来，中国对外文化贸易的规模不断扩大、结构逐步优化，但总体来看，核心文化产品和服务贸易逆差仍然存在，对外文化贸易占对外贸易总额的比重还较低。

1. 文化贸易发展态势总体良好

近年来，中国文化贸易总体看好，对外文化贸易规模不断扩大、结构逐步优化，文化出口企业数量不断增加。统计数据显示，2014年，中国核心文化产品进出口总额达到243.2亿美元，核心层部分文化产品对外贸易额有较大增长。由于发展和重点培育的时间较短，以及主要依托于低廉的加工成本来提高市场竞争力，因此产业整体实力与竞争力仍处于初期培育阶段，整体发展不稳定。

中国的文化服务出口贸易近年来发展速度较快，商务部统计数据显示，2008年，中国文化服务出口26亿美元，进口22亿美元，分别居世界的第16位和第17位。② 2013年，中国文化服务进出口价值为95.6亿美元，其中出口价值为51.3亿美元。③ 此外，中国文化贸易的结构优势也在

---

① “世界主要经济体文化产业发展现状研究”课题组：《世界文化产品和服务贸易的现状与特点》，《调研世界》，2014（11），16页。

② “世界主要经济体文化产业发展现状研究”课题组：《世界文化产品和服务贸易的现状与特点》，《调研世界》，2014（11），15页。

③ 何帆主编：《中国2016：寻找新动力》，267页，北京，中国文史出版社，2016。

不断优化，2001—2013 年，中国文化服务出口年均增长 26.3%。

但是，由于基数相对较小，中国文化产品和文化服务进出口在全国货物进出口和服务进出口中所占的比重均很低。

2. 某些行业呈现积极的顺差态势

随着中国综合国力的不断提高以及文化产品和服务“走出去”的步伐不断加快，世界对中国文化产品和服务（尤其是富有传统文化色彩的文化产品和服务）的需求不断增加，国内文化产业迅猛发展，中国文化产品和服务贸易逆差逐渐缩小，其中一些行业正处于较为积极的贸易顺差态势中。2012 年，核心层中的“印刷品类”处于顺差地位，顺差额达 22.32 亿美元，外围及相关文化产品中大多数也呈现出贸易顺差态势。[①]

随着国家的重视以及企业的积极研发投入，国内文化产品和服务的质量和价值明显提高，一批具有民族文化特色和自主知识产权的知名的文化品牌正在不断涌现，扩大了国际市场对企业文化产品的需求，也进一步稳定了一些行业的贸易顺差趋势。

3. 文化产品在国际竞争中缺乏竞争力

中国的文化产品对外缺乏竞争力，对内缺乏吸引力，在国际文化贸易中入多出少。中国对外文化贸易的优势在于生产性文化商品的出口，而高附加值的文化服务类产品出口所占比重很低；在国际文化产业价值链的分工中，中国基本上还处于下游，获利空间狭小，没有形成一定的产业优势。

在国际文化市场上，中国仅占 1.5%的份额，而美国高达 42.6%。以 2012 年的电影为例，美国电影产量虽然只占全球电影产量的 10.1%，但其本土票房为 108 亿美元，海外票房则高达 239 亿美元；中国电影票房排名世界第二，为 27 亿美元，但其中的 51.54%、约 14 亿美元则是美国的海外票房。这个差距相当巨大。另外，演艺产品逆差也很大。中国引进和派出的文艺演出每场收入比约为 10∶1。美、日等国的“洋卡通”长期占据着中国的大部分动画消费市场。[②] 这整体上反映出当前中国核心文化产品价值不高，具有创新意义或者附加值高的产品仍旧缺乏，对中国的产品加工优势依赖性仍旧较强，需尽快提升产品的价值和核心竞争力。

（二）中国对外文化贸易的地区结构

对外贸易区域结构是一个国家对外贸易结构的重要组成部分，是该国

① 顾江主编：《文化产业研究》（第 9 辑），172—173 页，南京，南京大学出版社，2014。

② 欧阳雪梅著：《当代中国文化》，204—205 页，北京，五洲传播出版社，2014。

出口商品的归属地和进口商品来源地的所有商品累积形成的价值比例关系。通常情况下，对外贸易区域结构会受到不同国家的经济发展水平、经济互补性、国际分工模式和相关贸易政策的影响。中国对外文化贸易的国别（地区）结构则主要呈现为以下两个特点：

1. 出口目的地发生转移的趋势

出口目的地主要为发达经济体，但有向新兴经济体转移的趋势。2002—2014年间，中国出口文化产品的贸易伙伴中，发达国家（地区）的占比一直为60％左右，其中，美国一直是第一大出口目的国。

尽管发展中国家（地区）占中国出口文化产品的份额不是最高的，但是近几年的文化产品贸易额有较大幅度提升，从目前国内外经济形势看，未来还将持续这种发展的态势。在发展中国家（地区）中，新兴经济体的俄罗斯、巴西等国对华文化产品贸易有大幅的上涨。其中，俄罗斯的对华文化产品贸易涨幅最大，年均涨幅为1000％，而同期新兴经济体国家的年均涨幅为240％。发展中国家的年均涨幅为100％。①

2. 进口国（地区）相对固定、集中

中国对外文化贸易的相关数据表明，在中国的对外文化贸易结构中，一方面中国文化产品或服务进口的来源地主要集中在发达经济体，如中国香港地区以及日本、韩国、新加坡、美国、英国、德国、意大利等国，且相对稳定。另一方面中国的文化产品出口主要集中在与中国文化具有较大渊源的国家和地区，如中国香港地区以及日本、韩国、新加坡。这主要因为各国消费者的生活环境、教育、社会价值体系的差异导致了消费者思维方式、审美观及认知能力的差异，进而产生文化冲突。这种差异和冲突就导致了文化交流和传播时不可避免地产生了“文化折扣”现象。但是，中国与日本、新加坡等东亚国家同处儒家文化圈，中国的文化产品在这些国家的文化折扣度低，由同宗文化带动起相似文化产品和服务的消费者需求较为强烈，不过当前实际出口这些国家的文化产品数量仍然较少，市场处于仍需大力开拓阶段。随着中国与东亚国家的经济交流合作及文化产业区域性合作的逐渐加强，中国对外文化贸易将在东南亚市场上获得较快较好的发展。②

---

① 曹麦：《中国文化贸易统计分析》，《调研世界》，2016（6），55页。

② 顾江主编：《文化产业研究》（第9辑），174页，南京，南京大学出版社，2014。

（三）对外文化贸易的产品结构

文化贸易的结构不平衡，体现为“硬强软弱”的格局。中国自 1997 年以来文化出口贸易的产品结构调整速度非常缓慢，但总体演变趋势是贸易结构在逐渐优化。从 2003 年到 2012 年，文化产品在文化贸易出口额中所占比重高达 95%以上。在文化贸易的产品结构中，出口的文化产品 50%以上是游戏、文教娱乐和体育设备及器材，中国被公认为世界上文化硬件出口的第二大国，而文化内容和文化服务等软件方面的出口，几乎可以忽略不计，文化服务出口额占文化贸易的比重不到 1%。①

表 5-1　2003－2012 年中国文化产品和服务贸易结构

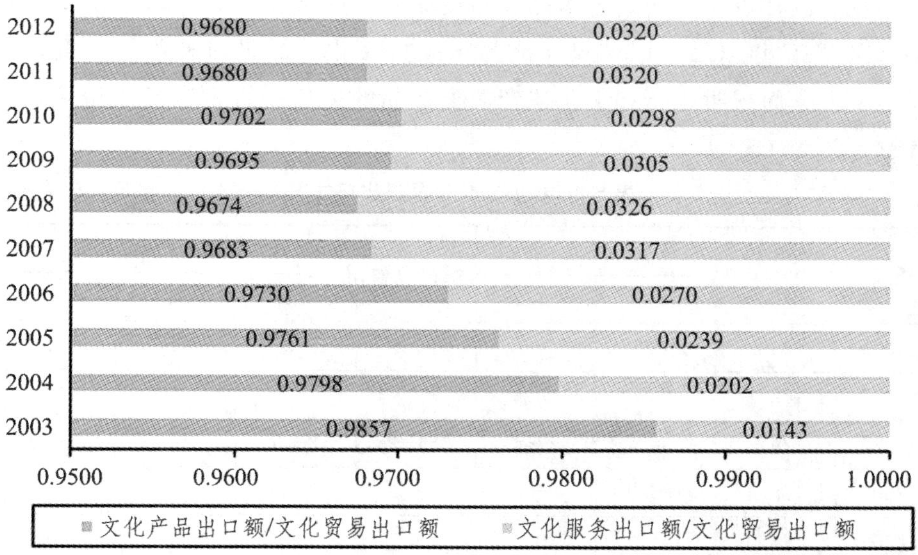

数据来源：根据 UNCTAD. STAT（联合国贸易和发展会议数据库）中 Creative Economies 的相关数据计算所得。http://unctadstat. unctad. org/wds/ReportFolders/reportFolders. aspx? sCS _ ChosenLang＝en.

中国对外文化贸易的优势在于生产性文化商品的出口，而高附加值的文化服务类产品出口所占比重很低；在国际文化产业价值链的分工中，中国基本上还处于下游，获利空间狭小，没有形成一定的产业优势。其主要原因有三：一是中国文化用品制造业成功地接收了发达国家和地区文化用品制造的梯度转移，从而迅速发展起来，并逐渐发展成为全球文化用品制造中心；二是因为中国对外文化贸易输出主要面对亚洲和华人聚居区，非

① 陈柏福著：《我国文化产业“走出去”发展研究——基于文化产品和服务的国际贸易视角》，110 页，厦门，厦门大学出版社，2014。

华人地区对中华文化及其产品的接收程度还相当初级，产业渠道建设严重滞后；三是当前国家文化贸易市场经过长期发展，已经形成了一定的特点和格局，包括市场度较高、实现集约化经营等，这些都影响了中国的文化产品和服务的出口竞争力。

单就文化产品贸易结构来看，中国核心文化产品进出口总额从 2005 年的 82.3 亿美元增长到 2014 年的 243.2 亿美元，10 年间增长了 195%，贸易顺差不断扩大。但是具体到核心文化产品的各个门类，2002－2014 年间，在文化产品出口方面，艺术品一直占最大份额，将近一半的比例。而书籍等能够体现文化内涵的印刷品类出口最少，仅占文化产品出口额的 10%左右。在进口方面，艺术品和印刷品是中国文化产品进口最主要的种类，但 2007 年以后，记录媒介成为第一大文化产品进口种类，一度达到 70%以上。而视听媒介和文化遗产两类产品的进口一直占有最小份额，二者总计约为 1%。①

表 5-2　核心文化产品进出口情况　　单位：亿美元

年份	进出口总额			贸易差额	增长		
		出口额	进口额		进出口	出口	进口
2005	82.3	78.9	3.5	75.4	19.7	22.6	22.5
2006	102.1	96.4	5.7	90.8	24.0	22.3	62.9
2007	129.2	106.8	22.4	84.3	26.6	10.7	295.6
2008	158.4	136.9	21.5	115.3	22.6	28.2	－4.0
2009	125.0	104.2	20.8	83.4	－21.1	－23.9	－3.3
2010	143.9	116.7	27.2	89.5	15.1	12.0	30.5
2011	198.9	186.9	12.1	174.8	38.3	60.2	55.6
2012	274.5	259.0	15.6	243.4	38.0	38.6	29.0
2013	274.1	252.3	22.8	228.6	－0.2	－3.0	46.4
2014	243.2	220.4	22.8	197.7	－11.3	－12.3	0.1

数据来源：国家统计局社会科技和文化产业统计司、中宣部文化体制改革和发展办公室编：《文化及相关产业统计概览——2015》②。

由上表可以看出，中国对外文化贸易的产品结构特征是“总体贸易增

① 曹麦：《中国文化贸易统计分析》，《调研世界》，2016 (6)，55 页。

② 国家统计局社会科技和文化产业统计司、中宣部文化体制改革和发展办公室编：《文化及相关产业统计概览——2015》，2 页，北京，中国统计出版社，2015。

速快，但贸易质量和水平不高，文化贸易逆差严重，贸易的产品结构和区域结构不尽合理，贸易渠道单一、贸易内容单一、贸易效益低下”[①]。文化产品在国际市场上处于边缘地位，文化的生产消费能力、文化创新能力、文化资源的利用和转化能力、文化市场营销能力还很弱。造成中国文化产品和服务贸易发展相对滞后的原因是多方面的，主要是缺乏对传统文化资源、文化产业发展和文化贸易的深刻认识；缺乏具有核心竞争力的知名品牌文化企业，高附加值文化品牌很难塑造，也很难顺利出口；文化产品和服务的传播平台落后，营销和贸易手段缺乏；文化贸易政策支持力度不够，文化贸易制度环境很不完善；国际文化贸易人才缺乏；文化产业和文化贸易发展的资金缺乏等等，这一系列因素制约着我国文化贸易的国际竞争水平的进一步提升。

第二节　文化贸易统计

一、文化贸易的统计范围

当前文化贸易在全球范围内迅速发展，并改变着传统的经济形式，对世界格局、经济发展趋势和可持续发展产生了重要影响。文化贸易统计是个实践性的概念，运用统计学的理论与方法研究文化贸易现象总体的数量特征和数量关系，既可以掌握国际文化贸易现状也可以预测国际文化贸易的发展势趋势，从而为文化贸易统计制度的探索奠定坚实的基础，注入强劲的动力。

（一）文化贸易统计的研究对象、原则与统计范围

1. 文化贸易统计的研究对象

统计学的研究对象是自然、社会客观现象总体的数量关系。随着社会生产和科学技术的进步，统计学总体上可以划分为社会经济统计学和数理统计学。数理统计学主要应用于自然现象的研究，而社会经济统计学则是研究社会现象的，研究社会经济现象在一定时间、地点、条件下的数量表现。[②]

文化贸易统计是社会经济统计学的重要分支，主要研究大量文化贸易

---

① 陈柏福著：《中国文化产业“走出去”发展研究——基于文化产品和服务的国际贸易视角》，214 页，厦门，厦门大学出版社，2014。

② 任蕴贞主编：《文化统计原理及其应用》，7 页，北京，中国人文出版社，2004。

现象的数量变化，研究文化贸易现象在一定时间、地点、条件下的状况及其发展过程，从而认识文化贸易现象的内在联系及其规律性。

2. 文化贸易统计的原则

在文化贸易统计进行统计的过程中，应注意以下几点：①贸易原则。国际文化贸易统计仅统计有偿的文化产品与文化服务的交易，不统计无偿的文化产品与文化服务的交易。②文化产业原则。国际文化贸易统计仅统计与文化产品和文化服务有关的贸易。③国别原则。国际文化贸易统计仅统计本国（地区）与其他国家（地区）之间所发生的交易，而不统计本国（本地区）居民和机构单位之间在国内（地区内）所发生的交易。

3. 文化贸易统计核算的范围

国际文化贸易的内容比较广泛，而且还在发展之中。因此，国际文化贸易的统计范围和分类相当混乱。不同部门和不同学者的界定都存在差异，不同国家对于国际文化贸易统计范围的差异更大更混乱。目前，国际上比较常用的国际文化贸易统计口径有两个来源：一个来自2009年联合国教科文组织公布的文化统计框架；另一个来自联合国贸发会议的分类体系。① 中国还没有一个权威的文化贸易统计指标，国家统计局、商务部、外汇管理局、国家海关总署仅从同际贸易相关指标和数据中剥离出、估算出文化贸易的指标和数据，但由于各部门核算的标准和方法不尽相同，往往出现同一指标而数据不同。

《2009年联合国教科文组织文化统计框架》的文化领域代表着一系列具有文化属性的生产制造活动和实践，可以归为纵向领域和横向领域。其中，纵向领域包括：A. 文化和自然遗产；B. 表演和庆祝活动；C. 视觉艺术和手工艺；D. 书籍和报刊；E. 音像和交互媒体；F. 设计和创意服务。横向领域包括：非物质文化遗产、教育和培训、档案和保存、装备和辅助材料。纵向领域的所有范畴与横向领域的非物质文化遗产都属于文化范畴，代表了最为核心的文化领域。当然，在某些情况下，有的文化活动可分属好几个领域，例如，音乐既可以归入“表演和庆祝活动”，也可以归入“音像”类，因为它既有现场音乐（表演）形式，又有音乐唱片（音像产品）形式，为了避免重复计算，每项活动只能进行一次归类。②

2004年联合国贸发会议第11次部长级会议明确了创意产业的分类，

---

① 向勇著：《文化产业导论》，369页，北京，北京大学出版社，2015。

② 联合国教科文组织、联合国开发计划署编，意娜等译：《2013创意经济报告——拓展本土发展途径（专刊）》，7页，北京，社会科学文献出版社，2014。

分为遗产、艺术、媒体和功能创意等四个组别九个子群。其中，遗产被确认为所有艺术形式的起源、文化与创意产业的灵魂，包括传统文化表现（如手工艺品、节庆活动）和文化场所（如考古遗址、博物馆、图书馆、展览）等两大子群；艺术是由文化遗产、民族认同和符号意义激发的，包括视觉艺术（如绘画、雕塑、摄影和古董）和表演艺术（如现场音乐表演、戏剧、舞蹈、歌剧、杂技和木偶戏等）等两大子群；媒体代表了与受众沟通而创作内容的出版和印刷媒体（如图书、报纸和其他出版物）以及视听产业（如电影、电视、广播和其他形式）等两大子群：功能创意由更具需求驱动和服务导向特色的创造实用性产品与服务的行业构成，包括设计（如室内设计、建筑设计、时尚用品、珠宝、玩具等）、新媒体（如软件、视频游戏、数字化创意内容）、创意服务（如建筑、广告、文化和娱乐活动、创意研发、数字及其他相关创意服务）等三大子群。①

从国际文化贸易的定义出发，我们参考中国文化产业的分类，在《文化及相关产业分类（2012）》与《对外文化贸易统计体系（2015）》的基础上对中国的国际文化贸易进行分类，文化贸易统计核算的范围涉及九类文化及相关产业。

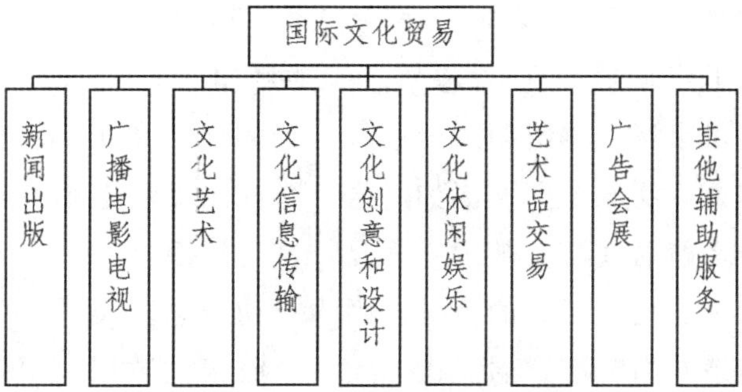

国际文化贸易的分类

（二）文化贸易统计分类方法的国际比较

根据联合国创意经济报告，国际上采用的文化贸易数据统计，有以下几种通行方法：

1. 欧盟国家收集文化产品贸易数据的分类方法

欧盟在文化产品的国际贸易中的方法是根据 2005 年联合国教科文组织《保护和促进文化表现形式多样性公约》建立的。2007 年，欧盟统计局

① 蔡翔、王巧林等著：《版权文化产业国际竞争力研究》，114－115 页，北京，中国传媒大学出版社，2013。

出版了《文化统计手册》(Pocketbook of Cultural Statistics)。在该手册中，七类产品被确认为欧洲分类中主要的文化贸易产品，即图书、报纸和期刊、激光唱片和数字化视频光盘、艺术作品、收藏品、古董、乐器。多数欧盟成员遵循文化统计领导小组定义的原则并且开发了类贸易统计。

2. 南美共同市场的统计方法

代表了南美文化产业的视角，这种分类方法是根据在文化生产循环过程中的产品与服务的功能，也是唯一从发展中国家角度关注贸易统计的方法论。该文化统计分类方法在南美国家是一个新实践，《安德烈斯·贝略公约》提议的方法论为南美国家提供了一个测度文化产品流通的实用工具。根据在文化生产循环图中的位置，这种分类方法区分了三种类型的产品：一类是典型性产品，指的是文化领域中的典型产品与服务，表明符号性；一类是相关产品，如印刷用纸、录像带或麦克风；一类是辅助产品，包括营销和经销在家庭最终消费中扮演辅助角色、使家庭消费文化成为可能的产品（例如电视机、音乐播放器或录像机）。[①]

3. 英国创意产业方法论

英国创意产业的官方分类确立了11个类别，包括以下产业：视频、电影和摄影作品；音乐及视觉和表演艺术；建筑设计；出版物；电脑游戏、软件、电子出版物；手工艺品；广播和电视；广告；设计；时尚用品；艺术和古董市场。英国创意产业方法论的优势在于，它比欧洲文化产业方法论拥有更广泛的范围。诸如广告、时尚用品和电脑游戏等被包含在其分类中，而之前这些没有被确立为是“文化”活动的一部分。对这种分类方法的争议主要是来自它的范围，因为当初设立分类的目的是测度产业“活动”，而不是专门测度贸易流通，大部分收集的数据也不是创意活动的结果。

4. 联合国教科文组织的《文化统计框架》

联合国教科文组织于1986年制定了第一版《文化统计框架》(FCS)，在这个版本中，9个类别被确定为文化活动，即文化遗产、印刷和出版、音乐、表演艺术、声音媒体、视听媒体、社会文化活动、体育和游戏、环境和自然。2009年联合国教科文组织更新了文化统计框架，明确了文化循环图中的五个步骤，即创作、生产、传播、展览/传递和消费/参与；文化

① 中央文化企业国有资产监督管理领导小组办公室、中国社会科学院文化研究中心编：《中国对外文化贸易报告（2014）》，104－105页，北京，社会科学文献出版社，2014。

领域的定义包括六个领域和12个子群。[①]

以上这些方法论对一些国家发展其文化创意产业产生了影响，不仅是不同类型的文化统计分类方法的代表，也是文化创意产业的不同策略路径。

（三）中国国际文化贸易统计实践现状

中国没有专门统计文化贸易的数据资料，统计国际艺术品贸易的数据资料更是少之又少。相关部门对文化产品和服务进出口数据的收集渠道、统计口径存有差异。如国家统计局统计报告、商务部进出口贸易统计、新闻出版总署统计图书音像产品进出口数据、国家版权局统计版权贸易情况、外汇管理局相关统计、海关对部分硬件类文化产品进行统计等，这些数据各有统计标准。

海关统计标准是以进出口实际贸易为准的统计方法。它采用国际通用的《商品名称及编码协调制度》（简称《协调制度》），已经成为国际贸易管理的重要基础和工具，应用于现行的关税及进出口环节税（消费税和增值税）的征收、原产地管理、检验检疫、军控和环保管理以及中国实施的各类非关税措施。以艺术品进出口贸易为例，《协调制度》按商品的生产门类、自然属性和功能用途分为21类97章，由6位品目和子目、4个层级构成。其中艺术品主要集中在第97章，其他文化商品分散在其他品类。[②]

这种纷繁多样的统计，急需一个统一归口的统计报告来统一标准、统一科目、统一渠道、统一来源。这个问题源于中国计划经济时代长期形成的条块分割的状况，有待于进一步的体制改革和机制创新。

中国相关职能部门对文化贸易统计范围、原则及方法等问题努力进行探索，并取得一定成绩。

1. 不断调整和完善文化产业的分类统计工作

产业是贸易发展的重要基础。文化产业分类及统计工作的推进为文化贸易统计制度、体系的设计和实施开辟了道路。2012年7月，国家统计局出台新的《文化及相关产业分类》。分类办法从国家有关方针政策出发，结合国家实际情况，给出了文化及相关产业的定义，并且指出了其覆盖范围及五个层次的划分。《文化及相关产业分类（2012）》是以《国民经济

① 中央文化企业国有资产监督管理领导小组办公室、中国社会科学院文化研究中心编：《中国对外文化贸易报告（2014）》，106－107页，北京，社会科学文献出版社，2014。

② 中央文化企业国有资产监督管理领导小组办公室、中国社会科学院文化研究中心编：《中国对外文化贸易报告（2014）》，110页，北京，社会科学文献出版社，2014。

行业分类》(GB/T4754—2011)为基础，根据文化及相关单位生产活动的特点，将行业分类中相关的类别重新组合，是《国民经济行业分类》的派生分类。本分类不仅兼顾了部门管理需要和可操作性，而且借鉴了联合国教科文组织的《文化统计框架—2009》的分类方法，在定义和覆盖范围上可与其衔接。该分类为界定中国文化及相关单位的生产活动提供依据，为当前的社会主义文化建设、文化宏观管理提供参考，为文化及相关产业统计提供统一的定义和范围。

2. 不断完善和提升国际服务贸易的统计水平

2008年1月1日，中国开始实行《国际服务贸易统计制度》(以下简称《制度》)，2012年进行了修订，新的《制度》于2012年8月1日起正式施行。《制度》有较为明确的测量目标及相应的统计指标，有完整的表格体系和可靠的执行机构，有可行的对四种服务供应模式的测量方法。《制度》的建立为中国服务贸易统计工作确定了法律依据。中国服务贸易统计开始逐步形成以居民与非居民之间的服务贸易和外国附属机构的服务贸易为两条基本主线，以自然人移动统计为辅线，覆盖四种服务贸易模式的统计框架。从2011年开始，有关建筑及相关工程服务、教育服务、环境服务、医疗、保健和社会服务、娱乐、文化和体育服务、分销服务和其商业服务的贸易数据开始通过《服务贸易统计直报系统》进行申报和收集。此外，计算机和信息服务，特许使用费和许可费贸易数据的采集来自于软件出口和服务外包统计系统和技术进出口信息管理系统。数据采集方式的完善改变了以往只单一依靠BOP统计的局面，增强了数据的有效性和针对性。[①] 国际服务贸易统计制度的制定以及统计方法的改进为国际文化贸易，特别是国际文化服务贸易的统计实践铺平了道路。

3. 探索和推进文化统计以及文化服务贸易统计业务

改革开放30多年来，尤其是党的十六大以来，随着文化体制改革的不断深入，文化统计工作适应改革的需要也得到了长足的发展，调查范围已由对本部门文化事业单位的统计转变为对全社会文化及相关行业进行统计，统计手段也实现了由传统的纸张传递向程序化操作的变革。然而，当前中国文化发展已经进入到一个新的阶段。文化发展的新形势给文化统计工作提出了更高的要求。面对日益繁重的统计任务，面对不断增强的统计

① 杨丽琳：《对〈国际服务贸易统计制度〉中服务贸易统计框架的分析与评价》，《统计研究》，2012 (3)，4页。

责任，需要进一步规范统计工作，充实统计人员，提高统计数据质量。因此，借鉴国务院其他部门的经验，文化部于2012年6月21日以部门规章的形式发布了《文化统计管理办法》，自2012年9月1日起施行。该《办法》为文化统计工作提供了强有力的制度保障。商务部也于2011年发布《关于做好文化服务贸易统计试点工作的通知》（商服贸统便字〔2011〕59号），在安徽、河北、上海、江苏、浙江、广东六省开展全国文化服务贸易统计试点，以研究建立文化服务贸易发展科学评价指标体系，完善服务贸易统计体系，促进中国文化服务贸易发展，为相关政策制定提供决策参考，并将相关数据作为商务部文化出口重点奖励资金评审的重要依据之一。上述做法无疑构成中国国际文化贸易统计探索的重要组成部分。[①]

4. 初步建立对外文化贸易统计体系

2015年7月28日，商务部、中宣部、文化部、新闻出版广电总局、海关总署近日联合发布了《对外文化贸易统计体系（2015）》。这一重要成果的发布，对迫切需要具有国际可比性统计数据的中国对外文化贸易影响深远。该体系首次规范统一数据统计口径。新的统计体系修订了中国现行的文化产品和服务进出口统计目录，形成《我国文化产品进出口统计目录（2015）》和《我国文化服务进出口统计目录（2015）》。新修订的《对外文化贸易统计体系（2015）》在分类上实现了与国家统计局《文化及相关产业分类（2012）》和海关总署《商品名称及编码协调制度（2015）》的有效衔接，涵盖了更广范围的文化产品和文化服务类别。对外文化贸易统计体系充分借鉴了国际文化统计标准。《我国文化产品进出口统计目录（2015）》和《我国文化服务进出口统计目录（2015）》合理借鉴了联合国教科文组织的文化统计框架，实现了国际接轨。在统计目录的类别上，文化产品进出口统计目录分为核心层与相关层，包括了出版物、工艺美术品及收藏品、文化用品及文化专用设备四大类共268个8位海关商品编码；文化服务进出口统计目录也分为核心层与相关层，涵盖6大类，21个中类，46个小类。两个目录在整体上均与联合国教科文组织的文化统计框架绝大部分一致并配有国民经济行业分类名称与代码。[②]

总而言之，对于跨领域、跨行业、跨行政管理部门、具有交叉性质且

① 王海文：《我国国际文化贸易统计实践探索》，《山西师大学报》（社会科学版），2013（6），62—63页。

② 徐晨：《解读〈对外文化贸易统计体系（2015）〉》，《中外文化交流》，2015（10），11页。

部门众多的国际文化贸易来说，其统计实践正处于起步阶段，面临的问题和困难重重，国际统计新理念为构建有中国特色的文化贸易统计指标体系提供有益的启示和借鉴。

我们也应该看到，由于文化产业、创意经济是一个全新的产业形态，加之各国不同的统计制度和统计规范，对外文化贸易的统计在全世界都是一个难题。

二、中国主要行业的文化贸易统计概述

联合国教科文组织统计研究所发布的报告《文化贸易全球化：文化消费的转变——2004 年—2013 年文化产品与服务的国际流动》，循着数据，中国文化产品出口的强项与短板一览无余："占中国文化产品出口第一位的是金制珠宝和配件，为 46%，其次是雕塑和塑料装饰物，占 10%。"[①] 而书籍、设计和创意产业等领域的文化产品出口仍需加强。

（一）图书出版产业

图书版权贸易具有典型的文化产业特征。图书作为一种商品，不仅仅是简单的用于交换的劳动产品，还富有文化、思想等丰富内涵，因此，图书版权贸易无论从形式、内容，还是对贸易各方面来讲，都有重大而深远的意义，是中国出版事业的重要组成部分。[②]

近年来，中国图书版权"走出去"的数量不断增长，图书版权贸易的逆差逐渐缩小。然而，我们不能仅仅满足于图书版权"走出去"的绝对数量的增长，更应正视数量背后的各种问题。

从总量规模来看，中国图书出版出现了"边际递增"的扩张态势，其成因在于出版限制政策的放松、出版经营方式的转变和专利知识产权的保障等出版制度的演变。从结构组成来看，中国图书出版表现出较大的结构性差异；就地区结构而言，中国图书出版主要向东部地区特别是北京市、上海市和江苏省三个省市集聚；就学科结构而言，文化、科学、体育和教育类、工业技术类、文学类和经济类图书具有较大的市场需求；就贸易结构而言，中国图书版权贸易逆差的形成主要来源于美国、英国和日本等国家的产品输出。[③] 综上所述，中国图书版权贸易的规模扩张和结构形成都

① 中国人民大学书报资料中心：《文化产业专辑》，2016（6），149 页。

② 梁昭著：《文化贸易统计》，69 页，北京，中国统计出版社，2013。

③ 朱江丽、李子联：《中国图书出版的规模与结构——数据告诉了我们什么?》，《出版科学》，2015（5），49－51 页。

与经济体制演变和经济发展水平关联甚密。

总体来讲，中国的图书版权贸易一直处于逆差状态，图书版权的引进总量远远超过输出总量，曾一度超过 10∶1。1999 年到达顶峰之后逆差逐年减小，2002 年达到 7.9∶1，2003 年激增至 15.4∶1，2004 年又回落到 7.6∶1。[①] 比较 1998—2008 年版权贸易的数据，引进和输出比的均值是 10∶1。[②] 而最近的统计数据表明，虽然引进和输出版权数量都在平稳增长，输出数量的增长率高于引进数量的增长率，版权贸易逆差正在缩小，长期以来的大幅贸易逆差态势正在逐步减缓，但是我们还是应该看到，2014 年中国大陆输出图书版权 10293 项，引进图书版权 16695 项，引进数量仍然大于输出数量。

表 5-3　中国大陆图书版权引进与输出情况（1998—2014）

年份	版权引进种类（种）	较上年增长率（%）	版权输出种类（种）	较上年增长率（%）	引进输出比
1998	5469	69.63	588	66.57	9.3∶1
1999	6461	18.14	418	−28.91	15.5∶1
2000	7343	13.65	638	52.63	11.5∶1
2001	8250	12.35	677	6.11	12.2∶1
2002	10235	24.06	1297	91.58	7.9∶1
2003	12516	22.29	811	−37.47	15.4∶1
2004	10040	−19.78	1314	62.02	7.6∶1
2005	9382	−6.55	1434	9.13	6.5∶1
2006	10950	16.71	2050	42.96	5.3∶1
2007	10255	−6.35	2571	25.41	4.0∶1
2008	16969	65.47	2455	−4.51	6.9∶1
2009	13793	−18.72	4205	71.28	3.3∶1
2010	16602	20.37	5691	35.34	2.9∶1
2011	14708	−11.41	5922	4.06	2.5∶1
2012	17589	19.59	9365	58.14	1.9∶1
2013	18167	3.29	10401	11.06	1.7∶1
2014	16695	−8.10	10293	−1.04	1.6∶1

资料来源：根据国家版权局网站统计资料整理，http://www.ncac.gov.cn/chinacopyright/channels/6468.html.

① 梁昭著：《文化贸易统计》，70 页，北京，中国统计出版社，2013。

② 陈建中等著：《中国图书流通体制改革研究》，179 页，北京，中国经济出版社，2013。

值得注意的是，在版权输出中有一部分是引进类版权图书的再输出。译林出版社和上海译文出版社输出图书的很大一部分为引进版图书的繁体中文版的输出，或者是全球中文版的图书。因此，中国实际输出的本土原创版权的数量其实还要略低一些。而且，如果把对台港澳地区的引进和输出排除在外，单纯对国外的版权贸易的逆差还要大得多。①

（二）电视产业

2009年，中国电视节目（包括电视剧、纪录片和动画）出口总收入为9173万元，这个数字到2015年增长为27226万元。中国电视节目版权出口的主要对象包括美国、加拿大、新加坡及中国香港、台湾地区，欧美国家的海外华人观众和华语文化圈的地区是中国电视节目的主要受众。②

表5-4　2009—2014年中国电视节目进出口情况

	指标	2009	2010	2011	2012	2013	2014
进口情况	全年电视节目进口总额（万元）	49146	43047	54099	62534	58658	20902
	全年电视节目进口量（小时）	21426	22197	21790	13089	18943	26089
出口情况	全年电视节目出口总额（万元）	9173	21010	22662	22824	18166	27226
	全年电视节目出口量（小时）	10238	13762	25657	37573	21270	21670

资料来源：根据国家统计局网站中国统计年鉴整理，http://www.stats.gov.cn/tjsj/ndsj/.

2012年来，国产电视剧集中涌现出一批精品，在国际上赢得了较高的声誉。《媳妇的美好时代》红遍非洲；《金太郎的幸福生活》缅甸热播；《甄嬛传》《还珠格格》亮相美国主流电视台。在价格方面，《甄嬛传》打破了低价格局，在美国的卖价比国内卫视首轮播出的价格高。所有这一切，为中国电视后续产品海外影响力的扩大奠定了良好的基础。

电视剧出口主体格局与发行模式有所变化。首先是影视节目出口主体企业有了明显变化。除中国国际电视总公司在出口数量和金额上依然发挥着主渠道优势外，北京、上海、江苏、广东、浙江、湖南等地的一些民营影视机构，上升优势逐渐显现。2010年上市的华策影视被业内誉为中国“电视剧第一股”，其盈利模式恰恰在于将电视剧制作的中间环节全部交给市场，重点放在剧本与发行两头。其“左手发行优势，右手海外资源”的

① 梁昭著：《文化贸易统计》，71页，北京，中国统计出版社，2013。

② 张晓明、王家新、章建刚主编：《中国文化产业发展报告（2012—2013）》，96页，北京，社会科学文献出版社，2013。

海外发行模式，开创了一条影视产业“走出去”的新路。随着国产剧的影响力日益扩大，国外出现了不少中国电视剧的忠实粉丝，他们借助新媒体接受中国电视片，新媒体渠道悄然崛起。

但是，中国电视剧进出口情况却常年呈现贸易逆差。近年来，中国电视剧年对外出口额度都徘徊在一个亿左右，受国际金融危机的波及，2009年的出口额暴跌至三千余万。与此相对，进口量却稳定维持在二三亿元，达到出口量的2.5倍甚至3倍，贸易逆差虽然在逐年缩小，但仍相当严重。比较美、日、韩等影视产业发达国家，中国电视剧的输出量和影响力仍然相形见绌。以2008年为例，中国电视剧出口总额约7525万元，这仅与韩剧出口到中国的金额基本持平，而当年韩国电视剧出口总额达1.05亿美元。近几年，国产剧输出有所提升，2011年中国出口电视剧出口额达2000万美元，但同年韩国的电视剧出口额高达2.52亿美元。①

（三）电影产业

电影贸易属于服务贸易的范畴，在中国的国际收支平衡表里，通常把电影、音像归类到服务贸易一栏。电影贸易统计，则是为了更好地反映电影贸易的发展状况和变化趋势，对电影行业各项经济活动的统计。电影贸易统计的主要内容涉及国家与国家之间的电影进出口数据量，外国电影与本国电影在本国的票房数据。

准确权威的电影统计信息是电影产业健康有序发展的重要保证，是分析导演与演员的市场潜力、影片类型的观众喜好、电影的市场前景等因素的基本数据资料，是电影投资、制片、发行各方对市场进行科学分析的重要依据。完善的电影统计体系和准确的电影统计信息是衡量一个国家电影业健康快速发展水平的重要标志。在全球化的时代，电影作为一种影响广泛的大众媒介，在构建国家形象，提升文化软实力方面占有重要的地位。国际电影贸易不仅促进电影产业结构调整，实现文化产品的增值，增加国家外汇收入，而且还有助于民族文化的对外传播和国家形象的国际塑造。近年来，世界各国纷纷制定相关扶持政策，鼓励本国电影产业拓展国际市场，充分发挥文化“软实力”的影响力和渗透作用。从这一层面来讲，不断完善电影贸易的统计工作具有与时俱进的重要意义。②

进入21世纪，中国电影服务贸易呈增长势头，进出口总额从2005年

---

① 金元浦、王瑞津：《2012—2013年度中国电视剧对外贸易发展报告》，《艺术百家》，2014（4），20页。

② 梁昭著：《文化贸易统计》，132页，北京，中国统计出版社，2013。

的2.88亿美元增长到2014年的10.48亿美元。其中出口额从2005年的1.34亿美元增长到2014年的1.75亿美元；进口额从2005年的1.54亿美元增长到2014年的8.73亿美元。2015年，进口片在中国的年票房为166.1亿元，大概占了39%的市场份额。① 在贸易差额方面，除了2006—2008年中国电影服务贸易出现过短暂的顺差状况外，其他年份电影服务贸易均存在着贸易逆差且逆差额呈现扩大态势。

表5-5　2005—2014年中国电影服务贸易的进出口情况

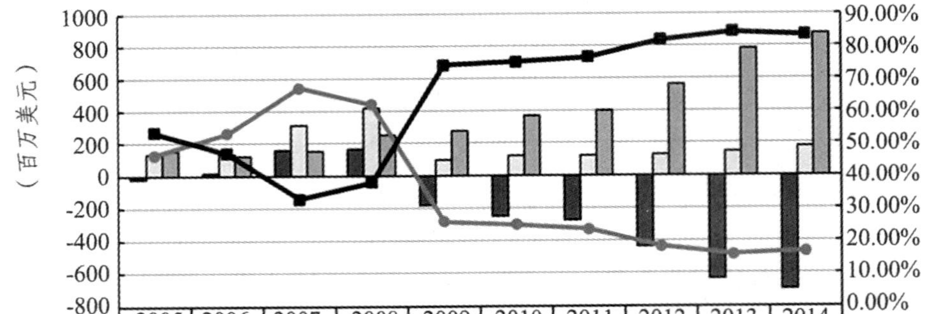

	2005	2006	2007	2008	2009	2010	2011	2012	2013	2014
差额	-20	16	162	163	-181	-248	-277	-438	-636	-698
出口	134	137	316	418	97	123	123	126	147	175
进口	154	121	154	255	278	371	400	564	783	873
出口占比	46.53%	53.10%	67.23%	62.11%	25.87%	24.90%	23.52%	18.26%	15.81%	16.70%
进口占比	53.47%	46.90%	32.77%	37.89%	74.13%	75.10%	76.48%	81.74%	84.19%	83.30%

数据来源：国家外汇管理局：《中国国际收支平衡表时间序列数据1982—2014（BPM5）》http://www.safe.gov.cn/wps/portal/sy/tjsj_szphb，2015—06—30。

中国电影全球化的步伐也在加快。2015年，国产电影海外票房达27.7亿元，同比增长48.13%，但仍然只相当于国产电影国内票房收入的10%。2016年伊始，《寻龙诀》《老炮儿》等影片在海外热映，受到海外华人的喜爱，创下近年来国产影片海外票房的最好成绩。② 但中国国产电影出口乏力的状况依然存在。正如有关方面负责人所总结，国产电影走出去还处在“三多三少”阶段：产量多，走出去少；参加公益性活动多，进入商业院线少；进入国外艺术院线、华人院线多，进入主流院线少。③

在电影贸易结构方面，中国电影产品进口商品结构呈现多元化，而中国电影产品的出口商品结构则非常单一，主要以纯粹的电影放映出口为

---

① 艺恩：《2015国产电影发行市场白皮书》，http://doc.mbalib.com/view/b0721393634d87eaef69eb6288e39c.html.

② 金晶：《国产电影，量质双升又一年》，《经济日报》，2016年1月19日，12版。

③ 尹鸿、孙俨斌：《2015年中国电影产业备忘》，《电影艺术》，2016（2），16页。

主，相关衍生产品的出口微乎其微，所占份额非常少。在电影服务进出口市场方面，中国电影产品进出口市场所在国家及地区较为集中：美国、英国、法国、日本、韩国是主要的进口地；日本、韩国、朝鲜、新加坡、马来西亚、泰国和中国港澳台地区等与中国有着类似文化的亚洲国家和地区是电影产品的主要出口地。

（四）演艺产业

由于演艺的特殊性，使得演艺对外贸易在文化贸易中显得格外与众不同，演艺对外贸易主要是演艺的服务贸易。艺术表演对外服务主要包括两种方式：一种是以资本和劳务输出模式为主，提供过境交付服务，如文艺院团的巡回演出；另一种是提供境外消费模式，主要与休闲旅游结合，作为一项旅游内容，到知名娱乐场所观看文艺演出。演艺对外贸易的核心是商业演出和演艺版权贸易，它是通过购买原作品的表演版权后，结合劳务表演，运用商业运作方式进行贸易的一种方式。例如，英国阿加莎·克里斯蒂作品在上海话剧演艺市场上占有一席之地。以演出话剧为主的上海捕鼠器戏剧工作室和上海现代人剧社，找准英国阿加莎作品版权方，通过对方的版权授予与合作排演等方式，获得制作和演出阿加莎作品华语戏剧版权的独有权限，以获取版权贸易利益最大化。[①] 由于中国演出市场仍处于培育和发展阶段，对外演出的整体局面依旧处于演出贸易逆差和演出交流乏力的状况。

近年来中国演艺行业对外贸易在政策利好的环境下取得了进一步的提高。2016 年 4 月 20 日，中国演出行业协会发布了《2015 中国演出市场年度报告》。统计数据显示，2015 年中国演出市场总体经济规模为 446.59 亿元，相较于 2014 年的 434.32 亿元，上升了 2.83%。值得一提的是，在经历了 2014 年的调整期之后，2015 年中国演出市场逐渐回暖，更趋理性，涌现出一些新业态，行业更加重视创新和作品质量，越来越多的社会资本将目光投向演出领域。一些演出剧目已进入海外主流市场。京剧程派名家张火丁在美国纽约林肯艺术中心的演出在《纽约时报》有多个版面报道；上海歌舞团舞剧《朱鹮》日本巡演 64 天，在 29 个县、市演出 57 场，观众近 12 万人次；2015 年法国阿维尼翁戏剧节也有 4 部中国戏剧作品亮相。中外演出项目联合制作进一步加深。中国国家话剧院与英国国家剧院联合制作了舞台剧《战马》中文版。[②]

① 王婧著：《国际文化贸易》，195 页，北京，清华大学出版社，2015。

② 中国演出行业协会：《2015 中国演出市场年度报告》，http://www.capa.com.cn/news/showDetail?id=81366.

中国的对外文艺演出影响大，但盘子小、市场规模有限，存在着文化宣传交流与商业演出交错，甚至冲突的现象。与游戏、电影等行业在内容、渠道、运营等环节的日渐成熟相比较，对外文艺演出宣传性积习很多，完善的市场化机制尚未建立。

中国演艺公司是对外演出贸易的主体，可以分为国有演艺院团和民营演艺剧团两大类。其中国有演艺院团的对外演出活动多偏于促进文化交流和提升文化影响力，而民营演艺院团对外演出则以赢利为主要目的。

民营剧团在对外演出贸易中更为艰辛，以天创演艺为例，《功夫传奇》是其对外演出的首部剧目，2005 年在北美进行了长达 5 个月的巡演，共计 150 场，观众人数达 11 万人次，票房总收入 300 万美元。2009 年，《功夫传奇》进入英国伦敦大剧院，连续演出 27 场，观众上座率为 60%。2009 年底，天创国际投资 354 万美元在美国密苏里州布兰森市收购了“白宫剧院”。2012 年 1 至 4 月，《功夫传奇》在西班牙、葡萄牙两国巡演 112 场。① 对于大部分的民营剧团而言，现在依旧处于探路和积累经验的阶段，对外演出贸易整体实力依旧非常弱。2009—2012 年主要民营剧团对外演出的剧目主要有《龙狮》《功夫传奇》《云南印象》《大梦敦煌》等。

（五）艺术品

艺术品国际贸易是指艺术品在国际的跨境交易或交换。按照艺术品国际贸易中的流向，可以将艺术品国际贸易分为艺术品出口贸易与艺术品进口贸易。艺术品出口贸易指的是一国将本国出产或收藏的艺术品与其他国家（地区）进行交易或交换的活动，而艺术品进口贸易指的是一国与其他国家（地区）交易或交换由该国家（地区）出产或收藏的艺术品的活动。

2016 年，欧洲艺术基金会发布《TEFAF2016 全球艺术品市场报告》数据显示，2015 年全球艺术品市场销售总体下滑 7%，由 682 亿美元跌至 638 亿美元。其中美国作为最大的艺术品市场，占据全球艺术品市场 43% 的销售额，英国和中国分别以 21%、19%位列第二和第三。

截至 2014 年，经过 6 年的成长，中国艺术品国际贸易额达历史新高。这一方面，由于 2014 年艺术品市场的强劲表现；另一方面，因为国际艺术品的流通性进一步增强。2014 年美国和英国 2 个国家占据了艺术品和古董进口总额的 61%，比 2004 年 69%的份额有所下降。中国艺术品市场的

---

① 中央文化企业国有资产监督管理领导小组办公室、中国社会科学院文化研究中心编：《中国对外文化贸易报告（2014）》，160 页，北京，社会科学文献出版社，2014。

进出口额虽然在近些年有所提升，例如，进口额占全球比例从 2004 年的 2%上升至 9%，出口额从 1%上升至 5%，但是仍与其艺术品市场的实际规模不相匹配。①

表 5-6 《协调制度》中艺术品名类

章目	编号	商品名称
第 97 章 艺术品、收藏品及古物	9701	油画、粉画及其他手绘画，但带有手工绘制及手工描饰的制品或品目 4906 的图纸除外；拼贴画及类似装饰板。
	9702	雕版画、印制画、石印画的原本。
	9703	各种材料制的雕塑品原件。
	9704	使用过或未使用过的邮票、印花税票、邮戳印记、首日封、邮政信笺（印有邮票的纸品）及类似品，但品目 4907 的货品除外。
	9705	具有动物学、植物学、矿物学、解剖学、历史学、考古学、古生物学、人种学或钱币学意义的收集品及珍藏品。
	9706	超过 100 年的古物。

资料来源：王长松、杨裔：《中国艺术品进出口贸易分析》，《湖南社会科学》，2014 (3)，243 页。

中国没有单独的艺术品贸易的数据统计，散落在各个相关部门，加之统计口径差异较大，致使研究艺术品进出口贸易不够精确。因此，完善文化贸易统计系统，特别是艺术品贸易统计系统势在必行。以海关统计中的第 97 章商品为例结合海关信息网相关统计数据分析艺术品进出口贸易情况，发现中国艺术品贸易在贸易差额方面存在顺差现象。中国艺术品的出口能力具有巨大的优势，将来的艺术品贸易中需要继续保持这种优势，并不断提升科技含量和服务质量，营造品牌产品。在国际贸易地理方向方面，中国艺术品的主要出口市场为美国、日本、欧盟，还有中国香港和台湾地区。②

（六）动漫游戏产业

1. 动漫产业

所谓动漫产业是指漫画、电视动画、电影动画与其衍生品相结合的资金密集型、科技密集型、知识密集型和劳动密集型的重要产业，具有消费群体广、市场需求大、产品生命周期长、高投入、高回报率、高国际化程

① 孔达达：《中国艺术品市场份额保持全球第三》，《美术报》，2016 年 3 月 19 日。

② 中央文化企业国有资产监督管理领导小组办公室、中国社会科学院文化研究中心编：《中国对外文化贸易报告（2014）》，211 页，北京，社会科学文献出版社，2014。

度等特点。如2015年的《西游记之大圣归来》终于成为国产动画的饕餮盛宴，揭开了中国动画电影新的里程，一经上映就以强势逆袭，取得了9.5323亿元的票房，荣获了第三十届中国电影金鸡奖在内的诸多奖项，真正实现了口碑和票房的大丰收。2016年上映的迪士尼动画《疯狂动物城》，在北美以首日票房1946.9万美元登票房榜顶，在中国首日票房2239万元。[①] 截至2016年6月5日，《疯狂动物城》的北美票房为3.372亿美元，海外票房6.628亿美元，占比其总票房的2/3。

电视动画方面，从进口地区和国别来看，中国电视动画节目主要进口自亚洲、美洲和欧洲，以及日本、美国等国家，中国台湾、香港等地区。从出口洲域和国别来看，中国电视动画节目主要出口到亚洲、美洲、大洋洲、欧洲和非洲，以及美国、日本、韩国等国家和东南亚、中国香港、中国台湾等地区。

2014年，全国各级电视频道动画片播出数量为304839小时，其中国产片288955小时、进口片15883小时，与2013年相比，增长率分别为3.99％、3.52％和13.33％，国产片和进口片所占比值为94.79∶5.21。2014年，中国电视动画节目共对外出口2628小时，出口贸易金额3190万元，均价为1.21万元/小时；同期进口4560小时，进口贸易金额11028万元，均价为2.42万元/小时；存在贸易逆差7838万元，且平均进口价格为出口价格的2倍。动画电影方面，2015年国产片（含合拍片）票房达到19.26亿元，进口片票房为23.19亿元，国产片和进口片所占比例分别为45.38％、54.62％。与往年相比，国产动画电影与进口动画电影的票房收入差距正在逐步缩小，国产片所占比例较2011年（20.64％）提高近25％。[②] 国内没有关于动画电影出口的统计数据，从相关报道可以看出，目前中国动画电影的出口市场与动画电视片的出口市场相类似。

漫画方面，早在2006年，天津神界动漫公司出品的日文版动漫《水浒传》就率先全面打开了日本市场，标志着中国原创漫画作品打入日本漫画市场实现了零的突破。2010年，日文版动漫《三国演义》在日本正式面世。销售覆盖日本国内中小学校的课堂、书店、便利店和图书馆。到2014年，中国的《四大名著》系列的动漫已经销售到了日、韩、英、法、越等

① 陈思源：《从动画片〈疯狂动物城〉看迪士尼动画的市场化》，《戏剧之家》，2016（3）下，114页。

② 中国动漫游戏产业年度报告课题组：《2015年中国动漫游戏产业发展报告》，《出版发行研究》，2016（6），6页。

近20个国家和地区，全球发行550万册，收入达1700万元，以其发行数量之多、出口金额之大、发行范围之广成为中国动漫产品“走出去”的成功典范。在向欧美市场漫画出口的公司中，以北京天视全景文化传播公司为代表。与天津神界漫画公司力推本公司作品形成对比的是，该公司以漫画版权出口为主营业务，处于中国漫画作者和国外出版社之间，为国内众多漫画作者提供代理服务。①

2. 游戏产业

中国游戏产业市场化程度最高、出口增速最快。2008—2012年，中国游戏产业出口增速超过60%，辐射范围遍及世界几十个国家和地区。完美时空、盛大等行业领先企业还在热点市场成立分公司。以并购和自立子公司的方式开展游戏运营，从而提高盈利水平，并能更好地掌握在该国市场的拓展步伐。与此同时，随着中国游戏企业国际市场拓展的步伐加快，将不可避免地与韩国、美国等游戏强国的企业发生市场争夺，东南亚等文化折扣相对较低的区域，市场已趋近饱和。而南美、中东以及俄罗斯等国家的“蓝海”市场还有待拓展。②

2015年7月7日，文化部发布了《2014年中国网络游戏市场年度报告》。数据显示，2014年中国网络游戏市场整体销售收入为1062.1亿元，同比增长29.1%，首次突破千亿大关。网络游戏规模扩大主要得益于移动游戏的高速增长，中国移动游戏市场销售收入268.6亿元人民币，比2013年增长了109.1%，市场占有率达到24%。③

在网络游戏出口方面，2014年中国游戏产品出口快速增长，收入达到26.8亿美元，比2013年增长194.5%，增速较2008年增长近37倍。2010—2014年，国产网络游戏产品累计出口数量已经突破500款，参与出口的网络游戏企业接近200家，国产网络游戏海外出口收入稳步增长。④

随着代理门槛的急速提升，中国企业纷纷在海外设立子公司，独立运营游戏产品，而不再把授权作为唯一的海外出口模式。腾讯、盛大、九城等中国网游企业纷纷在韩国建立子公司，中国游戏企业通过海外子公司运

① 苏锋：《中国对外动漫产品贸易年度发展研究》，《湖南社会科学》，2014（3），237页。

② 中国文化产业年鉴编辑部编：《中国文化产业年鉴》，778页，北京，光明日报出版社，2013。

③ 王婧著：《国际文化贸易》，178页，北京，清华大学出版社，2015。

④ 来有为、杨晓东、黄斌等著：《文化产业发展新常态：改革实践·案例研究·政策建议》，51页，北京，中国发展出版社，2015。

营网游的时代正式开启。[1]

（七）广告会展产业

1. 广告产业

所谓广告业是指利用媒介为广告主提供有偿信息传播服务的各类公司与媒体的集合。国际广告贸易则是指广告经营活动的一种跨国界流动，属于文化服务贸易的一种形式。关于广告贸易统计，从广义上来理解即是对贸易领域中的各种商业广告进行数据搜集、整理、计算、分析和解释的过程；从狭义上来说只包括对各种广告贸易及其相关数据进行搜集、整理的过程。[2]

中国广告贸易的出口额近五年来呈现逐年递增的态势，从 2010 年的 28.85 亿美元增加至 2014 年的 49.64 亿美元，这说明中国广告业的发展呈良性循环趋势，并且这一发展壮大得到了世界其他广告贸易进口国的认同。

中国广告贸易的进口额也呈逐年递增的态势，但是进口额始终低于出口额。这说明，近年来中国广告、宣传服务国际服务贸易由过去的贸易逆差转变为贸易顺差，中国的广告、宣传服务的国际竞争力有所增强。

表 5-7　2010－2014 年我国广告贸易进出口情况

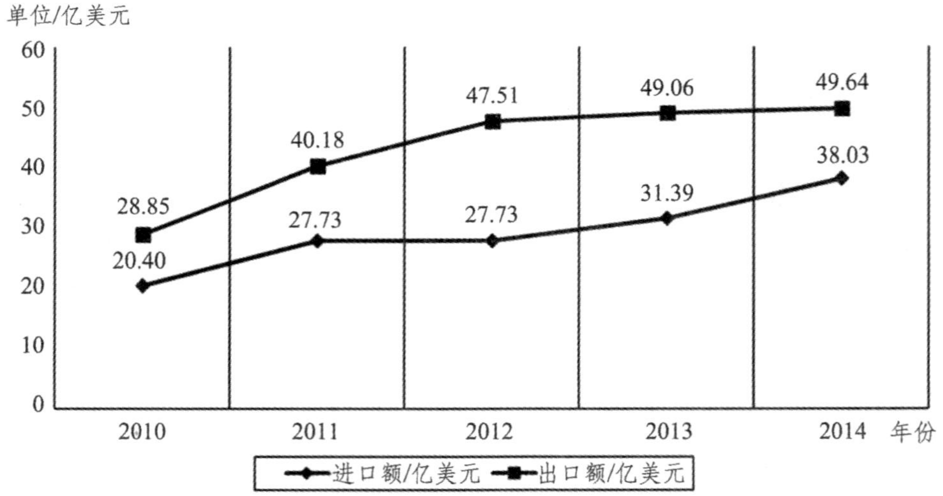

数据来源：国家外汇管理局：《中国国际收支平衡表时间序列数据 1982－2014（BPM5）》，http://www.safe.gov.cn/wps/portal/sy/tjsj_szphb，2015－06－30.

当前，中国广告贸易进入快速发展时期，涉及领域越来越广，相关领

---

① 张晓明、王家新、章建刚主编：《中国文化产业发展报告（2012—2013）》，101 页，北京，社会科学文献出版社，2013。

② 梁昭著：《文化贸易统计》，106 页，北京，中国统计出版社，2013。

域之间的融合不断加深。在此背景下，探讨广告贸易统计问题对于中国广告贸易的未来发展具有重大的意义。在国家统计局和国家外汇统计局服务贸易统计的数据中，我们可以找到“广告、宣传”这一分类，但是这一分类过于笼统，并不能完全涵盖《国民经济行业分类》（GB/T4754－2011）中广告业（行业代码 7240）的分类。此外这一统计分类并不能适应广告贸易发展的实际，尤其是新媒体、新业态未被纳入行业统计范围。[①]

2. 会展产业

会展贸易是利用展览会和博览会及其他交易会形式对商品实行展销结合的一种贸易方式。[②] 关于会展贸易统计，从广义上来理解是指对贸易领域中各种与会展相关的数据以及会展产业相关数据进行搜集、整理、计算、分析和解释的过程；从狭义上来说只包括对各种会展贸易数据进行搜集、整理的过程。

会展行业作为“朝阳产业”，其发展潜力巨大，国家、文化企业甚至普通民众对于会展行业以及相关贸易信息的关注越来越高。欲更为全面深刻地反映会展贸易以及会展行业的发展情况，就有必要对会展贸易进行全面统计。[③]

出国展览是推动文化企业“走出去”，提升中国商品竞争力和国际市场份额，为中国外贸发展提供支持的有效途径。中国国际贸易促进委员会发布的《中国展览经济发展报告（2015）》指出：2015 年，中国外贸发展遇到较大困难，出口下行压力增大，进口出现大幅减少。国际会展贸易受到明显冲击，整体规模下滑，赴新兴市场办展势头明显放缓，但自办展的数量和质量都进一步提升。

与会展贸易蓬勃发展相反，会展贸易统计工作则处于相对滞后的水平，主要存在着会议统计未与展览分离、会展贸易统计的研究基本处于空白、没有明确权威的统计牵头单位、现有统计框架不适应会展贸易的发展等问题。[④]

---

① 胡慧源、吴建军、高莉莉：《基于产业关联的广告业统计指标体系优化构建》，《统计与决策》，2014（12），32 页。

② 李晓燕主编：《国际贸易理论与实务》，211 页，北京，清华大学出版社，2010。

③ 梁昭著：《文化贸易统计》，120 页，北京，中国统计出版社，2013。

④ 北京市东城区旅游发展委员会、北京联合大学旅游学院著：《会议产业统计体系研究》，121－122 页，北京，知识产权出版社，2013。

第三节　文化贸易统计指标体系的构建

一、指标体系构建的意义

积极推进中国文化贸易统计体系的建设，构建科学、统一的文化贸易指标体系，对于全面把握文化贸易发展态势、科学合理决策、推动文化贸易实践及统计理论研究具有重要意义。

（一）有助于科学反映文化贸易的状况

科学完善的统计指标及其体系是衡量国际文化贸易“大国”的第一维度。统计数据直接体现文化贸易总量和规模，而统计口径则直接影响数据大小及对贸易“大国”的衡量和判断。在文化经济全球化水平不断上升的当今世界，文化行业因统计口径的巨大差异所产生的负面效应却在增强，这一状况，不利于比较研究，甚至有可能产生统计上的错觉和误判，同时在实践中可能误导舆论和决策。因此，在文化贸易统计领域，不仅应尽可能规范统计口径和标准，制定科学的统计指标及其体系，也亟须加强地区及国际的合作和交流，从而使国际文化贸易统计体系更加完善、趋于合理，[①] 便于比较、发现差距，进而提出改进措施和建议，对于在文化经济全球化背景和世界贸易组织体系框架下各国之间的文化贸易往来将发挥积极的推动作用。

（二）有助于文化贸易宏观决策和评估

指标是衡量目标的重要方法，对于决策者来说，是最为简洁有力的信息，它有助于决策者进行政策的制定及评估。文化贸易统计指标的建立，对于一国文化贸易政策的制定和实施效果的评估，这对于从事文化贸易工作的企业的发展，起着至关重要的作用。构建文化贸易统计指标体系，可以全面反映国家文化贸易发展现状，为有关部门科学决策提供依据，有效发挥统计的宏观调控作用，推动文化贸易实现跨越式发展，实现经济结构的优化升级。

（三）有助于文化贸易统计理论发展

构建文化贸易统计指标体系，是推进统计制度方法改革的新举措，有

---

① 王海文：《国际文化贸易大国的衡量维度与中国文化经济强国路探索》，《社会科学研究》，2016（5），67—68页。

助于拓展社会统计、贸易统计新领域。社会经济统计在当今社会发展中的地位和重要性是不言而喻的，其兴衰与整个社会经济的发展有着直接且极为密切的联系。国际文化贸易实践的兴起，进一步拓展了社会经济统计理论研究的空间，开辟了新的研究实践领域，这对于统计理论的探索、人才的培养和实践以及社会服务等有着重要意义。因此，可以将其视为统计应用研究史中的一件大事。①

二、指标体系构建的原则

统计工作是一项非常复杂和严谨的工作，要求统计边界清晰、统计口径可比、统计设计科学、统计发布规范、统计渠道畅通、统计保障有力。在文化贸易统计原则的基础上构建文化贸易统计指标体系，需要注重以下几点：

（一）贯穿科学统一的构建原则

所谓科学性，就是要求统计指标的设置要适当、科学，统计数据需要有理论支撑，更要贴近现实，适应文化贸易发展的实际需求。所谓统一性，就是文化贸易统计指标体系要全国统一、数据指标的内涵和外延要一致，这样才能真实反映出文化贸易的整体现状和发展趋势。在文化产业与其他产业融合发展的新时期，文化贸易统计的理论、方法都需要随之创新，才能真实反映文化贸易对国民经济的贡献。

（二）要与相关产业、国际体系接轨

作为综合性、带动性强的产业，文化贸易统计指标体系要和其他产业接轨，打通与其他产业的数据交换和交流渠道，建立一套畅通无阻的交流体系。我们的文化贸易统计指标体系不仅要在国内与各产业接轨，还要跟国际文化贸易统计相关体系接轨，否则不利于在国际舞台上交流。在此基础上，还要变被动为主动，制定文化贸易统计的规则，发出中国自己的声音。②

（三）反映国家文化的个体性和特殊性

文化贸易不同于一般的商品贸易。一般商品贸易的重要贸易动因是价格差，而文化贸易则侧重于文化产品或服务的品质、内容的差异。文化贸

① 王海文：《我国国际文化贸易统计实践探索》，《山西师大学报》（社会科学版），2013（6），61－62页。

② 郭探微：《旅游数据体系建设要把握六大要点》，《中国旅游报》，2016年12月20日。

易对国家和城市的发展而言，其文化的个体性、特殊性对贸易结构、竞争力将产生极大影响。因此，在指标的设计和选取时，需要充分考虑文化资源历史和现状，反映一国文化贸易的个性和特殊性。

（四）遵循层次性、可比性、实用性、规范性等具体编制原则

从指标的选取到指标体系的建立，要在不同层次上把握文化贸易发展状况，从而形成系统、多级、完整的统计指标体系；指标之间要在纵向及横向上具有可比性，即同一对象这个时期与另一个时期可以作比较，不同对象之间比较，以便于找出共同点；所选择的指标要简单易行、数据可得，从统计方案的制定、统计调查的实施、统计数据的发布到统计信息的使用，都应有明确的界定和规范。只有这样，才能保证评价的可行性和有效性。①

三、指标体系构建的举措

通过构建科学统一的文化贸易统计指标体系，可以描述当前国际文化贸易的现象和发展的全过程，分析和研究文化贸易的总体情况以及各种因素对文化贸易总体变动结果、变化方向等的影响程度，也可以对未来的指标进行计算和预测，对未来文化贸易发展变化的趋势进行预测。在指标体系构建原则的基础上，中国文化贸易统计指标体系的构建举措，具体来说有以下几点：

（一）不断发展完善中国现有国际文化贸易统计体系

中国现有国际文化贸易体系主要包括《文化产业及相关产业分类（2012）》和《对外文化贸易统计体系（2015）》，虽然这两个制度仍然存在这样那样的问题，但是它们为中国现阶段进行文化贸易统计工作提供了制度保障。因此，在优化中国文化贸易统计制度的时候需要以这两项制度为基础，加快统计工作与国际接轨，增强与国内各地区、国际社会统计数据的可比性。同时，要密切结合现行统计和财务体制，尽量利用现行的统计和财务资料，注重简便性、实用性和可操作性，打造既与国际相关统计分类相协调，又能反映中国文化贸易发展特点的统计体系。

（二）建立多方参与的统计联动机制，不断提升统计效率和统计工作水平

构建以国家统计局为协调单位，商务部、文化部、国家新闻出版广电

---

① 蒋多、王海文：《优化我国对外文化服务贸易统计制度的思路与方法》，《中国海洋大学学报（社会科学版）》，2014（5），61页。

总局、海关总署、国家外汇管理局等单位参与的统计联动机制，并依据文化贸易统计的范围，确定各自的统计对象和职责范围，各有分工，用统一归口的统计报告来统一标准、统一科目、统一渠道、统一来源。在协调过程中，要竭力避免重复统计、资源浪费、数据口径不一等问题，要相互扶持，共同推进，合力推动中国国际文化贸易统计工作再上新台阶。

（三）加强数据的申报与统计

中国对外文化贸易的重点企业和重点项目是中国文化贸易的重头戏，占据中国文化贸易的较大份额。按照规定，文化企业每年填报一次“文化企业进出口情况申报表”，作为下一年度参加重点企业和重点项目评审的依据。文化出口重点企业及重点项目的承担企业须认真填报“文化企业进出口情况申报表”。这是指导和推动中国文化贸易发展的基础工作和依据，也是理论和实践研究的必要资料，必须予以高度重视。

（四）加强国际文化贸易统计人才培养和统计的科学化、信息化水平

文化贸易统计人才队伍，要有创建全新文化贸易统计指标体系、影响世界文化贸易统计的雄心和志向，更要有相应的理论知识和实践经验。一方面要不断加强国际文化贸易统计队伍建设，要有针对性地加强对基层统计人员的培训，提升其业务素质。同时，要构建高校主导、政府参与、国际合作，培养国际化应用创新型人才的人才培养模式。另一方面要将现代科技手段引入国际文化贸易统计中来，强化文化贸易统计与现代科技的融合，着力建设较高信息化、科学化水平的统计通道和统计监管体系。人才培养和技术跟进两者要同时进行，统计的参与主体是人才，技术的创新也主要依靠人才队伍的建设，只有不断注重这两方面的建设，中国文化贸易统计力量才会不断增强。

四、指标体系的总体结构

文化统计指标体系的构建，要以各类文化企业单位会计制度和国家统计局以及相关部门统计年报制度为基础，对其中的指标进行全面梳理和归纳，形成文化产业的统计指标体系框架。为了能够更好地从不同角度反映文化产业的发展，文化贸易统计指标体系应包括行业构成、指标框架、数据基础和指标解释等内容，其中指标框架由核算指标、分析指标、基础指标和辅助指标等组成。

文化贸易指标体系的设置既要考虑其在整个服务贸易中的属性和构

成，又要反映文化产业的发展规模和水平。更要兼顾与同行业的国际行业比较。为此，我们把文化贸易指标体系的内容分为宏观指标和微观指标两大部分。

（一）文化贸易的宏观指标

文化贸易统计的宏观指标主要有以下几方面①：

1. 居民与非居民间文化贸易统计

按照中国居民与非居民间文化贸易进出口规模，按国际收支口径统计，不含政府服务。其统计指标如下表所示。

表 5-8 居民与非居民文化贸易统计指标

序号	指标名称	指标功能
1	文化贸易进出口总额	表明一国文化产业对外贸易方面的总规模
2	文化贸易进口总额	一定时期内一国从国外进口的文化产品的全部价值
3	文化贸易出口总额	一定时期内一国向国外出口的文化产品的全部价值
4	文化贸易差额	一国在一定时期内出口总额与进口总额之间的差额。差额的正负反映进出口文化贸易是否平衡
5	核心文化产品的进口额	从国外进口的主要文化产品的价值
6	核心文化产品的出口额	向国外出口的主要文化产品的价值
7	核心文化产品的进出口总额	一国核心文化产品对外文化贸易方面的总规模
8	核心文化产品进出口在文化贸易中的比重	表明核心文化产品对整个文化贸易的影响程度
9	文化贸易开放度（或文化贸易依存度）	指一国在某一年的文化贸易总额与该国国内生产总值之比，它可以反映出文化贸易对 GDP 的贡献率
10	文化贸易竞争优势指数	指一国文化产品或文化服务的净出口额与进出口总额之比

2. 商业存在统计

商业存在统计指标表如 5-9 所示。

表 5-9 商业存在统计指标

分类	指标名称	指标功能
中国境内商业存在情况	外商投资的文化企业总数	在中国境内设立的，由中国投资者和外国投资者共同投资或者仅由外国投资者投资的文化类型企业。

① 梁昭著：《文化贸易统计》，8—9 页，北京，中国统计出版社，2013。

续表

分类	指标名称	指标功能
中国境内商业存在情况	文化企业实际使用外资金额	指报告期收到文化产业用于固定资产建造和购置的国外资金（包括设备、材料、技术在内），包括对外借款（外国政府贷款、国际金融组织贷款、出口信贷、外国银行商业贷款、对外发行债券和股票）、外商直接投资及外商其他投资。
境外中国商业存在情况	文化产业对外直接投资	文化企业以跨国经营的方式所形成的国际资本转移，一般认为对外直接投资是一国投资者为取得国外企业经营管理上的有效控制权而输出资本、技术和管理机能等无形资产的经济行为。

3. 自然人移动统计

自然人移动统计指标如下表所示。

表 5-10　自然人移动统计

序号	指标名称	指标功能
1	全年派出从事文化服务的劳务人员（包括对外工程承包、对外劳务合作和对外咨询设计三项中的劳务提供者）	指劳务出口国向劳务进口国提供从事文化工作劳动力或者服务的总人数，以谋取经济利益，获得外汇收入为目标。
2	对外文化服务合作和对外设计咨询营业额	对外文化服务合作和对外咨询所获得的外汇收入水平
3	个人跨境文化服务收入总额	居民个人收入在本国以外从事文化服务工作获得的外汇收入水平

（二）文化贸易的微观指标

文化贸易的微观指标主要可以从以下几个方面考量[①]：

1. 财务状况指标

各类文化企业是从事对外文化贸易业务的主体，通过测算它们的财务状况，可以在一定程度上了解文化贸易的状况。财务状况指标是产业统计的基础资料来源，同时也是文化贸易统计的基本指标，是指标体系的主体。财务状况统计，并非是文化贸易开展的专门统计，而是通过选择文化贸易统计所需要的相关财务统计指标，在一般文化企业统计调查中，确定文化贸易统计的基础数据范围。财务状况指标取自相关文化企业的会计报表制度，主要是为满足反映文化贸易企业的资产、收支和经营状况以及测

① 李强主编：《文化产业统计的建立与发展》，76—79 页，北京，中国统计出版社，2014。

算文化贸易增加值等宏观指标的需要。由于各类文化企业所执行的会计制度不同，文化贸易统计微观指标中的财务状况指标又分为三类，分别适用于文化产品生产企业、文化产品流通企业、执行企业会计制度的文化服务业企业。

2. 业务活动指标

业务活动指标是指文化产业规定的行业范围内文化企业所从事的主要业务活动的指标。文化贸易统计指标体系中的业务活动指标选取的是文化产业领域的特有活动，旨在反映文化产业主要业务活动的状况和规模，因此也是指标体系的主体部分。以当时执行的统计调查制度为基础，业务活动指标主要来自各部门的统计调查内容，这部分指标在结构上按照《文化及相关产业分类（2012）》及《对外文化贸易统计体系（2015）》的顺序排列，力求包括文化产业各行业的主要业务活动指标，并尽可能贴近部门管理工作实际。

与财务状况指标不同，业务活动指标没有一个统一的度量标准，不能将这些指标汇总合并。但是将所有文化贸易行业范围内的主要业务活动指标进行梳理，呈现出中国文化贸易业务活动的整体框架，既有助于对文化的全面认识和对文化贸易不同领域的认识，也有助于对文化贸易不同行业各种特点的分析。

3. 就业人员指标

就业人员指标旨在反映文化产业就业人员的数量、素质和结构情况，是文化产业及文化贸易发展的重要分析指标。从文化产业对就业拉动的重要功能来看，就业总规模是反映文化产业发展对经济发展贡献的重要指标之一。对就业人员的各种结构特征分析，有助于了解文化产业的就业特点和就业人员的需求状况。文化贸易统计指标体系中的就业指标，是建立在分行业就业人员统计基础之上的。其中关于分组的设定，对就业统计提出了较高的要求。从中国的统计基础看，能够满足这些分组的统计数据不易获得。鉴于就业人员指标及必要的分组对制定文化产业发展政策的重要作用，文化贸易指标体系的构建，要突破当时统计基础的局限，将必要的分组列出，对于认识就业统计指标的作用具有重要意义。

4. 补充指标

补充指标主要包括政府投入、文化产业投资和居民消费等其他与文化活动有关的统计内容，它反映的是文化贸易发展与外部环境之间相互影响和作用的状况。对补充指标进行统计，旨在从不同的角度反映文化贸易发展的外部动力及其在经济社会发展中的作用。

政府文化事业财政支出，是政府公共服务投入的重要组成部分。它反映的是政府对文化发展的投入力度，是体现政府公共文化服务发展政策贯彻落实的重要方面，也反映政府公共服务产生的需求对文化产业及文化贸易的影响。

对文化产业的投资，是拉动文化产业发展规模扩大和质量提高的重要指标，不同的投资来源，是分析文化产业发展趋势非常重要的指标。一般来说，对文化产业的投资分为外资、内资和其中的国有资产投资等几种情况。它反映了不同投资主体对文化产业发展的作用以及对文化产业发展的经济效益预期。

对居民文化娱乐消费支出统计，旨在从居民消费需求的角度，反映文化消费需求的市场，也是反映文化拉动经济发展的重要指标。在文化贸易统计指标体系中，这一指标是从经济角度反映文化市场的发展现状与水平，而不是从社会角度反映居民生活水平。居民旅游支出是居民文化消费的重要组成部分，对反映文化产业的经济拉动作用也十分重要。这两个指标的统计基础不同，其区别在于：一个是居民家庭的支出统计，一个是旅游行业的统计，但都是从需求的角度反映文化产业发展的市场所在。

第六章　文化贸易运作与监管

文化产业在各个国家虽然有不同的分类，但是主要行业里都包括图书出版业、演出业以及广播影视业等。因此，我们选取文化产业主要行业的贸易运作与监管进行分析。

第一节　文化产业主要行业贸易运作

一、图书版权贸易

版权贸易是由著作权人将其对作品拥有的部分或全部经济权利通过许可、转让等方式授权给使用者而产生的，一种基于版权的经济权利的许可或转让过程中发生的贸易行为，[①] 但绝大多数国家都不允许针对版权精神权利的贸易。版权贸易种类相对集中，图书版权贸易在整个版权贸易活动中居于关键地位。[②]

西方发达国家对外版权贸易的历史可追溯到1886年《伯尔尼公约》的诞生，但是大规模的对外版权贸易活动在第二次世界大战以后才逐步发展起来，并且在20世纪70年代末形成高潮。发达国家之间长期地进行版权贸易，在版权贸易方面形成了成熟的操作方法，积累了丰富的经验。

（一）版权贸易的运作形式

发达国家开展版权贸易主要采取以下几种形式：①作品翻译权转让。出版社或作者允许他国出版商将作品翻译成其他文字出版，并收取版权转让费。②平装书版权交易。出版社向市场推出某部畅销的精装图书，销售到一定时候（一般为一年左右），再将该书的平装书出版权转让给国内外

① 肖叶飞著：《传媒经营与管理》，336页，合肥，中国科学技术大学出版社，2016。

② 王加胜、金铁鹰、王行鹏：《中美图书版权贸易平衡性辨析》，《山东社会科学》，2010（4），84页。

其他出版社。③影视与图书相互改编权的转让。即将已经出版的图书中的内容改编成电影或录像片，或者将畅销的影视剧改编成图书出版。④作品中形象使用权转让。[①] 这是允许其他商品经营商在其产品中使用出版作品中的人物或动物形象以及某些特殊标记的交易活动，其产品主要有玩具、食品、文具、服装、卡通画片、小饰物、书签、旅游纪念品等。⑤合作出版权转让。这是指由甲国出版商与乙国出版商合作，由甲国出版商提供母本，乙国出版商将书中的甲国文字换成乙国文字，其他版式照搬，版权由甲国出版商控制，包括母本和外文本的印刷都由甲国出版商掌握。[②] ⑥报刊连载权转让。这是出版商允许报刊连载出版产品中的知识内容而获取经济收入的版权贸易活动。在报刊上连载图书内容，能有效地刺激图书的销售。国外许多畅销书作家和出版社，都有向报刊转让连载权的习惯。英国一家出版社将撒切尔夫人的回忆录《唐宁街岁月》的连载权出让给一家报社，获得了65万英镑的收入。⑦电子版制作权的转让。这是图书出版商允许他人将印刷版图书制作成电子版的版权交易活动。这里所指的电子版制作，包括光盘型电子出版物、电子书及供即时印刷用的网络数字版图书的制作等。将畅销的印刷版图书制作成电子版，也是电子出版制作的一种形式。[③] 此外，图书俱乐部版权、缩写权、影印权、多媒体版权、数字化复制权等权利也在发达国家对外版权贸易的范围之内。

版权贸易形式虽多，但国际出版界普遍采用的比较成熟的版权贸易方式主要有：版权转让、版权许可及对外合作出版。版权转让即版权贸易当事人双方通过合同将版权人所持有的全部或部分版权经济权利出售给版权受让方以实现版权交易的目的，同时意味着作者对已卖出的版权永远丧失了支配权。中国对外版权贸易的主要的方式是版权转让，而英国的版权贸易方式多采用形式多样的版权许可方式，版权所有人将其版权中的某项或几项经济权利有偿授权他人。英国对外版权贸易历史比较悠久，具有较完善的国际分销网络和较强的市场运作能力，通过多次许可使用其版权可以获得更高利润。例如，图书的设计，通常采取一书多版的方式，即在出版英文版的同时，也出版不同语种的版本，以降低成本，获取更大利润，增

---

① 罗紫初著：《比较出版学》，349—350页，武汉，武汉大学出版社，2006。

② 冯宗宪、郭根龙主编：《国际服务贸易》，284页，西安，西安交通大学出版社，2008。

③ 向连英主编：《现代企业管理理论与实践》，483页，北京，中国大地出版社，2004。

强国际竞争力。

（二）版权贸易的运作程序

发达国家出版机构在长期的国际版权贸易实践中形成了一套成熟而专业化的运作方法，这体现在版权贸易运作的全程之中。

发达国家出版机构一般在正式进行对外版权贸易前要进行周密的市场调研，以明确版权交易的对象、范围和时机等。市场调研的内容包括影响市场需求的宏观政治、经济环境，目标读者的阅读需求与倾向，竞争者的优势、市场地位，以及潜在版权购买者的购买能力等。

发达国家出版机构在进行对外版权输出时，首先认真选择具有版权出售潜力的出版物，其次考虑外国读者的阅读兴趣、出版物的内容、风格以及厚薄等因素。

发达国家出版机构在宣传推销自己的出版物版权方面采取了多种多样的版权营销方法。以往发达国家的出版商多采用在行业媒体上做广告，将自己的出版物加入到各种书目，主动向版权代理机构或外国出版社邮寄书目资料，以及参加各种国际性的书展等方式推销版权。在书业发达国家出版机构图书宣传促销费用一般要占其产值的5%—10%，有时甚至要占初版书价的80%，乃至相当于初版书价。其中版权促销推广的费用占了很大一部分。利用互联网在内的多种媒体展开版权营销攻势，也是国外一些出版机构常用的手段。国外一些在线版权贸易机构，如国际版权在线等，利用其先进的技术、丰富的版权数据库为版权贸易提供了快捷高效的平台。

在进行版权谈判的过程中，发达国家的出版机构和版权代理商通常能严格按照规则办事，签订的版权合同条款详尽而细致。在协议达成之后，他们大多能够严格执行合同，具有强烈的法律意识。

发达国家出版机构内部对版权交易的管理也非常专业。通常情况下，版权贸易部门都将每次版权贸易记录存档，予以集中管理，以便日后可以快捷地查询到每个选题的版权销售情况。发达国家的出版机构还将客户关系管理技术应用于版权交易的管理中，以保证客户与企业之间的有效互动。时下，在英美出版界较为热门的话题当属数字版权管理。数字版权管理是一种描述、识别和保护数字内容的技术，目前在音乐和电影业所发生的数字版权管理革命必将波及出版领域。[①]

---

① 罗紫初著：《比较出版学》，350－351页，武汉，武汉大学出版社，2006。

（三）版权贸易的运作手段

国际出版界注重品牌的打造与营销，大力推动版权贸易的发展，主要途径有以下方面：

1. 加强产业链的搭建

中国市场经济体制改革的目标确立之后，出版业的市场化程度不断提高。打通产业链各环节之间的断层，建立起一条完整、可持续的产业链，最大限度地开发版权产品的价值，成为新时代、新环境下出版业的当务之急与发展之道。简单说来，版权产业链包括图书、影视音像、游戏动漫、服装工艺等相关环节，主要目标是要挖掘作品的周边价值和衍生价值，尽可能加长产业链的长度，从而使得版权利用充分化。产业链由上游和下游组成。上游是掌握内容资源和信息资源的内容提供商，主要有出版社、原创文学网站；随着数字出版的发展，一部分技术运营商也加入到产业链的上游中来，致力于建设自己的内容平台。下游则是向上游反馈信息的一方，主要有出版物的批发商、经销商以及广大的读者和用户。开展版权贸易可以借鉴相关行业的做法，以动漫产业为例，美国和日本在打造动漫产业链上占尽先机。迪士尼原本只是美国动画中的一个卡通形象，却真正从荧幕走向了现实生活、走向了整个世界。现在，迪士尼主题公园已然成为全世界小朋友最受欢迎的乐园，以迪士尼为形象的玩具、服饰、工艺品等遍布全球。日本亦是如此，红极一时的《灌篮高手》《蜡笔小新》《樱桃小丸子》等经典人气动漫都是在累积了一定的人气之后，迅速推出了相关的衍生产品，有文具、玩具、服饰、家具用品等。这些卡通动漫可谓是名利双收，几乎在产业链的各个环节中发挥了巨大的优势。[①]

2. 设置版权代理机构

“版权贸易领域要求各种各样的技巧：对于许可方，是创造力和销售技巧；对于被许可方，是评估和选择适合自己市场的选题和项目经济生存能力。不论卖方还是买方，都要求有高水平的组织和高效的系统，它们对于记录大规模的版权贸易是至关重要的。”[②] 高水平的组织和高效的系统为发达国家开展对外版权贸易提供了有效的支持。一方面，在出版机构自身组织设计上，发达国家的出版机构只要具备一定的规模，一般都设有专门的版权部。许多大型的出版机构通过设立海外分支机构来开展有关涉外版

---

① 梁昭著：《文化贸易统计》，63 页，北京，中国统计出版社，2013。

② ［英］莱内特·欧文著、袁方译：《中国版权经理人实务指南》，121 页，北京，法律出版社，2004。

权业务；另一方面，发达国家的版权代理业十分发达，版权代理行业作为版权产业链的重要一环获得规模发展。在美国有600多家版权代理公司，在英国也有200多家。由于发达国家的版权贸易大多是通过版权代理商来进行的，版权代理商熟悉版权交易市场行情，对操作程序和方法也比较成熟、规范。①

3. 培养高素质的专业人才

发达国家版权贸易的繁荣发展，与拥有一批高素质的专业人才是分不开的。在发达国家，从事版权贸易的专业人员通常具有较高的素质，他们不但具有良好的专业素养、丰富的知识储备，还具有广泛的社会联系以及较强的公共活动能力和技巧。国际版权专家莱内特·欧文女士提出，从事版权销售人员应具备以下素质：能判断每个出版项目的销售潜力；增加并积累他们要销售的项目的具体信息；增进并保持对外国市场的了解；热情与技巧是版权销售的精髓；对语言的要求；出色的人际交流能力；熟悉整个出版流程；具备卓越的计算技能；能同时处理一系列不同的谈判；能够签订反映双方共识的、清晰而准确的许可合同；卓越的记忆力和统筹安排工作量的能力；投入、耐心和活力。② 当然，这一系列的素质要求，有时很难在一个人身上同时具有。

二、影视文化贸易运作

国际影视版权贸易是影视产品贸易领域中最可控、流程相对规范的一个环节。

（一）影视版权贸易运作渠道

按照发行渠道来区分，以中国为例，中国的影视版权贸易分为四类：①院线发行；②电视发行；③新媒体发行；④音像发行。院线发行利润最高，也最为复杂；电视发行渠道较少；新媒体发行最为简单。由于近年音像制品衰落，音像发行已逐渐淡出市场。③

1. 院线发行

院线发行只允许发行电影，发行难度最大，中国有关职能部门对于影

---

① 罗紫初著：《比较出版学》，351－352页，武汉，武汉大学出版社，2006。

② ［英］莱内特·欧文著、袁方译：《中国版权经理人实务指南》，121－123页，北京，法律出版社，2004。

③ 张宏著：《媒介营销管理：智能化融媒时代的理论、政策与战略实践》（第2版），403页，北京，北京大学出版社，2013。

视作品的院线发行审查非常严格。由于政策层面的原因，电影发行基本为中影集团垄断运营。审查加垄断，使得这一部分发行基本不能被称为市场行为。

在中国院线发行海外电影，首先相关发行方应取得进口片“配额”。此配额在2012年之前的形式有三种：分账片20部，批片20部，特种片5部。三种配额形式的具体情况为：①分账片，即和外国版权方分享利润的影片。这20部影片由中影和华夏专属经营，一般与好莱坞六家大片厂——索尼哥伦比亚、环球、派拉蒙、华纳兄弟、迪士尼、20世纪福克斯合作。除这六家大片厂之外，还有4—5部影片配额分给其他国家的片厂，以体现中国电影引进领域“百花齐放”的政策。②批片，即以买断的形式引进的海外影片，以后不需要给国外版权方票房分账。③特种片，即以IMAX、3D等形式引进的影片。现在的影片很多都有IMAX和3D的格式，也以分账或者批片形式引进。但特种片作为一部分配额保留了下来，这5部特种片也由华夏和中影垄断运营，并直接和国外影片公司分账。中美双方在2012年2月18日就解决WTO电影相关问题的谅解备忘录达成协议，中国政府同意在每年20部海外分账电影的配额之外，再增加14部分账电影的名额，但必须是3D电影或者是IMAX电影，而美方票房分账比例也将由此前的13%提高到25%，[①] 同时还会增加民营公司发行进口影片的机会。

近年来，有民营公司开展影片的引进，但举步维艰，民营公司运作引进影片最大的风险来自于审查。中国对进口影片审查条例的规定并不十分明确。倘若购买的影片无法通过审查，而国外版权方又不同意退款或者更换影片，国内民营公司就得独自承担版权费的损失。比较有经验的民营公司在签合同时就将审查条款放入，如影片通不过审查就更换影片甚至退款等。只是这一条款因“公司”而异，有的版权公司十分强势，根本不接受审查条款，只做一锤子买卖，是否能通过审查与公司无关。许多国内公司常不在乎是否有审查条款，只顾抢片，由此也加大了风险。

2. 电视发行

电视发行相对院线发行简单一些，其原因在于发行出口非常狭小。电视节目的引进情况大致上是，主要的电视发行机构为央视六套和八套，这两个频道都有自审自播的权利，引进的电视剧和电影也没有数量的限制，

① 刘思羽著：《中国影院简史》，230—231页，中国电影出版社，2015。

于是在这两个频道，经常可以看到国外的新片和电视剧，在质量和数量上都远超过院线发行。各省级卫视每年也有20集电视连续剧或者10部电影的引进配额，但省级卫视的配额如此之少以至于大部分省级卫视都不重视这些配额，而一些商业化运营程度比较高的省级卫视会把其他省级卫视的配额通过交易买下来，以达到引进整部电视剧或者多部电影的目的，如湖南卫视大量播放韩剧就是一例。

虽然电视发行有数量上的优势，但与院线发行有相似的地方，就是电视台都为国家运营，相对来讲还是垄断的，具有较强的垄断性，也是对版权交易致命的一击。以央视六套为例，除去好莱坞等一些大公司在中国有办事处并直接与其接洽，六套基本不直接向国外公司买片，而是坐等各种国内的代理公司找上门来推荐影片。基本流程为：国内公司找到影片后，在签约或者不签约的情况下拿到样片送交中央六套审查，六套审查两次，初审复审均通过后，向影片代理公司发出合同，并索要各种版权文件，以明晰影片的版权归属，在影片播放后，再向代理公司付款。与央视六套做生意的好处是各种流程相对规范，价格合理。① 央视直接给出采购价格，这个价格基本可以让代理公司有利可图，遗憾是等待时间太长。通常从送入样片到最后签约收款大概要经历一年到两年的时间。如果影片代理公司贸然签下影片合同，将面临资金长期被占用且有可能赔钱的状况，如果外方影片公司急着催款就更为尴尬。在这种情况下，除了等待别无他法。

3. 新媒体发行

在所有发行渠道中，新媒体发行最为简单快速，新媒体发行从得到样片到签约，基本都在几个月之内，最后付款也不会拖延很久。网络时代讲求快速高效，这一点在新媒体上体现得很突出。新媒体发行最大的特点是无审查机构，也就是说，所有的影视作品如果在新媒体上播放，并没有相对应的审查机构。在这种情况下，比较规矩的视频网站多是购买那些已经在其他渠道通过审查并发行的电影电视剧作品，以规避风险，而胆大的视频网站则直接购买新剧新电影，直接播放，既然没有审查机构也就不去寻找上映资质。当然，这一状况会随着国家对互联网监管的加强而逐渐改变，比如2012年年初制定的电影促进法草案就提出了相关要求。《中华人民共和国电影产业促进法（征求意见稿）》第26条规定："未取得《电影

① 张宏著：《媒介营销管理：智能化融媒时代的理论、政策与战略实践》（第2版），406页，北京，北京大学出版社，2013。

公映许可证》的电影，不得发行、放映、参加电影节（展），不得通过互联网、电信网、广播电视网等信息网络进行传播，不得制作音像制品。”①这意味着互联网等新媒体发行的无审查状态即将结束。

到目前为止，新媒体时代还是群雄并起的战国时代。如果从事新媒体领域的国际版权购买，能实现快速汇款，操作简单。缺点是如果不是大制作影片及电视剧，则卖出的价格很低。因此，多以打包多部电影或者多集电视剧的形式进行。

（二）影视版权贸易运作流程

影视产业是向消费者提供精神产品或服务的行业。作为一种综合性的文化形态商品，影视文化产业该如何生产与运作？影视产品贸易运作流程首先是选择产品，其次是洽谈购买。

选片是影视贸易中最前期的一个步骤，考验着影视采购人员的专业能力、市场经验以及眼光。购买影视产品一般是和世界各国的销售公司联系，这些销售公司定期与本国的制片公司联系，拿到影片的代理权，通过卖出版权得到版权费从中抽成。世界上影片贸易比较活跃、产品质量较高的几个区域是：北美，欧洲的英国、法国、德国、西班牙、意大利，亚洲的日本、韩国、中国香港、泰国、新加坡。

在与国外的销售公司建立定期联系后，以电邮形式向国内的公司发送新片新剧信息。这些产品有时候并不是成品，有可能仅仅是剧本第一稿或者一个故事大纲，也有可能处于后期制作中或者已制作完成。随着国内影视贸易公司的竞争越来越激烈，如果不做预购也就是购买处于制作前期的影片，是不可能拿到比较好的作品的。拿到影视产品信息后，国内的影视贸易公司先是评估是否适合采购，然后利用电邮、合同或者在国际影视市场上当面签约的形式签下影片。

国际影视市场是购买影片的重要渠道，由于国际电影市场的买卖双方高度集中，销售公司也愿意在市场上收集最高报价，决定最终将影片出售给哪个区域的哪家公司。在市场买片则是对买家的最终考验，厉害的买家出手快、准、狠，因为稍有犹豫，产品很有可能被其他竞争对手买走。

（三）扩大影视版权贸易的路径

电影和电视贸易是一个系统的工程。在这个系统工程中，各国政府首

---

① 中国（上海）网络视听产业基地编：《2013中国网络视听产业报告》，55页，上海，上海科学技术文献出版社，2013。

先确立本国的文化政策；其次在影视业上政府对剧作家实行高额分成以激励剧作家的创作热情；再次在融资渠道上政府每年向好的剧本提供拨款，且引导大企业涉足影视业，投大资金进入影视制作，并对大财团投资影视业减免税收。政府在对影视产品进行发行方面的包装、策划和宣传上下了不少功夫。总之，一个完善和顺畅的运作系统为影视产品的长久不衰提供保障。①

1. 电影生产工业化

1916年，美国集导演、编剧、演员于一身的著名电影人托马斯·英斯组织了一批导演根据他所写的分镜头剧本去拍摄，他对每一个镜头都做出详细的规定和说明，导演必须严格地按其所写的去做，再指导之进行剪辑。几乎与此同时，好莱坞喜剧电影的开创者麦克·塞纳特也着手创造了一种新的制片制度。他设立了专门的编剧部门，负责编撰影片的故事情节。基本情节确定之后，便由噱头部去添加滑稽场面和情境。塞纳在摄影棚中央的高台上搭建自己的办公室，监督台下的工作人员拍片。英斯、塞纳特等人的创举使好莱坞的电影生产初步工业化，所采取的制片方式，正是后来好莱坞成熟的制片制度的雏形。②

2. 电影作品类型化

电影作品的类型化是指按照不同的类型的规定要求创作出来的电影作品，类型电影是以巨大的数量和一种特定的规范流水线制作，选择观众最常见的叙事模式，使观众“喜闻乐见”，从而尽可能地迎合大众心理，争取更大范围的观众群。

一般说来，电影的类型构成策略包括：第一，内容吻合观众心理，观众在电影中寻求的不过是刺激与安慰；第二，明星演员，唤起观众的观片热情；第三，空间元素的安排设计吻合视觉心理学规律。从商业角度看，类型其实能够保证影片利益的最大化。类型化有利于制片厂规范化的工厂流水线，同时，根据类型片可以明确界定出具有不同社会价值观、生活态度与行为准则的目标观众的特征，这有利于不同的广告诉求和投合观众心理。从艺术角度来讲，类型规范了影片的叙事时空和形式技巧，使得创作者的个性受到压抑。③

---

① 牛士华主编：《哈尔滨商业大学研究生经济论坛优秀论文集》，105页，哈尔滨，黑龙江人民出版社，2005。

② 谌黔萍主编：《商务文化》，361页，北京，中国商务出版社，2006。

③ 谌黔萍主编：《商务文化》，363—364页，北京，中国商务出版社，2006。

当今，在信息新科技的深刻影响下，跨国传播已成为不可阻挡的潮流。① 美国影视文化产品的大量输出，把美国的价值观、生活方式、音乐、服装，甚至语言、动作都带到其他国家②，其消费理念和流行文化深深影响着那儿的青少年。

3. 运作商业化

20 世纪 30 年代，随着好莱坞电影产业超大规模的形成，以制片人专权为特征成熟的制片制度已经定型，在每一个制片厂内一部影片从编剧开始到拍摄完成，需要经过许多道“流水”程序，制片厂大致将机构分为编剧、导演、演员、摄影、录音、道具、服装等部门，而每个部门又有更细的划分。这种分工精细的生产流程，一方面使得影片制作的每一个细部，因有相当精通的专家把持而做得非常优秀而精致；另一方面，当每一个细部的专家都想表达自己的创作个性的时候，众多的个性会由于相互冲撞而无法对全局进行把握。

由于分工精细，生产环节众多，必然要产生一个管理者，这个管理者是作为把握市场和制片管理的制片人。制片人大体指两类人：一类是每一部影片的制片人，他负责该部电影资金的筹集与管理、制作环节的协调，还参与调配人员（如选导演、找编剧，定演员及其他创作人员），同时还要一定程度地介入创作过程（介入选故事、编剧、导演、剪辑）等；另一类是各大制片厂的大老板们，他们是自己厂里所有影片的总监制或总制片人。制片人和导演个人的努力和成就必须得到制片厂总头目的赞许。最后的完成片也必须得到他的批准才能发行。制片厂的老板们不是艺术家，他们对影片衡量唯一的尺度便是市场，是对观众心理的迎合。③ 好莱坞明星制和大投入大制作的方式有助于美国影视在欧洲保持统治地位。风靡全球的好莱坞电影刺激了欧洲音像、付费电视及公共电视市场对美国影视节目的需求。而且，美国好莱坞许多大公司既是制造商，又是营销机构，还控制了巨大的播放系统。④

---

① 陈卫星主编：《国际关系与全球传播》，206 页，北京，北京广播学院出版社，2003。

② 胡智锋著：《中国影视文化创意产业发展创新研究》，209 页，北京，中国传媒大学出版社，2014。

③ 谌黔萍主编：《商务文化》，362 页，北京，中国商务出版社，2006。

④ 陈卫星主编：《国际关系与全球传播》，210 页，北京，北京广播学院出版社，2003。

诚如麦克愧尔所言，美国影视制品涌入欧洲和欧洲广播电视历史转型的实质，是当代影视业之商业化，是影视领域市场化和民营化的必然结果。[①]

三、美日韩等国的动漫贸易运作

动漫产业已经成为文化产业中的一个不可忽视的重要门类，相关统计数据表明，2004年，全球数字动漫产业的产值已达2228亿美元，与动漫产业相关的周边衍生产品产值则在5000亿美元以上。[②] 世界三大主要的动漫国家分别是美国、日本和韩国。

（一）美国的动漫贸易运作概况

经过半个多世纪的发展，美国的动漫产业已占据了全球动漫产业的50％以上。美国是全世界最大的动漫国家，这个行业每年的收入超过一千亿美元。美国动画产品和衍生产品年产值约为2000多亿美元，美国动漫产业总值约占文化产业的1/3。

1. 市场化的产业机制

自1907年推出第一部动画片以来，美国是最早把动画片推向市场，并且形成产业规模的国家。其中，迪士尼公司最具代表性。20世纪中叶，沃尔特·迪士尼创造出了米老鼠这一活泼有趣的卡通形象，大获成功。在这一基础上，1955年，迪士尼以自己漫画中的人物、故事为中心，建立了属于自己的卡通王国——洛杉矶迪士尼乐园。它的建成，实现了迪士尼将欢乐变为产业的梦想，同时提供给全世界一种全新的文化经营理念，即以影片为基点销售电影相关产品，通过两方面的结合，形成一条完整的产业链。目前，迪士尼公司在海外也不断扩张，如香港的迪士尼乐园已是其在全球扩张的第11个主题乐园了。据相关统计，美国迪士尼公司一年的产值就达150亿美元；迪士尼公司2004年第三季度来自四个主要领域（即媒体、电影、主题公园以及消费产品）的总收益已达74.7亿美元，比2003年同期增长了20％。[③] 美国的“米老鼠”“史努比”均来自长达30年

---

① 陈卫星主编：《国际关系与全球传播》，206－207页，北京，北京广播学院出版社，2003。

② 秦喜杰著：《中国动画片的产业经济学研究》，229页，北京，中国市场出版社，2006。

③ 闫玉刚编著：《国际演出与文化会展贸易》，204页，北京，中国传媒大学出版社，2008。

之久的漫画连载，这两部动画片创造的商业形象的关联产品，每年给美国带来超过500亿美元的收入，“超人”仅漫画书收入就超过2.5亿美元，《狮子王》的音像制品和衍生产品的利润总和已经高达10亿美元。①

美国动漫产业具有一套高度的市场化机制，所有动漫产品的开发都以市场需求为基础。美国动漫产业具有完备的市场调研体系、制作体系、宣传体系和播出体系，发达的衍生产品，授权业和强大的终端销售能力。美国动漫产业的发展也充分考虑了全球市场，在形成完善的市场体系后，美国将动漫制作过程中低附加值的阶段转移海外，以合作的方式既进行了有效的资源配置，又成功地打入了国际市场。在资源方面，美国动漫产业也充分利用一切人类优秀的文化内容，如迪士尼公司根据中国古代传奇故事《花木兰》改编的动画片《花木兰》，在中国上映后很受欢迎。②

依托自由市场机制，建立以迪士尼为首、好莱坞电影工业支持下的分工缜密，产业链完备，关联企业涉及主题乐园及设施、影视创作及相关单位、衍生品、电视电台播送网络、唱片公司、出版及软件业、运动产业，网络组织方式，统合制作、发行、播映等活动，具有相当高的商业利益和产业价值的产业。

2. 以片厂制度为核心的管理制度

建立所谓“片厂制度”，将科学化的分层管理理念运用于卡通界，放弃个人独立创作的模式，而采用团队合作流水线生产，依工作性质分配劳动力，采取工头制度分层管理，将卡通创作转变为像生产线一般的制作流程。

在管理制度上，通过分层管理与制作流程流水线配合，极大地提高了动画制作的水平与工作效率，缩短了制作周期，使得动画制作的各个环节连接紧凑有序，把以前需要几年完成的动画片制作缩短到几个月，大大降低了制作成本和投资风险。

3. 完善的产权保护制度

通过《宪法》和《专利法》建立完备的知识产权法律体系，而复杂、有效的管理体系则是其法律保护措施得以实现的保证。除专利商标局、著作权局外，国防部、能源部、农业部、环保署、航空航天局等政府机构，都拥有各自的专利管理部门，都有权以各自机构的名义进行专利的申请、

① 李思屈著：《中国数字娱乐产业发展战略研究》，173页，北京，社会科学文献出版社，2007。

② 王雪野编著：《国际文化资本运营》，249页，北京，中国传媒大学出版社，2008。

维护以及许可转让。①

（二）日本的动漫贸易运作

日本是崛起比较快的动漫产业国家，动漫及衍生产品超过43亿美元的规模。目前，全球播放的动漫作品中有60%以上出自日本，在欧洲这个比例高达到80%以上。日本全国共有430多家动漫制作公司，拥有一批国际顶尖级的漫画大师和动漫导演以及大量兢兢业业工作在第一线的动画绘制者。电视和网络传媒的普及和发展，传播手段的不断完善，为日本动漫市场的发展和壮大奠定了良好的基础。

根据日本贸易振兴会公布的数据，2003年，销往美国的日本动画片以及相关产品的总收入为43.59亿美元，是日本出口到美国的钢铁总收入的4倍。漫画、动画、图书、音像制品和特许经营周边产品在日本已经形成了一整套“产业链”，推动着日本经济的发展。②

（三）韩国的动漫贸易运作

韩国现在已成为世界第三大经营动漫的国家。2003年，韩国动画及卡通等产品的销售规模约为27亿美元，每年向海外出口0.8亿至1亿美元。韩国在动画制作机制上逐步实现了从“以集体制作为中心”向“以个人制作为中心”的方向转变。在技术上，韩国将动画制作与自己的优势产业相结合，如将动画制作与网络技术结合，从以2D为中心的制作方式迅速扩大到Full3D、2D&3D的合成方式，又在IT基础上迅速发展Flash等数码动画。在投资模式上，韩国动画也形成了创业投资、政府投资以及民间投资等多种投资组合。目前，这种以数码技术为重点的动画产业战略已经取得了较好的成效，2003年动漫出口额为1000亿韩元，2007年韩国实现了1.7万亿韩元动漫出口额的目标。③

四、音像业贸易运作

（一）国外音像产业流程则

国外音像产业流程则是：音像公司掌握大量资本，不断开发新产品，同时展开宣传战，做好节目母带到行业主管部门登记后进行大量复制，然

---

① 闫玉刚编著：《国际演出与文化会展贸易》，205页，北京，中国传媒大学出版社，2008。

② 孙洪军著：《日本出版产业论》，151页，北京，中国传媒大学出版社，2009。

③ 吕江、黄天来编：《中外影视动画史》，109页，上海，上海人民美术出版社，2011。

后发给一些稳定规范的大型连锁租赁公司或者发行经销公司，使产品迅速覆盖音像销售点。

（二）中国音像业运作

中国音像业发展水平低，音像制品发行总金额分别为1997年18.4亿元，1998年12.46亿元，1999年12.37亿元，2010年20.1亿元。这种资产规模和经营状况难以与外国公司抗衡，无法适应音像业全球化趋势。

中国音像业在运作机制上依然保留着计划经济的模式，长期忽视音像销售主渠道和大网络的建设，一直沿用传统的音像发行方式。没有形成符合音像市场需要的产供销链条，音像市场运行处于无序混乱状态。另外，中国音像业长期重视出版而忽视市场，在音像制作、出版、复制、发行、零售五个环节中，中心工作是围绕出版社转，产品的销售全盘甩给批发和零售商，影响资金回笼和再生产。

中国现行音像业管理法规是由国务院、新闻出版署、文化部及其他相关行政管理部门发布，包括各种条例、规定、通知、办法、意见等，仅改革开放后就有数百个，这些法规及文件与国际贸易规章体系不相协调。由于法律法规过于复杂，有些法规缺少实施细则或不够明确，容易造成沟通上的不便而使得本来透明的东西不甚透明。

不合理的体制阻碍着中国音像业的进一步健康发展，这需要我国音像业要彻底改变计划经济时代的管理模式，消除音像业的行政化管理、官本位意识，改变用行政手段配置出版资源等做法，逐步形成以市场为主的资源配置方式。使中国音像企业成为真正自主经营、自负盈亏的法人实体和市场竞争主体，以适应音像业全球化的趋势。同时要改变音像业普遍规模小、集约化程度低的状况，要建立与国际模式相适应的音像集团和现代企业制度。我们应该鼓励音像业的横向联合以至兼并，打破地方封锁，集中优势力量，联合作战，以应对音像业全球化趋势和入世后大型外国音像公司的挑战。同时，应该鼓励电视、电影、录音、录像、网络、报业、传统出版业等各种传媒的合作，这样有利于拓展影视音像产品的盈利渠道。当然，音像业在集团化的同时，尤其要加快建立现代企业制度的步伐，切实转换经营机制，确立规范的法人治理机构。

制定扶持本国音像业的外向型产业政策，用包括提供资金、信贷、税收方面的优惠，设立基金、补贴等经济手段发展本国音像业，以提高音像业的国际竞争力。

（三）网络音像交易

网络音像交易与传统的音像交易方式相比较有两个明显的优势：一是它不受时间与空间的限制；二是交易成本也大大降低。以美国为例，40％的美国音像公司已建立起自己的网络交易渠道，30％的美国音像公司将在近期内建立起自己的网上交易渠道，这是传统音像发行业无法做到的。[①]

五、演出和会展业贸易运作

（一）演艺业运作

在文化现代化的21世纪，作为基础文化产业的演出业，更趋向于国际化、时尚化、多元化和人性化，国际市场已经成为各国演出业乃至文化贸易新的增长点，不同国家的演出商们通过在国际的商业运作，将具有本国特色的表演艺术推向全世界。[②]

1. 中国演出业的市场化运作

2000年以前，中国演出“走出去”主要是以文化交流、政治外宣为目的，真正进行市场化运作的极少。近年来，中国逐渐转变理念，积极尝试利用商业渠道和市场化运作来推进中国演出的国际输出，让一批有实力、有自主创新能力、有自己品牌的演艺企业成为演出业“走出去”的主体。中国演出产业迈向国际市场需要从两方面着手：一是内容，二是市场化运作。精品的演出产品是“走出去”的基础，要推出更多具有中国精神、中国气派、中国风格的演出精品。此外，还要拥有国际化眼光、市场化意识和战略性思维，加强对世界市场的研究，提高艺术创作的针对性，明确市场定位，尊重文化产品输入国的欣赏习惯和市场需求，做到适销对路。

2010年，《功夫传奇》在被中国天创国际演艺制作交流有限公司收购的美国布兰森白宫剧院成功驻演，保证了中国演出产品在国际市场“落地生根”。2011年2月，中国对外文化集团公司于美国倪德伦环球娱乐公司签署战略合作协议，倪德伦环球娱乐公司将协助中国演艺产品打入其他海外院线，让中国对外文化集团公司制作的演出产品有机会进入纽约百老汇和伦敦西区的主要剧场。

2011年，中国演出产品开始更加注重满足海外市场的需求及普世价值的呈现，以更好地适应国外观众的口味、文化偏好和思维习惯。由于不同

---

① 崔斌箴著：《出版与国际传播散论》，89页，北京，五洲传播出版社，2012。

② 李嘉珊著：《国际文化贸易研究》，176页，北京，中国金融出版社，2008。

国家和地区的观众欣赏口味不同，运作的方式也应有所差别。中国的海外演出更加重视市场化运营。对消费者进行细致、量化的研究，加深对国际市场的了解。2011年走出国门的舞剧《丝路花雨》就体现了中国演出走向海外市场的努力。①

2. 发达国家演出业的商业运作实践

随着经济全球化的发展和国际文化交流的扩大，欧洲、北美、澳大利亚的一些国际性演出集团借助资本和传媒的造势，群雄并起，竞争加剧，并取得巨大成功。② 国际演出商精心操作，投入巨资，使艺术家和演出经纪企业获取可观的经济效益。

作为文化产品最大输出国的美国，其演出业的对外输出呈现出多元化趋势，不仅有诸如《芝加哥》等音乐剧的全球巡演，更有如大卫·科波菲尔等顶级魔术师跨国演出的巨大成功，仅其在上海演出的5场，就创下了1300万元的票房纪录。

如今，全球著名的演艺之都笙歌烂漫，无论是纽约百老汇、伦敦西区、维也纳、悉尼，还是中国的北京、上海，从数个观众的戏剧小沙龙、数百个观众的音乐厅和T型台，到多达十万以上观众的大型表演场所，充分展示了当代国际演出业的发达。从流行乐坛到时装模特表演，再到歌剧、交响乐、声乐、音乐剧国际级巨星，风靡全球的演艺明星名团巡演活动，令世界演艺界一批顶尖艺术家，尤其是影视、戏剧等明星身价倍增，国际演出业呈现出一片繁荣的发展前景。

3. 发达国家演出业取得成功的原因

发达国家演出业的国际输出之所以取得如此辉煌的成就，根本原因在于其在全球市场上进行商业运作的成功。

（1）宏观统筹和战略规划

西方演出体制19世纪以后逐步建立、健全，各国政府对演出业的管理大多实行自由式，而非行政式或宫廷式的宏观统筹和战略规划。美国政府把文化输出作为其向外扩张的组成部分，即美国总统肯尼迪的所谓“和平演变”战略。美国不惜耗费巨额资金，建立庞大的新闻宣传机构和媒体，实现文化的全方位输出，③ 其中也包括演出业的输出。欧洲各国大多

① 《中国文化产业年鉴》编辑部编：《中国文化产业年鉴2012》，776页，北京，光明日报出版社，2013。

② 李嘉珊著：《国际文化贸易研究》，177－178页，北京，中国金融出版社，2008。

③ 闫玉刚编著：《国际演出与文化会展贸易》，73－74页，北京，中国传媒大学出版社，2008。

以法律为规范、以经济调节为手段，采取不同方式来设定本国表演艺术的政治文化规范及其表演艺术团体管理体制，以体现执政者和国家的利益以及意识形态导向。韩国政府制定了“激活文化内容，进军海外市场”的总体规划，提出对中国文化市场实施“先占战略”：即抢滩中国市场，进而以中国和日本为台阶，在国际市场逐步接受韩国文化的同时，适时推动演出业的对外发展，这种有计划、有步骤的文化输出方式被证明是十分有效的。

（2）运用经济规律实行市场运作

美国百老汇音乐制作人罗柏·阿佩尔曾说过：美国的文化产业能取得成功，关键是能把艺术思路与商业思路有机地结合起来。[①] 演出市场是竞争性市场，提供的是演艺商品，而不是公共服务，演出业要扩大输出，市场运作非常重要。以韩国为例，韩国流行乐在打入中国市场的过程中，采取了多种方式。如其政府利用驻华机构和办事处的作用，开展市场调研、廾发和宣传；在韩国驻华大使馆设立韩国歌曲视听库；在华举办韩国歌曲比赛，如2002年的“第一届BABY歌曲节”；与中央人民广播电台联合开设专门播放韩国音乐的“聆听韩国”节目。这一系列举措，推动了“韩流”的涌入。

（3）面向国际的经营视野

演出市场的国际化是西方发达国家演出经纪商进行商业运作的基本战略，将目标市场定位于全世界不同国家的人民，既是经济全球化在文化市场的具体表现，也是文化资本进行全球配置的客观要求。几年前，由意大利国际演出商与对外演出公司在故宫太庙实景演出的普契尼著名歌剧《图兰朵》，票价高达1500美元一张，并且连演10场，让国人见识了国际演出商的经营水平。

（4）成功运用的品牌战略

品牌对演出业来说是一种无形资产，更易于扩大影响，获得观众认可。演出业的输出往往是伴随品牌的输出而走向世界的。美国百老汇音乐剧因将一系列名剧打造成家喻户晓的精品品牌，博得众多观众，在世界舞台上被广泛接受。仅《悲惨世界》一剧，16年来先后巡演34个国家，累计创收18亿美元。已有300多年历史的法兰西喜剧院，将喜剧大师莫里哀的作品打造成品牌剧目，从而吸引世界各地观众前来观赏正宗的莫里哀

---

① 李嘉珊著：《国际文化贸易研究》，179－180页，北京，中国金融出版社，2008。

喜剧。此外，像英国的莎士比亚戏剧、俄罗斯的芭蕾舞、日本的宝（塚）等，均因其响当当的世界“演出品牌”，每到一处总能营造出未演先热的效果。

（5）不断创新的演出特色

国际演出商们很重视观众们的审美心态，力求使包装时尚化，演出形式多样化，以此来吸引国外的观众。在容纳 10 万观众的露天体育场，让活的大象、狮子、骏马拉着战车在场地上奔驰，正是世界著名歌剧《阿依达》以大投入换回大回报的成功策略。大卫·科波菲尔令人瞠目结舌的科幻魔术，写真化的超大型道具帮了大忙。花钱买感觉，这就是当代演艺观众的心理，而准确地把握这一心理，创造条件满足这一心理，也是演出业进行成功的市场运作的重要砝码。①

（二）会展贸易运作

会展业是一门综合性、带动性强的新兴产业。在市场经济条件下，会展为文化贸易打造了一个重要的交流平台，会展活动的根本目的在于促进人们的精神交流和物质交流。商品交易、物品交易、货币交易等商业性贸易展侧重于物质交流，② 精神交流包括信息交流、知识交流、观念交流、思想交流、文化交流。因此，许多国家重视会展贸易在提升本国文化软实力中的独特作用。在国际会展业发展过程中，发达资本主义国家一直是行业发展的领先者，其中德国、法国表现尤为突出，他们在长期发展过程中逐步形成了会展经济独有的运作模式，值得我们借鉴和学习。

1. 德国会展业的运作模式

德国会展业在世界会展业中举足轻重，每年举办的国际性会展会有 130 多个，参展商 150 万家（其中 45%来自国外），参观人士 1000 万人（德国境外人士占 1/3）。著名的展会有柏林国际建筑贸易展、国际旅游展、国际电子消费品展、纽伦堡国际玩具博览会、国际制冷及空调设备展、国际礼品展、国际电脑及通讯展和国际工业展等，占世界所有著名展会的 2/3 强，是名副其实的“世界会展王国”。德国的展馆功能设施非常先进和完善，其会展业的发展，一如既往地得到政府的大力支持。德国会展业的具体运作模式为：政府首先投资建立规模宏大的展馆设施，在确定产权归属国有的前提下，不直接参与展馆的日常运营，而是以长期租赁或委托经营

① 李嘉珊著：《国际文化贸易研究》，181 页，北京，中国金融出版社，2008。

② 钟颖、李小红、兰铁民主编：《会展理论与实务》，3 页，大连，东北财经大学出版社，2014。

等形式把展馆的经营管理权授让给德国大型的国际会展公司，政府的职责主要体现在对行业的宏观调控方面。

德国会展公司在获得国有展馆经营管理权后，便扮演着展馆经营管理者和会展项目组织者的双重角色。如汉诺威国际展览公司通过政府授权管理的展馆就达 100 万平方米，每年均在全世界主办 50 多个国际展览会，年营业额达 5 亿德国马克。场馆经营与项目经营相结合的方式构成了德国展览公司特有的管理模式，共同构筑成会展业集团经营的核心内容。

会展公司在成功组织会展项目后，便将所有的会展服务委托给各会展服务公司实施，这些公司将根据与会展公司签订的合同，以专业化服务能力为参展商、参观商提供周到的会展服务及配套服务。德国会展业能在世界一直独占鳌头，很大程度上归功于这种运作模式的成功实践。①

2. 法国会展业的运作模式

经过多年的发展，法国会展业形成了自身独有的运作模式，具体体现为：

展馆设施由法国中央及地方政府投资建设，然后组成国有场馆公司负责展馆的经营管理。此经营实体只开展自己的场馆服务业务，不进行会展项目的运营，业务单一。而展览公司则不拥有展馆设施，也不参与展馆经营，主要从事会展项目经营。对于这种"泾渭分明"的业务划分方式，法国行业主管部门认为，这既能促进会展公司之间的公平竞争，也有利于场馆专心做好自己的场馆服务工作，同时还能体现出比德国模式更细的社会分工，有利于提高法国会展服务的专业水平。

在整个运作模式中，法国会展委员会代表政府行使着宏观管理权，会展委员会除了制定有关的管理制度、组织人员培训外，还负责会展经费的预算和支配，准备年度的工作方案，讨论选择参展的题目、国家地区和预算计划，听取涉及国的大使馆经济处的意见和有关企业的意见等。

在具体会展项目中，会展公司与会展服务公司签订合同，将会展服务工作委托给各会展专业服务公司代理，最终完成会展的操作。②

可见，德国与法国会展行业的基本管理架构和运作体系十分相似，即政府扮演重要角色，起着主导作用（如投资兴建展馆设施、制订相应法规

① 祝荣：《从发达国家会展业运作模式看我国会展经济》，《中共桂林市委党校学报》，2004（1），26 页。

② 祝荣：《从发达国家会展业运作模式看我国会展经济》，《中共桂林市委党校学报》，2004（1），26 页。

和经营规则、保障国有投资收益、保护会展公司、参展商和参观者的权益等)，但运作模式不尽相同。

3. 中国的文化贸易展会

文博会打造了集文化产品博览、文化资源的市场化开发、文化内容产品、服务及产业投资合作项目的推介、文化产业信息的交流于一体的综合平台。深圳文博会是中国唯一一个国家级、国际性、综合性的大型文化产业展会，也是中国获得国际展览联盟认证的综合性文化产业博览交易会。2005 年 1 月 18 日至 22 日，首届深圳国际文化产业博览会开展。首届文博会有境外 102 家企业参展，占参展企业总数的 15%。首届“文博会”组织了多场专项展览，如数字广播电视产业展、国际动漫画及卡通游戏展、中国国粹暨当代工艺美术大师精品展、国际印刷精品暨技术设备器材展等，还组织了中国文化发展战略论坛、全球文化产业发展论坛、中国新兴媒体峰会等近十个论坛。配合中国国际儿童文化艺术周、英国电影节、中外艺术精品演出季等活动，“文博会”成为深圳市民重大的文化节日。近 700 家企业参展，在文博会上与市场直接对话，推介项目 700 个，观众人数近 50 万人。第二届文博会进一步提高了文化产业博览会的国际化、市场化、专业化程度，特别是强化了展会交易的功能，将之打造成为资源最丰富、种类最齐全、规模最宏大的中国文化产品和服务出口的交易平台。第二届文博会，来自国内外的 1500 多家企业参展，参加与参观展会的国内外各界人士达 96.77 万人，共签订 1918 个中外文化产业贸易项目，总成交额为 275.4 亿元人民币，其中，境外定单成交额占总成交额的 35.71%。②

音博会由中华人民共和国文化部和广东省人民政府共同主办。集中了音像业上中下游以及相关行业的企业机构，汇聚了世界著名的音像电影公司和国内主要的音像企业。展会以音像制品展销、版权交易为主，附设部分音像制品生产、制作、包装等环节的高新技术产品以及音像制品新型原材料和新工艺展览。音博会吸引了大批海外音像公司，参展商主要包括世界大唱片公司在内的国内外知名音像制造企业和销售商。2004 年首届音博会的主要功能是产品展示，展览面积约 1.8 万平方米，境内外参展单位 226 家，客商达成合作意向约 3.4 万单，涉及金额近 10 亿元。2005 年第二届音博会的功能是推动产品和版权交易，吸引了来自美、英、法、日、新西兰、泰国、新加坡、马来西亚等国家和中国各省、市以及香港、台湾地区的近 200 家参展单位。观众来自全国各地及世界 30 多个国家和地区。三天多的展会期间，交易额达到了 24.3 亿元，比首届音博会增长了一倍多。[1]

第二节　国际出版业监管服务及其措施

文化贸易监管体制是指国家的文化监管主体（政府）依照法定权力，运用合理手段进行宏观调控，对文化市场主体的经济活动所施加的某种限制或约束。文化贸易监督的宗旨是为文化企业的建立及文化产品推广，促进文化产业发展而制定相应的规则，并提出科学的监管决策以弥补市场失灵。[2]

一、国际出版业监管服务与措施

国家监管体制直接影响着文化产业的发展速度和方向，常见的用于出版业的经济杠杆包括税收、信贷、价格、财政、工资等手段。经济杠杆是促进出版业“走出去”的有效手段，有效地监管措施有利于提升出版业的核心竞争力。美国 2010 年文化产业总值为 2.784 万亿美元，占国民生产总值的 19%，仅版权出口就达 889.7 亿美元。[3] 这与美国政府的文化产业海外全方位扩张政策是分不开的。英国是世界上最大的图书出口国，2013 年英国图书出口额超过 15 亿英镑，这与英国政府对出版业的监管服务和长期扶持密不可分。[4]

（一）拓展对外市场

英国政府对出版业的资助主要体现在图书出口贸易方面。提供资助的政府部门包括英国文化委员会、艺术委员会、海外贸易局、外交部、海外开发署等。资助的范围包括：英国图书的海外推广，包括举办、参加国际书展；出版商参加国际书展的摊位补助和旅费补助；访问图书出口国的销售代表团的旅费和生活费补助；对负有图书进口使命的国外出版商提供资助；对开拓图书出口市场研究提供资助等。美国新闻署长期支持一些大出

---

① 李宗桂等著：《文化精神烛照下的广东：广东文化发展 30 年》，86－87 页，广州，广东人民出版社，2008。

② 王丹：《我国文化市场监管体制的问题及对策建议》，《齐齐哈尔大学学报》（哲学社会科学版），2015（3），23 页。

③ 苏金乐编著：《西方国家社会与法律透视》，11 页，北京，中国水利水电出版社，2015。

④ 崔保国主编：《中国传媒产业发展报告（2015）》，384 页，北京，社会科学文献出版社，2015。

版社在发展中国家推销廉价纸皮版教科书计划，资助出版商参加不发达国家举办的国际图书博览会。

（二）实施税收优惠

美国政府、文化界、教育界和出版界的有识之士，都十分重视图书出口。他们认为图书出口是经济实惠的“外交使节”，出口图书就是向世界传播美国思想、文化和技术，过去一直将苏联作为出口图书的竞争对手。美国关税法对图书减收32%的出口税。日本漫画对欧美及亚洲国家出口的显著增长也源于日本政府成功地充当了本国出版业的领航员、仲裁者、银行家和保护人。①

（三）把握国际机会

参加国际书展是各国推广图书的一种重要手段。国际性书展主要不是为读者而是为出版者提供了会面的场所，可以让一个出版社在较短时间内见到世界各地成百上千的出版公司，了解它们的经营范围、规模，考察它们的资信程度，选择合作伙伴，是推广本国图书的极佳机会。此外，了解世界最佳的出版物，了解行业最新出版信息，了解各大跨国公司的经营策略，观察、比较各国出版社的图书选题及印装质量，考察各国读者的偏好与热点，所有这些都是参加国际书展的重要目的。美国每年有500家出版社参加德国法兰克福的书展。

（四）完善信息管理系统

从美国版权贸易状况来看，每年美国版权局都要处理约60万件版权登记申请。通过版权注册系统、记录管理系统、版权数据库检索系统的开发，美国版权局为版权产业各环节的各类主体如作者、出版者、使用者等，提供重要的信息服务，以更有效地推动版权贸易发展。美国版权产业的发展，很大程度上依赖于美国版权局的版权信息管理系统建设。②

（五）组建行业协会

欧洲书商和出版商培训组织协会，是一个区域性的出版培训机构，会员主要来自英国、法国、德国、波兰、荷兰和西班牙。③ 该协定的宗旨是协调欧洲国家培训组织之间的出版培训活动，加强出版培训合作，帮助尚未建立培训组织的国家尤其是东欧国家建立培训组织，致力于欧洲国家出

---

① 李莉、于睿：《图书出版业贸易监管体制的中外比较分析》，《生产力研究》，2005(11)，201—202页。

② 马海群著：《网络时代的知识产权信息管理》，212页，北京，科学出版社，2003。

③ 李嘉珊著：《国际文化贸易研究》，165页，北京，中国金融出版社，2008。

版高等教育的发展，促进成员组织之间就培训课程内容和出版教育研究进行的信息交流。美国出版界、图书馆、大学和基金会的一些热心人士，很早以前就成立了“美国图书推向海外特别小组”，就图书出口政策措施以及如何发挥政府、公众团体和私人企业的作用提出建设性意见。

（六）鼓励兼并控购

政府支持和鼓励文化企业在向外拓展，利用其现有人员、品牌和销售渠道进入国外市场。英国麦克米兰（Macmillan）公司在政府支持下，为开拓境外 ELT（英语语言教学）图书市场，收购了对西欧非英语国家的市场需求非常熟知的海里曼（Heinemann）ELT 图书部，还根据西班牙中学课程大纲专门从事有针对性的编写和出版，成功进入西班牙中学英语教学市场。

二、中国出版业监管现状

1949 年 2 月 22 日，中宣部出版委员会成立，秉承在有利和可能的条件下，有计划、有步骤地走向统一集中的指示，出版委员会从统一版本开始逐步实现出版工作的统一集中。为处理图书贸易问题，出版委员会决定成立专门经营外文书报（包括“莫斯科中文版”书籍）的发行机构，定名“国际书店”，成为新中国出版业对外贸易的开端。“文化大革命”十年造成我国出版史上的一段空白；1984 年发布的《国务院关于对期刊出版实行自负盈亏的通知》中要求出版社“独立核算、自负盈亏”。

20 世纪 90 年代以后，中国出版业由文化事业向文化产业转轨，出版业的政府管理职能开始发生实质性的变化。从管理体制看，国务院出版行政管理部门——新闻出版总署及地方各级新闻出版管理部门对各级出版单位进行行业管理，中宣部和地方宣传部门参与导向管理，工商税务等其他行政管理部门参与相应的行政管理。遵循“政企分开、管办分离”的原则，中国政府职能由微观管理向宏观管理过渡，由重审批向重监管方面转移，从对出版机构的具体管理中脱离出来，依法行政、加强市场监管、加大规范市场秩序力度。

中国图书“走出去”的主要方式有五种：第一，通过有图书进出口权的外贸公司将已经出版的成品图书出口到世界各地，以满足海外华人和能够阅读中文的外国人的需要，利用当地侨胞开办的书店、文化公司在海外销售。第二，出版社与海外出版商洽谈，通过转让版权的贸易方式，把中文图书的海外版版权授予或转让给有关出版商，使图书在海外出版发行。

第三，由政府资助出版相关图书，以出版社名义赠送。第四，将已在内地出版的中文图书经过筛选，译成外文出版后出口外销，这类图书主要销售对象是非华裔群体。第五，针对海外市场的需求，与海外出版商共同合作、共同投资，出版有关中国题材的图书，在海外发行。

中国国家监管体制和政策贯穿图书出版的选题、审批、发行各环节，直接关系着出版产业的发展速度和方向。事实上，中国出版监管体制中还存在许多制约出版业“走出去”的问题，大体体现以下几个方面：

一是出版业融资难。中国出版资本受到严格管制，根据《出版管理条例》和《外商投资产业指导目录》，外商和非公资本目前还不能投资出版领域，即不能在华投资设立图书、报纸、期刊、音像制品、电子出版物的出版机构，严格的审批制使得国外资本无法直接进入。2002年6月，新闻出版总署印发了《关于规范新闻出版业融资活动的实施意见》，从政策上开启了新闻出版业融资的大门。新闻出版界逐步开始通过以合作方式吸纳业内资金、以项目合作方式吸纳业外国有资金、以组建公司方式吸纳业外国有资金、社会资金、境外资金。

二是人才技术缺乏。中国出版界高等级人才相对缺乏，仅就版权贸易人才统计，根据中华版权代理总公司提供的数据，全国27家版权代理公司只有不到100名专业员工。编辑人员的技术全面性、市场运营技术、印刷各环节设备与国外先进的出版商相比都存在一定差距。最大的差距体现在整个工艺流程的技术组织上未能实现一体化，这与劳动者素质有待提高、个性化市场发育不够、数字印刷投资大、成本高等有关，但也有一定的体制原因。

三是发行网点类型构成不合理。中国图书可发行到180多个国家和地区，已在90多个国家和地区设立图书发行网点1000多个，但是国外发行网点的类型构成不合理，主要是中小书店或个人代销户，不能进入这些国家传统的发行渠道，如大型书店、连锁店等。销售对象以华人华侨为主。①

四是短期行为普遍。出口和参加国际书展的图书品种少，中国古代艺术品、中国功夫、中国中草药、中国针灸等是我国图书出口的传统项目。然而，结合不同国家和民族以及不同层面的读者的口味的、反映当代中国各个方面的图书，出口成本高且风险大。这就使得出口图书中平庸选题多，重复选题多，中长期选题、优秀选题少。这种短视行为直接导致中国

① 李嘉珊著：《国际文化贸易研究》，169－170页，北京，中国金融出版社，2008。

出版业的全球竞争力下降。纠正出版企业的短期行为，是行业监管部门的重要责任之一。[①]

除此之外，没有统一图书出口的价格、贸易方式和相应的经营规则，也对图书出版运作模式产生一定的负面影响。

三、中国文化市场监管体制存在的问题

文化市场的发展既依赖于市场经济体制的逐步完善，也依赖于政府和公共部门发挥相应功能。当前，中国文化市场监管体制存在一些问题，具体体现以下几个方面：

（一）文化市场壁垒严重

文化市场分为两大板块，一是不完全自由竞争，广告、网络游戏、文化娱乐等产业主要集中于此类市场板块；二是垄断程度较高，新闻出版、广播电视等主要集中于此类市场板块；介于两者之间的是影视制作。其竞争程度相对较高，不具有垄断的文化市场，加之对其审查的透明度不够、规范性又不强，出现了恶性循环的情况。

由于相关政策的一些限制，不完全自由竞争和垄断程度较高的两个市场之间的整合度较低，影响了文化市场的整体发展。

（二）文化市场法规体系不健全

从行政立法层面看，立法不均衡，尚未形成体系，一些领域发展速度较快，有的领域仍处于空白，无法可依。目前，中国文化市场上新兴产品不断涌现，文化产业形式不断拓展，而现有法规在不同程度上带有计划经济体制下的痕迹，造成文化市场的扭曲发展和在一定程度上的国家法治的不统一。

有法不依、执法不严的现象凸显。究其深层原因，一是懂法犯法，个别执法人员存在拜金主义，收到好处后在处罚违法主体的行为时，出现处罚无力或不处罚等现象；二是越权越位。一些地方的文化经营者越过基层文化管理部门，直接向上级有关部门申报，上级部门要求下级部门进行审批或擅自审批，越权越位。

知识产权保护力度不够。中国虽有《商标法》《专利法》《版权法》三部主要的知识产权法律和《版权法实施细则》与《商标法实施细则》两部

---

① 李莉、于睿：《图书出版业贸易监管体制的中外比较分析》，《生产力研究》，2005(11)，203页。

实施细则，还有与之相适应的相关的司法解释和规定，它们组成了知识产权方面的法律保护体系。但由于文化产品的特殊性和文化企业追求利益最大化的愿望，以及受众体对相关法律认识的局限性，盗版文化产品层出不穷，严重影响正版制品的生产和经营，版权难以得到有力的保护，阻碍文化产品的创新。

（三）职能部门之间关系尚未理顺

政府部门各自为政，尚未理顺管理体制。主要原因在于，文化产业涉及的不同行业均有各自的主管部门，各行业及其主管部门相互之间沟通不顺，行政分割严重。由于各行政部门之间关系尚未理顺，缺乏长效的协作机制，就难以达到资源共享与整合。部分文化企业还未走出计划经济体制，仍然兼有事业和企业双重身份，执法职能交叉，造成执法混乱；文化市场化层面上还处于"后计划经济"时代；监管方面存在管理力度分散，执法手段单一的情况；尚未形成管理合力，监管效率不高。

政府管理方式滞后。在文化市场的管理上尚未探索出与文化发展相适应的管理模式。如：采取联合抽查、突击检查、集中清理等方式，这类方式对文化市场中的违法现象只能一时抑制，对违法主体的教育没有发挥延续性作用。

（四）文化市场自律监管体系尚不完善

中国文化市场监管的自律监管体系构建尚不完善，自律组织的监管没有得到充分发挥，整体市场主体的自我管理，自我调节，自我约束的机制没有真正形成。社会中介组织和社会团体的约束和监管作用尚未得到有效发挥，大众对中介或团体组织的权威性还不认可，文化市场自律监管作用的发挥未能充分实现。

中国文化市场监管体制存在漏洞，如果不及时修复和完善，将影响中国文化产业的整体发展，甚至会出现倒退态势。[①]

以中国图书出版业为例，中国图书出版监督管理可划分为出版前监管、出版中监管和出版后监管。出版前监管是对设立出版单位、确定出版物选题等的监督管理；出版中监管是对出版物印刷、复制等的监督管理；出版后监管则是对出版物市场的监督管理。作为意识形态的重要组成部分，图书出版业一直是政府控制最为严格的行政垄断经营行业之一。

---

① 王丹：《我国文化市场监管体制的问题及对策建议》，《齐齐哈尔大学学报》（哲学社会科学版），2015（3），25页。

图书版权贸易是版权贸易的主要组成部分，占中国版权贸易总体的80%，对中国图书出版业具有举足轻重的作用。在图书版权贸易中，2003年引进版权数量为12516种，占总数的93.91%；输出811种，占总数的6.09%，引进与输出之比为15∶1，版权输出缺乏足够的实力。① 出版产品的长期贸易逆差会影响中国文化在国际中的地位，与之形成鲜明对比的是英美强势的外向型图书出版业。

第三节　主要国家影视文化贸易的监管政策概览

各个国家在广播影视节目等文化产品的对外贸易政策上都有不同的特点，美国在贸易中推行自己的价值观念和价值体系，倡导自由贸易；欧洲国家坚决抵制美国文化的入侵，在国际谈判中坚持“文化例外”原则；日本和韩国也各自采取了适合本国国情的发展政策；中国对广播影视节目的进出口有比较严格的限制，但加入世界贸易组织后，中国也正在积极探索改革道路，降低市场准入门槛，完善在该领域的政策和立法。

一、西方国家的影视贸易监管政策

（一）美国的广播影视贸易政策

美国进行广播影视产品贸易的主要政策是利用开放市场和自由贸易，在全球推行美国式的民主制度、市场经济、价值观念和生活方式。这种政策最大的特点是文化利益和商业利益的结合，在维护国家利益的前提下追逐商业利益的最大化。

推行美国的价值观念是美国广播影视贸易政策的核心内容。美国国家利益委员会发表过一份名为《美国国家利益》的报告，文中国家利益涉及文化利益的主要有两方面，一是弘扬美国式的价值观、民主制度和生活方式，并且将它们推向全球每个角落，对外国文化产生影响；二是不遗余力地确保美国盟友和西方整体民主制度的稳定性，并使得西方民主制度渗透到对美国利益有重要影响的重要国家之中。广播、电影、电视等文化产品实质上凝聚了一个国家价值观、文化和生活方式等内涵。美国强大的广播影视节目出口，实际上也是向世界推行美式文化的过程。② 美国前商务部

① 李嘉珊著：《国际文化贸易研究》，163页，北京，中国金融出版社，2008。

② 李嘉珊著：《国际文化贸易研究》，191－192页，北京，中国金融出版社，2008。

高级官员戴维·罗斯科普夫曾经说过：如果世界趋向一种共同的语言，它应该是英语；如果世界趋向共同的电信、安全和质量标准，那么它们应该是美国的标准；如果世界正在由电视、广播和音乐联系在一起，那么，节目应该是美国的；如果共同的价值观正在形成，它们应该是符合美国人意愿的价值观。①

提倡自由贸易——在广播影视业的对外贸易中，美国一直鼓吹“自由贸易”。在美国政府看来，电影、广播、电视不过是娱乐、传媒产业的一部分，从贸易政策的角度，对待这些部类的方式和对待其他部分，比如钢铁、汽车的方式一样，没有丝毫差别。从经济角度来看，这些部类也提供了极其重要的就业机会和税收来源。在世界贸易组织的多边贸易谈判中，美国要求各国取消或者降低对电影、广播、电视等文化产品的进口配额和投资限制，但是遭到了以法国为首的许多国家的反对，激烈争论之后，美国勉强同意不再坚持把关贸总协定的所有规定适用于电影及视听产品服务。

鼓励竞争——在国际广播影视贸易中，美国提倡由消费者来选择观看影视产品。在国内，面对国内大大小小的广播影视公司，美国政府的政策也主要向“放松管制，鼓励竞争”方面发展。美国的广播电视实行的是许可制模式，以广告收入为经济支持，政府不直接干预节目的决策，节目的选择主要由市场因素来决定。政府的控制主要体现在技术层面，比如对站台数量的控制等。

吸引人才——美国广播影视界对外来文化都采取欢迎鼓励的态度，好莱坞成功的原因之一是从一开始就向外国艺术人才和外国资金开放，许多有实力的美国媒体公司也被外国公司并购，所有权也不在美国手中，美国政府并不干预这种行为。相反地，这些对外开放的措施不仅没有冲击到美国本土的广播影视产业，反而使得美国的广播影视产品能够更好地吸收世界各地文化中精髓的部分，将其融合，然后进行“再出口”。比如迪士尼1998年制作完成了一部长篇动画片《花木兰》，耗资1亿美元，花费了整整5年的时间，它以中国传统故事为蓝本，别具一格，在东西方都引起了一阵花木兰热，票房收入也是不菲。②

（二）欧盟国家的影视贸易政策法规

欧理会与欧盟十分重视欧洲范围内广播电视政策法规的制定与完善

---

① 胡惠林著：《国家文化安全研究导论》，384页，上海，上海人民出版社，2013。

② 李嘉珊著：《国际文化贸易研究》，192—193页，北京，中国金融出版社，2008。

工作。

欧洲各国通过协议与指导原则中有关节目与广告内容的标准，遵守共同的著作权与邻接权等相关规定，逐步统一欧洲范围内的广播电视立法规范；通过保护欧洲作品扶持欧洲影视业的发展，将广播电视业纳入欧洲经济一体化的轨道，最终建立欧洲广播电视业统一市场，以增强整体竞争力。

实行广播影视节目的配额制，在国内电视台严格保证“欧洲作品”的比例。欧洲对国外广播影视节目的进口采取配额制，控制进口节目的数量，特别是从美国进口的数量。1989年5月，欧盟制定了《欧洲跨国广播电视协议》，要求成员国用半数以上的时间播放欧洲制作的节目。同年10月，欧共体十二国颁布《无国界电视指导原则》。该指导原则中关于节目播出的标准最为突出，即要求各国电视节目总量中应保证“欧洲作品”（即欧洲制作的节目）最少不得低于50%（不含新闻、体育、广告、电视购物等节目）；而且10%以上的节目时间或节目预算属于独立制作人制作的欧洲节目。① 另外，还对节目赞助与广告也有相应的规定。公营电视台播出的节目中，60%应为欧洲视听节目，40%须为原版法语视听节目。公营电视台还应制作17%的原版法语视听节目，并将每年净营业额的16%用于独立制作。② 私营电视台必须严守职业道德、信息多元化以及未成年人保护等原则。在节目播放中，也应遵循公营电视台的标准。

大力支持公共广播电视事业的发展。1996年9月，欧盟议会决议指出：欧洲的媒体政策在成员国内以及在欧洲大的范围内都应该大力支持公共广播电视事业的发展。在公共广播电视事业中引入竞争机制时，应充分考虑到广播电视在达成欧盟其他目标方面所起到的不可忽视的积极作用。此外，欧共体还通过关于公共广播电视事业问题的议定书，规定将在不侵犯每个成员国权限的前提下，为公共广播电视机构提供资金。

注重扶持和资助文化产业。欧洲许多国家政府十分重视对文化企业给予扶持，促进文化发展。欧洲国家对国营广播电视公司均给予不同程度的财政资助，其中，英国国际广播经费全部由国家拨付。英国和德国等国家对电影扶持的力度也不小，英国的扶持措施主要有：①金融扶持，由政府设立专项基金机构负责扶持电影企业。②直接扶持，政府直接资助电影市

---

① 李怀亮、方美主编：《国际文化市场概论》，232页，北京，中国传媒大学出版社，2014。

② 李嘉珊著：《国际文化贸易研究》，194—195页，北京，中国金融出版社，2008。

场，即根据票房收入的多少进行弹性补贴；拨款或资助直接受益制片部门；减免税收，给电影业让利，鼓励民族电影业去冒风险。德国的做法是奖金扶持，德国政府每年给本国生产的优秀故事片和纪录片颁发高达120万美元的高额奖金，以刺激和繁荣德国电影市场。此外，大多数国家实行影视文化管制，禁止美国暴力影视文化进入欧洲文化市场。

坚持将文化产品排除在管理国际贸易的法律框架之外。由于广播影视行业的特殊性和敏感性，欧盟拒绝开放视听服务（即广播、电影、电视市场）及其他相关文化服务市场。最惠国待遇原则也允许欧盟采取有助于发展其广播影视业的政策，如广播电视配额、经济资助和地区性合作生产协议及电视无国界指令。

（三）日本的广播电视贸易政策

1. 大力发展本国的影视业

近年来，日本政府和影视界为振兴电影业采取一系列措施，效果明显。其一，日本政府每年从日本文化艺术振兴基金会拿出2亿日元支持拍摄新片。此外，松竹等大的电影公司注意借用社会力量，主动联合大企业、大公司，请其出资联合拍片。其二，起用年轻新导演，发掘新人。其三，增设京都电影节，为参加该节的一部新片提供半数经费的资助。此外，设立“京都文化奖”，奖金100万日元，奖给日本电影优秀评介文章的作者。

2. 限制外国资本的入侵

2005年，日本总务省决定通过修订《电波法》以及《广播法》等法律，制定防止外资间接控制日本广播电视公司的相关法律，并递交日本国会审议通过。日本现行的有关法律禁止外资拥有日本广播电视公司20%以上具有表决权的股份，但没有明确自限制外国企业或个人是大股东的日本企业持有日本广播电视公司股份的限制；日本政府担心外国资本通过控股公司间接控制日本的舆论工具，决定修改有关法律，防止外资间接控制。

（四）韩国的广播影视贸易政策

1. 政府导向到市场经济导向

1998年，当默多克宣布即将进入韩国卫星电视业的计划后，韩国政府面临着增强韩国广播电视业国际竞争力的巨大压力。于是，韩国政府开始把广播电视政策从政府为主导转向以市场经济为主导，开始小心谨慎地执行广播电视市场的开放政策。增加广播电视业行政上的透明度，以及扩大在广播电视业中私营性的活动领域，尤其是在多频道的新媒体方面，从以规则为主转换为追求市场经济的政策。①

1999 年，韩国政府通过了将《有线法》《无线法》《卫星法》“三法合一”的综合性法律，即《广播电视法》，该法涵盖了地面广播电视、有线广播电视、卫星广播电视、数字广播电视以及新媒体广播；该法最突出的内容是在保证政府绝对控股的情况下，将外国资本在韩国卫星和有线电视中的投资占比限制放宽到 33%。韩国政府的立法保护举措，为韩国的电视产业发展提供了制度保障。

2. 扶电视剧的出口

电视剧无疑是韩国的广播影视产业的一个亮点，韩国的电视剧在中国非常成功，这与韩国政府的大力扶持政策是分不开的。1998 年正式提出“文化立国”方针。韩国文化观光部部长南宫镇曾表示：19 世纪是军事征服世界，20 世纪是以经济论胜负，21 世纪则是以文化建构新时代，1999—2001 年韩国政府先后制定《文化产业发展 5 年计划》、《文化产业前景 21》和《文化产业发展推进计划》，明确文化产业发展战略和中长期发展计划，推出一系列重大举措，有力地推动了文化产业的发展。韩剧凭借其高品质、高质量迅速打开了海外市场。据韩国文化观光部表示，韩国电视节目出口额由 1999 年的 761.5 万美元，提高至 2001 年的 1235.6 万美元，其中 2001 年韩剧出口达 9515 集，出口额约达 790 万美元；2002 年韩剧外销收入达 1639 万美元，出口 12363 集；2003 年韩国电视台节目出口比 2002 年增长 46%，达 4300 万美元，进口约为 2800 万美元，在节目出口产品中，韩剧就占 86%（约 3698 万美元），② 可见，韩剧成为韩国电视最大的输出品。韩国电视节目的出口市场以中国、日本、新加坡等亚洲国家为主，一些经典剧目还出口到俄罗斯、埃及和阿拉伯半岛。

二、中国影视贸易监管政策

（一）对影片、电视节目进出口的规定和限制

从总体上来说，在对待国外文化的基本态度上，中国一直承认文化的多样性和平等性。为了维护中国的经济文化利益，中国政府对广播影视产业进出口做出相应的规定和限制。

---

① 陈卫星、胡正荣主编：《全球化背景下的广播电视——广播电视发展国际学术研讨会文集》，320 页，北京，北京广播学院出版社，2001。

② 韩骏伟著：《国际电影与电视节目贸易》，289 页，北京，中国传媒大学出版社，2008。

在电视贸易方面，中国对进出口节目进行限制和审查。比如《广播电视管理条例》第三十九条、第四十条和第四十五条有相关的规定。

在电影的进出口方面也有一定的制度规定和限制，《电影管理条例》有如下规定：

第五条规定，未经许可，任何单位和个人不得从事电影片的摄制、进口、发行、放映活动，不得进口、出口、发行、放映未取得许可证的电影片，依照本条例发放的许可证和批准文件不得出租、出借、出售或者以其他任何形式转让。①

第二十四条规定，未经国务院广播电影电视行政部门的电影审查机构（以下简称电影审查机构）审查通过的电影片，不得发行、放映、进口、出口。供科学研究、教学参考的专题片进口和中国电影资料馆进口电影资料片，依照本条例第三十二条的规定办理。

第三十条规定，电影进口业务由国务院广播电影电视行政部门指定电影进口经营单位经营；未经指定，任何单位或者个人不得经营电影进口业务。

第三十一条规定，进口供公映的电影片，进口前应当报送电影审查机构审查。报送电影审查机构审查的电影片，由指定的电影进口经营单位持国务院广播电影电视行政部门的临时进口批准文件到海关办理电影片临时进口手续；临时进口的电影片经电影审查机构审查合格并发给“电影片公映许可证”和进口批准文件后，由电影进口的经营单位持进口批准文件到海关办理进口手续。

第三十二条规定，进口供科学研究、教学参考的专题片。进口单位应当报经国务院有关行政主管部门审查批准，持批准文件到海关办理进口手续，并于进口之日起30日内向国务院广播电影电视行政部门备案。但是，不得以科学研究、教学的名义进口故事片。中国电影资料馆进口电影资料片，可以直接到海关办理进口手续。中国电影资料馆应当将其进口的电影资料片按季节向国务院广播电影电视行政部门备案，除本条规定外，任何单位或者个人不得进口未经国务院广播电影电视行政部门审查合格的电影片。

第三十五条规定，举办中外电影展、国际电影节、提供电影片参加境

① 国务院法制办公室主编：《法律法规全书》（第12版），856页，北京，中国法制出版社，2014。

外电影展、电影节等，应当报国务院广播电影电视行政部门批准。参加前款规定的电影展、电影节的电影片，须报国务院广播电影电视行政部门审查批准。参加境外电影展、电影节的电影片经批准后，参展者应当持国务院广播电影电视行政部门的批准文件到海关办理电影片临时出口手续。参加在中国境内举办的中外电影展、国际电影节的境外电影片经批准后，举办者应当持国务院广播电影电视行政部门的批准文件到海关办理临时进口手续。①

（二）逐步放开影视贸易政策

全方位，深层次的推进文化产业各个领域的改革，中国的广播影视贸易政策也在逐步走向开放。中国在加入世界贸易组织谈判中承诺对外开放一些广播影视业的领域，已经按照加入世界贸易组织的时间表兑现了。首先，关于对广播影视产品的进口配额方面也有进一步的放松限量，低了市场准入的门槛，比如在1999年11月15日中国与美国签订中国加入世界贸易组织的双边协议时，中国就承诺把对美国电影大片的进口配额由原来每年的10部上升到20部，以后是逐年向上滚动，在3年内达到50部，其中20部采取分账制。其次，放宽了对外资参与程度的限制。国家发改委和商务部2004年发布的外商投资产业指导目录当中，首次把广播电视节目制作发行和电影制作列为对外开放的项目。

国家广播电影电视总局、中华人民共和国商务部令第44号《中外合资合作广播电视节目制作经营企业管理暂行规定》规定了中国的广播影视企业既可以跟国外做合资项目，也可以有合资的制作企业在中国出现。这些都是广播影视贸易政策重要的改革措施。

加入世界贸易组织后，外商可以入股参与影院的建设、经营，并可拥有不超过49%的股权。

（三）对影视产品的知识产权立法和保护政策

在国际广播影视贸易中，知识产权的保护无疑是一个各国关注的焦点。在此之前，中国在进口的广播影视产品的知识产权立法和保护力度上均和国际标准有非常大的差距，目前中国市场上也充斥着许多盗版的外国广播影视类节目，中国在加入世界贸易组织时对知识产权保护也做出了相应的承诺：中国同意一加入世界贸易组织就落实知识产权协议，消除和停

---

① 国家广播电影电视总局法规司编：《广播影视法规汇编2006年版》，30－32页，北京，中国广播电视出版社，2006。

止实施贸易和对外交流平衡的规定，消除和停止实施地方满意规定，停止执行强加这些规定的合约，并且只颁布或执行同科技或其他知识转移相关的、同关于知识产权和有关贸易投资的世贸协议一致的法律或其他条文。①

（四）对影视节目出口的扶持政策

随着中国改革开放力度的不断加深和文化事业的蓬勃发展，中国政府也采取了一些积极政策措施来扶持中国广播影视产业的发展，鼓励广播影视节目的出口，增强中国广播影视节目在国际市场上的竞争能力。比如文化产品出口按照国家现行税法规定享受出口退（免）税政策。政府的资助在影片生产中也占相当大的部分。20世纪90年代中期以来政府主要通过五项政策扶持民族电影。2002年，中央影视互济资金用于电影创作等方面的资金达7645.2万元，地方21个省市影视互济资金为3955万元，电影频道用于电影创作的资金达到1.5亿元。② 中国政府对广播电视也给予了很大的支持。从2002年开始，中国广播电视经费来源全部实行自收自支。但国家对广播电视业的基础建设仍有一定的财政投入，如中国政府在开展“村村通”广播电视工程中，广电总局和国家计委共投资3.2亿元，地方配套资金13亿元。③

尽管如此，市场普遍反映的问题依然是政府的扶持力度还不够，与欧洲和美国政府对广播影视节目出口的扶持政策相比，中国的差距还是非常大的。

---

① 李嘉珊著：《国际文化贸易研究》，201—203页，北京，中国金融出版社，2008。

② 祈述裕主编：《中国文化产业国际竞争力报告》，154页，北京，社会科学文献出版社，2004。

③ 李嘉珊著：《国际文化贸易研究》，203页，北京，中国金融出版社，2008。

第七章　中国文化贸易现状

自改革开放以来，中国的对外贸易发展迅速，然而，文化贸易发展的整体状况一直不甚乐观。与美国、日本等发达国家相比，中国的文化贸易在对外贸易中远未形成优势力量，发展水平有待进一步提高。

第一节　中国文化贸易发展现状及问题

一、中国文化贸易的国际比较

中国自 2002 年即已跻身世界四大文化出口国之一，但是从贸易总量和贸易结构方面而言，中国文化贸易的水平与发达国家相比，尚存较大差距。2011 年中国核心文化产品出口总额为 186.9 亿美元，增长 22.2%；进口额 12.1 亿美元，增长 10.4%。[①] 而在文化贸易发达的日本，据统计，到 2010 年，仅音像产品出口一项就约占日本文化产品总出口额的 10%。[②] 从文化服务来看，2000 年到 2010 年，除 2006－2008 年以及 2010 年 4 年以外，中国的文化服务贸易整体处于逆差状态。

（一）文化贸易总量

联合国贸易与发展委员会的统计数据显示，2006－2010 年世界各国文化产品和文化服务的平均增长速度差异较大，而中国文化贸易这几年的年均增长速度高于其他国家，尤其是 2010 年中国文化贸易的增长速度最快，增长率高达 27.26%。

---

① 金元浦等著：《文化复兴：传统文化的现代价值》，262 页，北京，中国人民大学出版社，2004。

② 中共中央宣传部文化体制改革和发展办公室、中共深圳市委宣传部编：《文化发展战略论坛文集（五）》，25 页，广州，广东人民出版社，2010。

表 7-1　2006－2010 年各国文化产品和文化服务贸易的年平均增长速度

项目	国家	中国	德国	韩国	英国	美国	印度	世界
文化产品	出口	9.69%	2.48%	1.19%	－3.14%	3.16%	15.33%	3.35%
	进口	13.50%	4.08%	4.26%	－3.82%	－4.13%	4.34%	1.30%
文化服务	出口	13.10%	11.80%	11.13%	－2.05%	3.40%	7.07%	6.10%
	进口	23.87%	1.70%	14.63%	－6.90%	6.30%	21.37%	7.47%

资料来源：根据联合国贸易与发展委员会数据整理。

2010 年中国文化贸易总额达 1246.36 亿美元，其中文化产品贸易额为 1053.46 亿美元，文化产品的出口额达 977.54 亿美元，占世界文化产品出口比重 25.51%，远远高于其他国家。但中国文化服务贸易规模较小，2010 年中国文化服务贸易总额约为 192.9 亿美元，其中，出口额仅为 38.39 亿美元，相当于美国的 1/4。中国文化服务出口额占世界文化服务出口的比重仅为 1.35%，远远低于美国的 42.21%，与其他国家的差距也较大。①

表 7-2　2010 年中国文化产品和文化服务贸易的国际比较（单位：亿美元，%）

	中国	德国	韩国	英国	美国	印度
文化产品出口额	977.54	283.62	39.91	183.56	320.49	137.96
文化产品进口额	75.92	245.11	44.07	263.71	822.57	17.98
文化产品贸易总额	1053.46	528.73	83.98	447.27	1143.06	155.94
文化产品净出口额	901.62	38.51	－4.16	－80.15	－502.08	119.98
文化服务出口额	38.39	212.93	40.48	182.36	1201.47	118
文化服务进口额	154.51	225.11	143.76	106.98	352.15	38.33
文化服务贸易总额	192.9	438.04	184.24	289.34	1553.62	156.33
文化服务净出口额	－116.12	－12.18	－103.28	75.38	849.32	79.67
文化贸易总额	1246.36	966.77	268.22	736.61	2696.68	312.27
文化产品贸易占文化贸易比重	84.52	54.69	31.31	60.72	42.39	49.94
文化产品出口额占世界文化产品出口比重	25.51	7.40	1.04	4.79	8.36	3.60
文化服务出口额占世界文化服务出口比重	1.35	7.48	1.42	6.41	42.21	4.15

资料来源：根据联合国贸易与发展委员会数据整理。

① 何传添、潘瑜：《中国文化贸易的国际比较及其产业调整》，《中央财经大学学报》，2012（12），85－86 页。

（二）文化贸易结构特征

中国文化贸易结构呈现以下几个特点：

一是文化产品贸易集中于附加值较低的手工艺品和设计等领域。2010年中国手工艺品和设计的贸易总额合计达 888.89 亿美元，占全年文化产品贸易总额的 84.38%。相比较而言，中国是手工艺品和设计的出口大国，其出口分别占世界比重 34.38% 和 30.73%。同期其他国家占比低于中国约 14 个百分点。①

表 7-3　2010 年世界主要国家文化产品和文化服务贸易细项分类情况（单位：百万美元）

		中国	德国	韩国	英国	美国	印度
手工艺品	总额	11634.31	2715.98	1669.71	2026.86	7333.02	1208.04
	出口	10614.71	1054.29	1508.25	391.41	1333.54	1084.04
影视媒介	总额	27.57	15.65	61.01	29.68	331.74	31.14
	出口	0.1832	9.51	0.09	20.07	31.59	28.86
设计	总额	77255.04	28513.38	4269.61	20974.07	66498.85	12928.58
	出口	74081.55	13597.10	1321.81	6872.67	12230.24	12112.04
新媒体	总额	7949.83	11432.31	746.92	5359.05	15103.10	185.49
	出口	5654.79	7172.66	204.29	1920.86	6480.39	141.92
表演艺术	总额	—	—	—	—	—	—
	出口	—	—	—	—	—	—
出版物	总额	3359	7719.74	1000.39	6330.11	9873.30	969.52
	出口	2391.18	5137.97	700.20	3706.98	4982.49	201.58
视觉艺术品	总额	5118.57	2434.38	649.42	9974.85	15123.16	271.33
	出口	5010.61	1358.52	256.69	5421.47	6963.62	227.80
广告市场调查服务	总额	4925.55	12512.67	4663.00	—	—	5012.65
	出口	2885.25	5827.99	267.20	—	—	5012.65
个人文化休闲娱乐服务	总额	493.74	3856.77	1650.90	4972.71	16329.38	801.57
	出口	122.92	1080.71	634.90	3951.22	14563.90	334.63
版权转让和许可服务	总额	13869.98	27435.00	12110.40	23961.21	139033	2566.22
	出口	830.48	14384.50	3145.80	14284.90	105583	128.72

资料来源：联合国贸易与发展委员会数据库。说明：“—”表示数据缺失。

---

① 何传添、潘瑜：《中国文化贸易的国际比较及其产业调整》，《中央财经大学学报》，2012（12），86 页。

二是核心文化产品贸易规模小所占比重低。2010 年中国影视媒介和出版物的贸易总额分别只有 0.28 亿美元和 33.59 亿美元，合计仅占全年文化产品贸易的 3.22%，其中影视媒介的出口占世界出口的比重只有 0.03%。同期其他国家的该项目贸易额都高于中国，尤其作为文化强国的美国，影视媒介的贸易总额达 3.32 亿美元，占全年文化产品贸易总额的 0.29%，远高于中国的 0.03%。在出版物方面，除韩国及印度外，其他国家的贸易总额均远高于中国，且这些国家所有出版物占全年文化产品贸易的比重都大于 6%，是中国的 2 倍以上。

三是传统文化服务贸易项目缺乏比较优势。从 2010 年世界主要国家文化产品和文化服务贸易细项分类情况表可以看出，2010 年中国广告市场调查服务的贸易总额为 49.26 亿美元，只约有德国的 1/3，处于中等偏下水平。

四是核心文化服务贸易规模小、比重低，且逆差严重。表 7—3 及表 7—4显示，2010 年中国的个人文化休闲娱乐服务项目贸易额仅为 4.94 亿美元，占全年文化服务贸易的 2.56%，逆差达 2.48 亿美元。同期其他国家该项目的贸易额和贸易占比都远高于中国，美国是中国的 40 倍之多。另外，2010 年中国版权转让和许可服务项目贸易额为 138.70 亿美元，逆差达 122.09 亿美元。同期其他国家该项目的贸易额均高于中国，美国是中国的 10 倍多。此外，中国文化产品和文化服务的出口主要集中在劳动密集型领域。[①]

表 7-4　2010 年中国文化产品和文化服务贸易结构及出口结构的国际比较（单位:%）

		中国	德国	韩国	英国	美国	印度
手工艺品	贸易结构	11.04	5.14	19.88	4.53	6.42	7.75
	出口结构	10.86	3.72	37.79	2.13	4.16	7.86
影视媒介	贸易结构	0.03	0.03	0.73	0.07	0.29	0.20
	出口结构	0.00	0.03	0.00	0.11	0.10	0.21
设　计	贸易结构	73.34	53.93	50.84	46.89	58.18	82.91
	出口结构	75.78	47.94	33.12	37.44	38.16	87.79
新媒体	贸易结构	7.55	21.62	8.89	11.98	13.21	1.19
	出口结构	5.78	25.29	5.12	10.46	20.22	1.03

① 何传添、潘瑜：《中国文化贸易的国际比较及其产业调整》，《中央财经大学学报》，2012（12），86 页。

续表

		中国	德国	韩国	英国	美国	印度
出版物	贸易结构	3.19	14.60	11.91	14.15	8.64	6.22
	出口结构	2.45	18.12	17.54	20.20	15.55	1.46
视觉艺术品	贸易结构	4.86	4.60	7.73	22.30	13.23	1.74
	出口结构	5.13	4.79	6.43	29.54	21.73	1.65
广告市场调查服务	贸易结构	25.54	28.56	25.31	—	—	32.81
	出口结构	75.16	27.37	6.60	—	—	60.73
个人文化休闲娱乐服务	贸易结构	2.56	8.80	8.96	17.19	10.51	15.99
	出口结构	3.20	5.08	15.68	21.67	12.12	28.36
版权转让和许可服务	贸易结构	71.91	62.63	65.73	82.81	89.49	51.19
	出口结构	21.63	67.55	77.71	78.33	87.88	10.91

资料来源：联合国贸易与发展委员会数据库。说明：表格中“—”表示数据缺失。

以上情况表明，中国的文化产业和文化贸易存在诸多问题：文化产业虽发展迅速，但其经济贡献较低；文化贸易总体规模较大，但文化服务贸易规模小且持续逆差；文化产业及贸易结构不甚合理，多集中于传统低附加值领域。[①]

二、中国重点行业的文化贸易

中国一些重点行业的文化贸易发展水平参差不齐。

（一）演艺娱乐业

中国演艺娱乐业贸易项目集中于杂技武术、戏曲歌舞等。2012 年经文化部审批的来华演出项目共计 1140 项，计 22760 人次；同年，经文化部审批的“走出去”演出项目共计 315 项，组团人数 9280 人，海外观众人数 1089 万人，演出收入约 8470 万元。[②] 从国家文化出口重点项目目录上看，中国演艺产业走向国际市场的项目大多集中在杂技、武术等动作技巧类，以及戏曲和民族风情的歌舞，如《功夫传奇》《绛州鼓乐》《牡丹亭》等。版权输出未有突破。演艺产业的出口模式从传统的劳务输出和项目参演，

① 何传添、潘瑜：《中国文化贸易的国际比较及其产业调整》，《中央财经大学学报》，2012（12），88 页。

② 赵志安主编：《中国音乐产业发展报告 2014》，298 页，北京，中国传媒大学出版社，2015。

已经发展到整台剧目的输出、中外合制、剧院收购项目驻演等多种模式，取得了长足的进步，但也应看到中国演艺出口在剧目创新、贸易融资和保险、演出经纪等方面的不足。

（二）图书出版业

近年来，中国图书版权贸易逆差逐步改善，企业走出去由被动变主动。2013年，全国累计出口新闻出版物2387.4万册（份、盒、张），较2012年增长14.3%，金额为10462.4万美元，增长10.4%，[①] 数据表明中国出版业在出口上稳步增长。版权输出与引进比从2011年的1：2.1提高到2012年的1：1.9，2013年达到1：1.7，贸易逆差进一步改善。我国图书、音像制品和电子出版物的重要出口目的地是美国、中国台湾和香港地区，对日本、韩国、英国、德国以及新加坡等国家的版权出口，也呈现喜人态势。[②]

（三）影视产业

1. 电影产业

2013年，国产电影在海外销售数量达45部，共计247部次，累计票房和销售收入总计14.14亿元人民币，相比较2012年的10.63亿元，同比增长33.02%。王家卫导演的电影《一代宗师》在2013年登陆北美院线，两个月内斩获659万美元的票房，创造了近年华语电影在北美的最好成绩。2013年内地国产片票房超过7亿元人民币的《致我们终将逝去的青春》在北美仅获得了6.7万元人民币（1.1万美元）的票房，而陈凯歌的《搜索》更是惨淡到只收获了1100美元。华语片在北美的势头依旧整体低迷，成为不争的事实。[③]

随着中国电影产业的飞速发展，本土影视企业不再仅仅满足于内容的制作。2012年，大连万达集团以26亿美元并购了美国的AMC影院公司，成为全球规模最大的电影院线运营商，拓宽了优秀国产电影的出口渠道，提高了国际市场竞争力，标志着中国影视资本正逐步向海外市场扩张。[④]

---

① 国家新闻出版广电总局：《2013年新闻出版产业分析报告摘登》，《中国编辑》，2014(5)，16页。

② 中华人民共和国文化部对外文化联络局（港澳台办）、北京大学文化产业研究院编著：《中国对外文化贸易年度报告（2014）》，5页，北京，北京大学出版社，2014。

③ 靖宇：《2013华语片在海外：票房依旧迷失，艺术佳作缺失》，电影网，http://www.1905.com/news/20140123/726420.shtml，时间：2014年1月23日。

④ 中央文化企业国有资产监督管理领导小组办公室、中国社会科学院文化研究中心编：《中国对外文化贸易报告（2014）》，276页，北京，社会科学文献出版社，2014。

2. 电视产业

近年来，中国已成为全球生产、消费电视剧最多的国家，电视剧出口出现了喜人的增长趋势。

表 7-5　2008－2011 年中国电视剧进、出口额　单位：万元（人民币）

年　份	2011	2010	2009	2008
进口额	34564	21450	26887	24293
出口额	14649	7483.5	3583.6	7524.95

数据来源：《中国对外文化贸易报告（2014）》。

2012 年来，国产电视剧集中涌现出一批精品，在国际上赢得较高声誉。电视剧出口主体格局与发行模式有所变化，除中国国际电视总公司在出口数量和金额上依然发挥主渠道优势外，北京、上海、江苏、广东、浙江、湖南等地的一些民营影视机构上升优势逐渐显现。但是，中国电视剧进出口情况呈现贸易逆差。近年来，中国电视剧年出口额徘徊在 1 亿元左右，受国际金融危机波及，1999 年更是暴跌至 3000 余万元。与此相对，年进口额稳定维持在 2—3 亿元，是出口额的 2.5 倍甚至 3 倍，贸易逆差虽然在逐年缩小，但与美、日、韩等影视产业发达的国家比较，中国电视剧的输出量和影响力相形见绌。近几年，国产剧输出有所提升，2011 年中国电视剧出口额达 2000 万美元，同年韩国的电视剧出口额却高达 2.52 亿美元。①

（四）动漫游戏产业

1. 动漫产业

中国动漫业对外文化贸易稳步发展。从 2008 年起，中国核心动漫产品的出口每年都有大幅度增长，展现较好的发展势头。

表 7-6　2009－2012 中国核心动漫产品出口情况　单位：亿元

年　份	2009	2010	2011	2012
金　额	3.19	5.1	7.14	8.3

资料来源：《中国对外文化贸易报告（2014）》。

据国家新闻出版广电总局数据，2011 年，全国各影视机构共出口动画片 146 部，20 万分钟，金额 2800 多万美元。而 2010 年出口动画片时长为 17 万分钟，2006 年出口动画片时长只有 4.5 万分钟。

根据国家统计局资料显示，2011 年，对外出口动画电视的总金额为 3662.39 万元。韩国成为中国动画电视出口的第一大市场，大约占动画电视

---

①　中国人民大学书报资料中心：《文化创意产业》，2014（3），8 页。

出口总额的1/3，遥遥领先于其他市场，[①] 并在过去4年保持较大幅度增长态势。

表7-7 2008－2011年中国动画电视出口情况 单位：万元

年 份	2011	2010	2009	2008
动画电视出口总额	3662.39	11133.19	4455.99	2947.79
向韩国出口动画电视总额	1246.74	271.82	7.00	—
向中国香港特别行政区出口动画电视总额	757.16	—	—	—
向东南亚出口动画电视总额	511.09	—	—	—
向欧洲出口动画电视总额	365.27	2199.04	520.03	64.00
向美国出口动画电视总额	380.55	369.19	800.00	—
向中国台湾地区出口动画电视总额	218.60	—	—	—
向日本出口动画电视总额	78.00	—	—	—
向其他国家出口动画电视总额	74.98	—	—	—

资料来源：国家统计局网站。

由上表可以看出，东南亚与中国文化相近，地理相邻，是中国动漫产品的传统市场；中国动画电视片对美、欧和日本的出口从金额上看4年的波动较大，在这些市场还没有形成稳定的市场地位。

2. 游戏产业

游戏产业是中国文化产业门类中海外拓展最成功的行业，近年来，游戏产品出口持续稳增。经过本土企业多年的抱团深耕，海外市场空间进一步拓展，中国原创网游在2012－2013年的海外成绩仍然突出。2012年，中国自主研发网络游戏海外出口实际销售收入为5.7亿美元，较2011年增长57.5%。其中，网页游戏增幅最大，较2011年增长79.5%。[②] 2013年，中国自主研发网络游戏海外市场销售收入攀升至18.2亿美元，比2012年增长了219.3%。

一方面，中国自主研发的网络游戏海外市场保持快速增长，出口企业持续增加，出口题材日渐多元，客户端网游、网页游戏、移动游戏均进入海外市场，出口范围持续扩大，已经出口到100多个国家和地区；另一方

① 张晓明、王家新、章建刚主编：《中国文化产业发展报告（2014）》，83页，北京，社会科学文献出版社，2014。

② 洪京一主编：《中国软件和信息服务业发展报告2013》，71页，北京，社会科学文献出版社，2013。

面，一批中国自主研发的网络游戏企业，已经从单纯地依靠海外代理的出口初级阶段、成立海外子公司的第二阶段，进入到尝试整合全球知识产权，直接面向全球开发产品的全新阶段。

（五）艺术品产业

近年来中国艺术品贸易额虽大幅提升，但占国际市场总成交额的比例仍然不高。根据文化部文化市场司发布的《2012 中国艺术品市场年度报告》和中国海关统计数据，2013 年中国艺术品、收藏品及古董进出口额有大幅度提升。进口额由 2012 年的 8766.48 万美元增至 7.7 亿美元，同比增长 778.35%；出口额由 2012 年的 5.35 亿美元增至 10.41 亿美元，增幅约为 94.58%。[①] 2013 年，北京、上海、广州三个主要口岸的艺术品、收藏品及古董出口总额达到 2.53 亿美元，占全国艺术品、收藏品及古董出口总额的 24%。中国艺术品出口目的地主要集中在中国香港以及日本与欧美等发达国家和地区。虽然中国的艺术品进出口额增长迅速，但进出口额仅占市场总成交额的 18.9%，离世界艺术品贸易中心还有很大差距。

（六）广告产业

中国广告业市场规模发展迅速，截至 2012 年底，总体规模已跃居世界第 2 位。广告经营额占国内生产总值的比重达 0.9%，比 2011 年上升了 0.24%。[②] 从进出コ差额情况看，近年来中国广告、宣传服务的国际服务贸易由逆差迅速转变为顺差，中国的广告业的国际竞争力显著增强。

（七）音乐产业

从总体来看，中国传统方式的音像、电子出版物出口种数呈逐年下降趋势，2010 年为 10352 种（次），2009 年为 19771 种（次），而 2008 年为 16521 种（次）。录音出版物出口种数下降更为明显，2011 年为 347 种（次），2009 年为 1878 种（次），这与数字音乐产业冲击有关，与国际传统音乐产业整体呈下降趋势相符。出口金额也明显下降，2010 年为 47.16 万美元，2009 年为 61.11 万美元，2008 年 101.32 万美元。[③]

除上述文化产业贸易发展迅速外，中国的设计、非物质文化遗产等行

---

① 文化部文化市场司主编：《2013 中国艺术品市场年度报告》，70 页，北京，人民美术出版社，2014。

② 黄辉著：《新闻传播学：理论、方法与实务》，132 页，上海，同济大学出版社，2013。

③ 中央文化企业国有资产监督管理领导小组办公室、中国社会科学院文化研究中心：《中国对外文化贸易报告（2014）》，256 页，北京，社会科学文献出版社，2014。

业的对外文化贸易也取得了一定的发展。

三、文化贸易区域结构

对外贸易区域结构是一国对外贸易结构的重要组成部分，是该国出口商品的归属地和进口商品来源地的所有商品累积形成的价值比例关系。通常情况下，对外贸易区域结构会受到不同国家的经济发展水平、经济互补性、国际分工模式和相关贸易政策的影响。①

总体来看，中国文化贸易的国别结构比较集中。一方面，中国文化产品出口的主要市场集中在美国、中国香港以及欧盟等国家和地区，其中 1/3 流向美国，流向中国香港、日本的分别占 15%和 8%左右，流向英、意、法、德、荷等欧洲 6 国的占近 16%。出口对象相对单一化。另一方面，中国进口文化产品的来源地也比较集中，主要为西方发达国家以及东亚地区国家，其中欧盟发达国家、美国和日本基本占到约 40%的比例，日本是中国目前最大的文化产品进口国。②

表 7-8　2012 年中国与其他国家（地区）之间的图书版权贸易情况

国家或地区	输出种类（种）	引进种类（种）	合计（种）	差额（种）	引进占输出的比例（倍）
美国	1021	4944	5965	－3923	4.84
英国	606	2581	3187	－1975	4.26
德国	352	874	1226	－522	2.48
法国	130	835	965	－705	6.42
俄罗斯	104	48	152	56	0.46
加拿大	104	122	226	－18	1.17
新加坡	173	265	438	－92	1.53
日本	401	2006	2407	－1605	5
韩国	282	1209	1491	－927	4.29
中国香港地区	44	413	457	－369	9.39
中国澳门地区	1	5	6	－4	5
中国台湾地区	1781	1424	3205	357	0.80
其他地区	2173	1389	3562	784	0.64
合计	7172	16115	23287	－8943	2.25

资料来源：根据中华人民共和国新闻出版总署《2012 年全国新闻出版业基本情况》整理

① 陈柏福著：《我国文化产业“走出去”发展研究——基于文化产品和服务的国际贸易视角》，112 页，厦门，厦门大学出版社，2011。

② 顾江主编：《文化产业研究（9）》，173 页，南京，南京大学出版社，2014。

从表 7—8 可以发现，西方发达国家以及东亚文化圈中的国家是中国进行图书版权贸易的主要对象。2012 年，中国的图书版权主要是输出到中国港澳台地区以及美国、日本、英国，图书版权引进主要来源于美国、英国、日本。图书版权贸易额排名前三位的国家与地区分别为美国、中国台湾地区、英国，2012 年，与美国、英国以及中国台湾地区的图书版权贸易之和占当年中国全部图书版权贸易总数的 53.06%。[①] 中国对外文化贸易的相关数据表明，在中国的对外文化贸易结构中，一方面中国与西方发达国家的文化贸易进一步深化；另一方面中国的文化产品出口主要集中在与中国文化具有较深渊源的国家和地区。这与各国消费者的生活环境、教育、社会价值体系的差异导致了消费者思维方式、审美观及认知能力的差异有关。这种差异导致文化交流和传播过程中的“文化折扣”现象。中国与日本、新加坡等东亚国家同属儒家文化圈，中国的文化产品在这些国家的文化折扣度低。随着中国与东亚国家的经济交流合作及文化产业区域性合作的逐渐加强，中国对外文化贸易必将在东南亚市场上获得较快较好的发展。

值得一提的是，我国对俄罗斯的图书版权贸易，引进小于输出，究其原因，中俄两国长期友好的邻邦关系奠定了两国文化贸易良好的发展基础。

四、中国文化产品的贸易优势

与其他国家相比，中国悠久的历史、灿烂的文明、丰富的文化资源，为中国发展文化贸易创造了较大的优势条件。

（一）文化底蕴深厚

中国是世界四大文明古国之一，5000 多年的文化传承为中国积淀了丰厚的文化资源，因此，我国文化产业发展禀赋要素好。例如，以宫廷文化、帝王学作为题材背景，于 2012 年火热荧屏的《甄嬛传》，不仅在祖国大陆和台湾等地获得超高收视率，还被翻译成英语并重拍部分情节在美国播出，反响热烈。另外还有，诸子百家、中国四大名著、十大名曲（《高山流水》《平沙落雁》《梅花三弄》《十面埋伏》等）、诗经、民间故事等文化资源被以多种多样的方式演绎出来，这些文化资源都是开创文化产业创造力的基础。优秀的文化资源既可以为本民族发展文化产业发挥作用，也可以为世界文化产品的生产服务。1998 年，美国好莱坞出品了一部以中国民间故事为脚本的动画电影《花木兰 1》，2014 年推出了《花木兰 2》。另以中国国宝熊猫为原型

---

① 顾江主编：《文化产业研究（9）》，174 页，南京，南京大学出版社，2014。

的《功夫熊猫》系列电影上市之后大受欢迎，得到全球影迷们的喜爱，其中很重要的原因是电影融入中国功夫为主要元素。截至 2014 年 6 月 23 日世界遗产大会召开，全世界文化和自然遗产达到 1015 项之多，中国拥有世界文化和自然遗产 47 项，这说明中国有发展文化贸易的资源潜力与优势。文化产业首先应立足于本国市场，要充分实现本土文化资源优势的转化，创造出有中国特色的文化产品。在得到国内认可后才能扩大国内市场，进而扩大区域性的影响，比如可以在“汉文化圈”内扩大中国的文化影响力。

（二）国际市场广阔

随着国际化水平的提高，华人的足迹遍布全球，在美国、澳大利亚、加拿大以及欧洲等国的著名城市都有“中国城”。《中国侨资企业发展年度报告》指出“北美华人从 1990 年的 200 多万增至 2010 年的 550 万，欧洲华人从 10 万增至 200 多万。仅在 2000—2010 的 10 年期间，在美华人猛增近 100 万，而西班牙华人从 2.8 万增至 15 万，在东南亚地区则已形成了高达 400 万的华人聚居都区”。拥有中华文化背景的海外华人，天生对中华文化有亲近感，从骨子里喜爱中国文化。因此，众多的海外华人可以成为中国文化产品的境外消费主力，这有利于提高中国文化产业和文化产品的国际影响力，其一，华人对中国文化产品的消费可以带动当地人们对中国文化产品的消费；其二，海外华人了解当地市场，可以与中国国内文化企业合作并成为其在国外市场的代理或中介人，助推中国文化产品在国外的发展。

（三）加大对文化产业的扶持力度

文化产业和文化贸易是一项系统工程。从国际经验来看，文化产业“走出去”往往离不开政府多方面的帮助和支持。近年来，中国政府密集出台了一系列支持文化产业对外合作的政策措施，持续释放“政策红利”，涉及文化贸易、文化金融合作等关系文化产业转型升级的多个领域，加大了对文化出口重点企业和项目的扶持力度，努力打造一批国家级、国际化、综合性的文化博览交易平台，大力推动文化产业“走出去”。党的十七届六中全会通过的《中共中央关于深化文化体制改革推动社会主义文化大发展大繁荣若干重大问题的决定》，提出要实施文化走出去工程，完善支持文化产品和服务走出去政策措施。党的十八大报告提出要推动文化产业成为国民经济支柱性产业、增强文化贸易的整体实力和国际竞争力。2014 年 3 月，国务院出台了《关于加快发展对外文化贸易的意见》，为推动文化出口工作指明了方向。

五、中国文化贸易存在的问题

目前，中国文化贸易的总体规模虽然不断扩大，但是，在进一步发展的过程中仍存在诸多问题。

（一）国际文化贸易处于严重逆差状态

由于中国的文化产业的国际化发展水平较低，不具备较强的国际竞争力，导致中国文化贸易逆差严重。

在版权方面，多年来，中国进出口贸易的逆差约为 3∶1，而对欧美的巨额逆差则达到 5∶1 以上。以版权交易中比重最大的图书版权为例，2011 年，中国出版社引进图书版权 14708 种，通过出版社输出的版权仅有 5922 种。其中，从美国引进图书版权 4553 种，输出 766 种；从英国引进图书版权 225 种，输出 422 种；从德国引进图书版权 881 种，输出 127 种；从日本引进图书版权 1982 种，输出 161 种。①

表 7-9　2011 年中国出版物进出口情况

	出口（万美元）	进口（万美元）	差额（万美元）
一、图书、期刊、报纸	3905.51	28373.26	−24467.8
1. 图书	3276.61	11666.91	−8390.3
2. 期刊	573.44	13906.17	−13332.7
3. 报纸	55.46	2800.18	−2744.72
二、音像制品、电子出版物	35.17	14134.78	−14099.6
1. 激光唱片	0.25	130.78	−130.53
2. OVO	34.25	13.32	20.93
3. VCO	0.68	0	0.68
4. 电子出版物	0	13991	−13991
	出口（种）	进口（种）	差额（种）
三、版权	7783	16639	−8856
1. 图书	5922	14708	−8786
2. 录音制品	130	278	−148
3. 录像制品	20	421	−401
4. 电子出版物	125	185	−60
5. 软件	5	273	−268

① 吕健著：《文化利益理论与实践》，168—169 页，北京，经济管理出版社，2012。

续表

	出口（万美元）	进口（万美元）	差额（万美元）
6. 电影	2	37	−35
7. 电视节目	1559	734	825
8. 其他	20	3	17

资料来源：国家统计局《中国统计年鉴 2012》。

在影视方面，2011 年，中国进口电影版权 37 项，而出口电影的版权仅为 2 项。据电影局统计数据显示，2011 年中国的电影票房超过 100 亿元，进口影片占了 60%以上的票房收入，150 多部国产影片的票房远不及 50 余部进口影片。值得注意的是，2011 年，中国电影银幕已达 9000 块，同比增加 15%。即便如此，在这样一个不断扩张的电影市场中，能够充分体现中国文化特色的影片少之又少。根据国家外汇管理局的统计数据，2011 年中国电影、音像制品的出口额约为 1 亿美元，而同年的进口额约为 4 亿美元。[①] 2011 年，中国电视节目进出口总额约为 7.68 亿元，其中进口额约为 5.41 亿元，而出口总额只有 2.27 亿元。

表 7-10　2000－2011 年中国电影、音像进出口情况

电影、音像	2000 年	2002 年	2004 年	2006 年	2008 年	2010 年	2011 年
出口（亿美元）	0.1	0.3	0.4	1	4	1	1
进口（亿美元）	0.4	1.4	1.8	1	3	4	4

资料来源：国家外汇管理局《中国国际收支平衡表》相关各期。

表 7-11　2011 年全年电视节目进出口情况

全年电视节目						全年进口电视剧	
进出口总额（万元）	进口总额（万元）	出口总额（万元）	进出口总量（小时）	进口总量（小时）	出口总量（小时）	部	集
76761	54099	22662	47447	21790	25657	146	3423

资料来源：国家统计局《中国统计年鉴 2012》。

（二）文化产品出口种类单一

在中国文化贸易的各个领域中，普遍存在的问题是产品种类单一。在图书版权方面，中国图书版权的输出内容主要集中在中医、武术和古典文学等中国传统文化及汉语学习、普及性中国读本方面，科技、教育以及反映当代中国建设成就等方面的图书版权出口极少。

---

① 吕健著：《文化利益理论与实践》，169 页，北京，经济管理出版社，2012。

在电影电视贸易方面，中国电影能在国际上取得较好票房收入的大多是武侠和动作类影片，对于国外消费者而言，单一化的体裁和内容容易导致审美疲劳，进而产生厌倦。

在演艺贸易方面，中国演出团体的海外演出在节目类型上主要以杂技等动作类为主。有关资料显示，杂技占据了中国所有对外演出项目的30%以上；在经济效益上，其他艺术种类的海外商业演出的收入远远不及杂技。

（三）文化产品出口地区不广

目前，中国文化产品出口地区主要集中在中国的香港、澳门地区以及日本、韩国等地方，存在着出口对象国家和地区单一化的问题。以图书版权贸易为例，目前中国大陆主要的版权输出还是中国台湾地区的繁体版、日文版和韩文版。国家版权局发布的2004年全国版权工作统计情况中介绍，图书版权输出地的前五名是中国台湾地区、中国香港地区、韩国、中国澳门地区和新加坡。由于历史、地理、语言等方面的原因，这些国家和地区对中国文化有着很高的认同度和亲和力，他们更容易接受中国的文化产品；中国的文化产品由于传统的本土化内涵浓厚，且不具有适应国际市场的全球化内涵，因而在欧美市场很难被接受。[①]

第二节　文化“走出去”战略

文化“走出去”战略是党和国家基于中国的整体利益、全球经济和文化发展规律而提出的国家战略。通过发展文化贸易特别是文化服务贸易，可以推动中国的文化产品进入国际市场，在获取文化产品出口和投资收益的同时，提高中国的文化软实力和影响力。中国文化“走出去”战略虽然取得较为显著的成就，但也暴露出诸多的问题与不足。

一、文化“走出去”战略

中国文化“走出去”战略是伴随着经济的发展和国情的变化而不断发展和完善的。这一战略的提出，对于中国文化贸易的发展以及中华文化的觉醒和复兴，都具有积极的推动作用。

（一）文化“走出去”战略的提出

1. 文化交流奠定文化“走出去”的基础

---

① 吕健著：《文化利益理论与实践》，170页，北京，经济管理出版社，2012。

在马克思主义指导下，中国坚持“引进来”与“走出去”“让中国理解世界”与“让世界了解中国”相结合，积极开展外交工作和对外文化交流工作，取得了重大成就。

毛泽东指出：“随着经济建设高潮的到来，不可避免地将要出现一个文化建设的高潮。中国人被人认为不文明的时代已经过去了，我们将以一个具有高度文化的民族出现于世界。”① 在建国初期，中国对外文化交流主要是与苏联、东欧社会主义国家和广大亚非拉发展中国家。文化走出去的内容主要是以新中国建设的成就塑造中国的国际新形象，让世界上更多的人倾听到新中国的声音。同时也面向西方国家，开展卓有成效的文化交流。一系列的对外文化交流活动不仅增进了世界对中国的了解，扩大了新中国在国际舞台上的影响，同时扮演了外交活动的开路先锋、“外交先行官”的角色。② 这一时期，中国对文化对外交流的重视和取得的成绩实际上为“走出去”战略的提出奠定了实践基础。

2. 对外开放格局逐渐明晰

改革开放以后，随着中国全方位对外开放格局的逐步形成，文化“走出去”战略规划日渐明晰。

“走出去”战略，首先是在经济领域提出的一个战略，其萌芽可以追溯到党的十四大。江泽民在党的十四大报告中提出了“走出去”战略的核心概念。党的十五届五中全会第一次明确提出要实施“走出去”战略。③ 这时，由于经济全球化的浪潮使各个国家、地区间的文化交流越来越密切，文化也存在着一种全球化的趋势。因而，中国在经济领域提出实施“走出去”战略后不久，文化领域也明确提出要实施文化“走出去”战略。

2002 年 11 月，党的十六大报告中强调“实施‘走出去’战略是对外开放新阶段的重大举措。”“当今世界，文化与经济和政治相互交融，在综合国力竞争中的地位和作用越来越突出。文化的力量深深熔铸在民族的生命力、创造力和凝聚力之中。”文化建设要“立足改革开放和现代化建设的实践，着眼于世界文化发展的前沿，发扬民族文化的优秀传统，汲取世界各民族的长处，在内容和形式上积极创新，不断增强中国特色社会主义

① 毛泽东著：《毛泽东文集》（第 5 卷），345 页，北京，人民出版社，1996。

② 李智著：《文化外交：一种传播学的解读》，159－160 页，北京，北京大学出版社，2005。

③ 辛鸣主编：《十七届六中全会后党政干部关注重大理论与现实问题解读》，211 页，北京，中共中央党校出版社，2012。

文化的吸收力和感召力。”①

2003 年 12 月，胡锦涛在全国宣传思想工作会议上指出：“大力发展涉外文化产业，积极参与国际文化竞争”，“走出去”战略首次出现在文化产业领域。

2005 年 10 月，胡锦涛在党的十六届五中全会上指出：社会主义先进文化建设要“加快实施文化产品‘走出去’战略，推动中华文化走向世界”。

2006 年 9 月，《国家“十一五”时期文化发展规划纲要》指出，“十一五”时期文化发展的重点之一是：抓好文化“走出去”重大工程和重大项目的实施，充分利用国际国内两个市场、两种资源，主动参与国际合作和竞争，加强对外文化交流，扩大对外文化贸易，初步改变中国文化产品贸易逆差较大的被动局面，形成以民族文化为主体、吸收外来有益文化、推动中华文化走向世界的文化开放格局。为此，在对外文化交流方面采取的重大措施，主要有：拓展对外文化交流和传播渠道，培育外向型骨干文化企业，实施“走出去”重大工程项目。随后，文化部出台《文化建设“十一五”规划》提出，要在未来五至十年中，推动实施五大发展战略，其中之一就是“中华文化走出去战略”。

2009 年 7 月，国务院出台了《文化产业振兴规划》，强调要做好八项重点工作，这标志着中国文化产业的战略地位得到进一步提高。

2010 年 7 月 23 日，胡锦涛在主持中共中央政治局第 22 次集体学习，就深化中国文化体制改革问题进行研究，强调“要精心打造中华民族文化品牌，提高我国文化产业国际竞争力，推动中华文化走向世界”。

2011 年 10 月，十七届六中全会通过的《关于深化文化体制改革推动社会主义文化大发展大繁荣若干重大问题的决定》指出，世界多极化、经济全球化深入发展，科学技术日新月异，各种思想文化交流交融交锋更加频繁，文化在综合国力竞争中的地位和作用更加凸显，增强国家文化软实力、中华文化国际影响力要求更加紧迫。党中央再次强调，要实施文化“走出去”战略，不断增强中华文化国际影响力。②

（二）文化“走出去”战略的内涵

中国文化“走出去”战略是一个系统工程，它包含了提高国家文化竞

---

① 江泽民：《全面建设小康社会，开创中国特色社会主义事业新局面——在中国共产党第十六次全国代表大会上的报告》，《人民日报》，2002 年 11 月 18 日。

② 辛鸣主编：《十七届六中全会后党政干部关注重大理论与现实问题解读》，212－213 页，北京，中共中央党校出版社，2012。

争力和文化贸易发展水平等主要内容，其内涵涉及多方面。第一，对外文化宣传主要是以文化为载体。在对外交流中宣传中国的对内对外政策，以文化的方式向世界说明中国、介绍中国，积极主动地赢得外国公众对中国的了解、理解和尊重，为中国开展与外国在各个领域的交流合作创造良好的舆论环境和友善的氛围。对外文化宣传的主要目的是树立中国文明进步、建设民主法治国家的形象和改革创新的形象。① 第二，对外文化交流是文化“走出去”的重要组成部分。文化外交是主权国家利用文化手段达到特定政治目的或对外战略意图的一种外交活动。② 对外文化交流包括双边交流和多边交流，它以文化柔性的力量交流情感，沟通心灵，巩固友谊；③ 它通过介绍和推广中华文化，为展示当代中国和平、发展、合作的新形象架起了桥梁。所以，对外文化交流是中华文化“走出去”战略的重要组成部分。第三，对外文化贸易是文化“走出去”的经济基础。文化贸易的规模和国际竞争力体现了一个国家的文化产业的实力，是一个国家文化能否真正走出去的主要标志。强大的对外文化贸易在体现经济利益的同时，更是一个国家文化崛起的象征。通过出口体现本民族文化特色和科技水平的文化产品，参与国际文化市场竞争乃至形成文化跨国公司，是拓展文化贸易的关键。因此，对外文化贸易是实施中国文化“走出去”战略的经济基础和最终体现。④

二、文化“走出去”战略的意义

在经济全球化的时代背景下，积极推进文化“走出去”战略的实施，可以加强国际文化交流，增进中国与世界各国之间的相互了解，对于扩大中国的文化话语权、建设社会主义文化强国具有重大的现实意义。

（一）有利于改变文化贸易逆差局面

文化贸易是国家之间进行文化传播和文化交流的最主要方式。很多西方国家已经成功地把本国的文化产品出口到其他国家和地区，并获得丰厚

---

① 邓淑华、戴钢书主编：《文艺推动社会主义文化大发展大繁荣若干问题研究》，113 页，北京，中国文联出版社，2010。

② 李智：《文化外交——一种传播学的解读》，24 页，北京，北京大学出版社，2005。

③ 胡惠林主编：《我国文化产业发展战略理论文献研究综述》，29 页，上海，上海人民出版社，2010。

④ 骆玉安：《关于实施中华文化走出去战略的思考》，《殷都学刊》，2007（2），154 页。

的利润回报。然而，中国的文化产业起步较晚，发展速度较慢，缺乏具有国际竞争力的优秀文化产品，致使中国的文化产品和服务贸易长期处于逆差状态。中国虽为世界第二大经济体，但在文化对外贸易方面却非常单薄。大力推行中国文化“走出去”战略，对中国来说具有独特的经济意义。在生态环境持续恶化、资源使用限制颇多、工农业生产提升空间有限、房地产业泡沫严重的情况下，中国要想继续保持高速、平稳发展的经济态势，就需要在包括文化在内的第三产业上下功夫、做文章，把文化产业做大做强，将其打造成中国经济发展领域的重要组成部分和支柱产业，使文化产业成为中国经济继续保持增长的“驱动轮”，使中国在经济全球化进程中占据优势地位。①

（二）推动产业结构升级和发展方式的转变

在现代经济中，文化因素越来越重要，经济与文化越来越融为一体。当前，加快推进产业结构调整，完善现代产业体系，加快发展战略性新兴产业，加快发展服务业，大力发展文化产业，已成为时代的主旋律。中国文化底蕴极为深厚，文化资源极为丰富，因此，实施文化走出去战略，提升经济中的文化因素，大力发展文化贸易、扩大文化产品和文化服务的出口，有利于增强中国的经济竞争力。

（三）增强国家文化软实力

文化是一个国家一个民族全部智慧与文明的集中体现，是维系一个国家和民族的精神纽带。在文化软实力竞争日趋激烈的形势下，中华文化在对外文化交流与竞争中处于弱势地位，民族文化面临着被侵蚀和渗透的危险。作为国家“软实力”的核心组成部分，文化要素在建构国家形象中具有极其重要的地位。一个国家的文化艺术尤其是走出去的文化艺术是否有吸引力，是否繁荣昌盛，直接影响着人们对国家形象的认识。国家形象一旦形成，又以软实力的形式充实和丰富文化的内涵，对国际社会将产生影响。所以，实施文化“走出去”战略，通过文化软实力的渗透，不仅能够增强本国人民的凝聚力和民族认同感，而且可以以其本身具有的文明性、融通性和缓和性提升国家的整体形象。

（四）抵御外国文化的侵蚀

文化安全是与国家的文化主权紧密联系在一起的。国家文化安全是国

① 杨利英：《新时期中国文化“走出去”战略的意义》，《人民论坛》，2014（23），187页。

家之间文化软实力的比较优势，是民族文化身份认同的必然要求，更是提高国家综合安全的重要保障。消除外来文化对中国意识形态领域的渗透，是相关部门需要着重考虑的问题。在全球激烈的文化相互渗透、激烈竞争的形势下，中国面临的形势更为复杂，要同时应对来自西方的异质文化和来自东方的同质文化的双重竞争压力，要在双重竞争中突出重围、要维护中国的文化安全，就必须重塑文化自信，使中国文化走出去。①

（五）赢得国际话语权

话语权是对国际事务、国际事件的发言权，甚至是对国际社会发展中各种国际规则的制订权以及对是非曲直的评议、裁判权。当今国际社会，仍是以美国为代表的西方国家牢牢控制着话语权。话语权的获得，除了国家雄厚的经济实力做后盾外，文化是一个最容易利用且不容易用好的因素。就世界范围内来说，中国文化的影响力比较弱，仅仅局限于东亚地区和周边的一些国家。很长一段时间，西方国家对中国文化的了解仅限于一些僵化的形象和符号，难以挖掘其价值精髓。文化的弱势造成了中华文明语境在国际社会上的失语状态。中国文化走出去，就是要为中国在国际文化领域争得一席之地，让世界各国了解中华文明，增进彼此之间的了解和认同，提升中国在国际社会上的影响力，客观公正地展示中国的国家形象，为中国争取更多的东方文化语境和话语权，发挥中华文化在世界文化舞台上的主导作用，实现中华民族的伟大复兴。

（六）促进世界文化多样性发展

人类历史的发展过程，就是各种文明不断交流、碰撞与融合、创新与传承发展的过程。不同国家、不同民族、不同文化之间的交流，在和而不同中取长补短，在求同存异中相得益彰，这是推动人类文明进步的持久动力。“不同文化之间的交流过去已经多次证明是人类文明发展的里程碑。”②纵观人类文化发展的历史，不同文化相互开放、碰撞、交流、融合是各民族文化发展的一条重要规律。世界文化是多元的，文化多样性是客观存在的，尊重文化多样性，就是尊重文化的异质性。通过文化“走出去”，有助于世界不同国家和地区了解东方文化，促进不同文明、不同社会制度和发展道路的国家之间相互交流、取长补短、和谐共处，为维护人类文明的

① 杨利英：《新时期中国文化“走出去”战略的意义》，《人民论坛》，2014（23），188页。

② ［英］伯兰特·罗素著、王正平主编：《罗素文集》，29页，北京，改革出版社，1996。

多样性贡献自己的力量，促进世界文化的繁荣和人类文明的进步，是中华文化走出去的重大价值所在。只有推动中华文化“走出去的”，尊重差异、包容不同，才能使世界文化朝着更健康的方向发展。

三、推进文化“走出去”的路径

中国在推行文化“走出去”战略过程中，积累了大量宝贵的经验并形成有中国特色的模式。但是，要使中华文化真正全面走向世界，仍然任重而道远。

（一）文化“走出去”的模式

“十一五”以来，中国文化产业快速发展，竞争力明显提升，推动了文化贸易的高速增长，同时也为文化“走出去”创造良好的条件。在文化“走出去”的过程中，积累的经验和发展模式值得总结，大致为以下几个方面：

1. 依托国际销售渠道和发行网络

依托国际销售渠道和发行网络，亦即我们通常所说的“借船出海”，这种模式常见于影视业和图书出版业，包括电影买断发行和分账发行、依托海外中介机构销售电视剧和电视节目、图书出版的多语种国际发行等。2006年，北京华谊兄弟影视公司与中国出口信用保险公司，首次尝试为电影《夜宴》的海外销售提供出口信用担保，促成华谊与海外发行商建立“保底分账模式”。2009年，俄罗斯主流电视台之一REN－TV电视台将一部集中国功夫、枪战、历险等元素于一体的当代惊险功夫大片《勇士的最后秘密》引进俄罗斯，于2010年6月在该电视台的晚间黄金时段播出，①这是中国第一部由欧洲主流电视播出媒体出巨资向中国制作公司专项订购的电视连续剧。

2. 文化产业与金融机构合作

这种模式常见于具有内容特色优势的图书出版、影视剧版权销售以及具有高科技含量的新兴文化产业领域。2005年，长江文艺出版社以10%的版税收入和10万美元的预付款成功将其出版的《狼图腾》一书的全球英文版权转让给企鹅出版集团。2009年3月，中国进出口银行与深圳华强集团有限公司签订战略合作协议，根据协议，中国进出口银行向华强集团

① 齐勇锋、蒋多：《中国文化走出去战略的内涵和模式探讨》，《东岳论丛》，2010(10)，167页。

提供100亿元的授信额度，主要用于华强集团的文化科技产品出口、大型文化项目输出及国内文化科技产业园建设，包括先进的数字电影技术和主题公园等，开创了中国文化产业通过银企合作而走出去的一种全新模式。①

3. 国际合资与合作生产

国际合资与合作生产模式常见于影视业、图书出版业、演艺业。一般是指中方企业和有实力的海外公司采取合作、合资等方式形成战略联盟，双方共担风险、共享利润，包括跨国影视合作、图书国际合作出版、中外演艺产品合资合作等。例如，上海新闻出版发展公司从2004年开始与美国《读者文摘》合作出版为海外读者量身定做的“文化中国”丛书，以3年为一个周期、每年20种的速度出版。“文化中国”丛书现已进入巴诺书店、亚马逊网上书店等美国图书主流销售渠道，② 这是关于中国文化的英文版图书首次较大规模地进入美国主流图书市场。

4. 海外运营

海外运营模式常见于影视业、演艺业，包括电影海外制作、电视频道直接到海外落地、投资收购海外文化艺术资产等。例如，2009年12月，天创国际演艺制作交流有限公司以354万美元的价格，成功地完成对美国著名演艺中心城市布兰森白宫剧院的收购，这是中国企业第一次在海外拥有属于自己的剧场，并于2010年7月1日拉开了长期驻点演出的帷幕。③

5. 国家各类专项资金的杠杆扶持

此种模式广泛存在于影视、图书出版、音像等文化产业领域，是目前中国政府常用的促进文化走出去的策略之一，主要包括对出口文化产品、项目、企业和活动的各种专项资助和奖励计划。例如，2006年国家新闻出版总署全面启动的“中国图书对外推广计划”，该计划实施3年来，已经有30多个国家的100多家出版机构参与，涉及20多个文种的1380多本图书得到资助；从2009年开始，国家广电总局电影局实施《国产影片出口奖励暂行办法》，当年年底开始，就首次对符合条件的国产或合作拍摄的出口影片，按照票房收入或合同销售额给予奖励。按照新规定，国家电影

① 吴承忠、[美]尼扎·阿瑟亚德主编：《国际文化管理1》，106页，北京，对外经济贸易大学出版社，2012。

② 郭周明著：《国际分工视角下中国文化产业“走出去”战略研究》，102页，北京，对外经济贸易大学出版社，2014。

③ 黄松涛主编：《推动社会主义文化大发展大繁荣与各地实践探索（上卷）》，870页，北京，经济日报出版社，2012。

主管部门每年对能提供相关证明材料的国产影片，给予海外票房2‰的奖励、中外合拍影片给予海外票房1‰的奖励，对于高票房电影而言将是一笔不小的资金；文化部、商务部已经连续3年对国家文化出口重点企业和重点项目给予文化出口资金扶持，培养了一批规模较大、效益较好、具有一定国际竞争力的文化企业；2005年起文化部开始实施的“国产音像制品出口专项资金”，对国产音像优秀出口节目、企业和项目以及海外推广项目和个人进行了不同程度的奖励，极大地推动了国产音像制品走出去的进程。

6. 进行海外推广

此种模式常见于图书出版业、影视业、文化艺术展览等领域，主要是指利用国际书展、国际电影节、国际电视节、国际文化艺术节等国际化商业推广平台，实现海外销售与发行。2009年，中国首次以主宾国的身份参加世界最大的国际书展法兰克福书展，有200多家中国出版社携1万多种图书参展，版权输出数突破2000种，法兰克福书展已经成为中国出版业实施走出去战略的重要国际化平台。2009年，中国电影海外推广公司与国内外相关电影单位合作，协助众多制片单位先后参加了伊朗国际电影节、香港国际电影节、戛纳国际电影节、多伦多国际电影节、上海国际电影节、第五届中美电影节和第30届“美国电影市场”等著名国际电影节中的市场推广活动，共有数百部（次）的中国影片在这些活动中亮相，并达成诸多销售意向[①]。

（二）文化走出去的路径

中国文化“走出去”是一个复杂的系统性工程，任重而道远，其实现路径是多方面的。

1. 全面协调与统筹规划

为进一步推动中国文化走出去，要继续深化文化体制改革，加强政府统筹协调能力，提高文化企业的国际竞争力，争取实现对外投资与服务贸易“双轮驱动”。要加强国家和地方两个层面的联动，国家掌握着开展对外文化交流的优势渠道和广阔平台，而各省区市有丰富的文化资源和文化产品。今后要加强地方和国家两个层面的联动，实现资源共享、优势互补。要依托自由贸易区和海关特殊监管区建设，积极打造一批文化产品和

① 本书编写组编：《推动社会主义文化大发展大繁荣学习参考》，247页，北京，中央编译出版社，2011。

服务出口园区，在融资、税收、海关通关、人才培养、境外投资等方面给予文化出口企业更多便利和优惠措施，发挥文化产业的集聚效应，延伸文化出口产业链条，推动文化服务的跨境交付和商业存在，促进文化服务出口的多样化。①

2. 深化与“一带一路”沿线国家的合作

制定中国与“一带一路”沿线国家开展文化交流合作的中长期战略规划，分国家、分地区制定对外文化交流贸易政策。发挥市场主导作用，充分调动各类文化企业的积极性，推动与“一带一路”沿线国家的文化产业合作。挖掘古丝绸之路的文化内涵和人文精神，并赋予其新的时代意义，打造“丝绸之路文化之旅”“丝绸之路艺术节”等形式多样、丰富多彩的文化论坛、展览、演出活动。围绕“文化新丝路”的主题，与“一带一路”沿线国家联合译介、出版相关书籍，拍摄、播放有关影视片。注重利用网络平台和新媒体手段，通过音乐、演出、动漫、网游等文化产品，传承古丝绸之路精神，提升中华文化影响力。②

3. 拓宽文化输出渠道

发达国家在对外文化贸易过程中，擅长应用整合营销。所谓整合营销是“一种对各种营销工具和手段的系统化结合，根据环境进行即时性的动态修正，以使交换双方在交互中实现价值增值的营销理念与方法”。③ 在国际文化贸易实践中，可以从几个方面对文化产品和服务整合营销。首先是产品的定位，由于文化产业面广、经营系统化等特点，需要考虑具体情况进行产品市场细分，从消费者的效用水平出发，从消费者偏好角度将产品定位发挥到极致；其次是翻译，语言虽不曾成为沟通的障碍但在不会说话的产品上却是重点与难点。应将翻译融入语境和文化意境当中去，而且不能仅仅从中国文化角度去翻译，而是更多地考虑不同的环境与历史传统。例如，宝洁公司的同款洗发水，在中国大陆被翻译成“海飞丝”，受到了广大消费者的认可，销量非常好。而在中国台湾该品名则被翻译为“海伦仙度丝”才获得消费者的喜爱；再次，是市场策略，国外营销策略的成功

① 来有为、杨晓东、黄斌等著：《文化产业发展新常态：改革实践·案例研究·政策建议》，111页，北京，中国发展出版社，2015。

② 来有为、杨晓东、黄斌等著：《文化产业发展新常态：改革实践·案例研究·政策建议》，113页，北京，中国发展出版社，2015。

③ 刘松萍、李晓莉主编：《会展营销与策划》(第3版)，143页，北京，首都经济贸易大学出版社，2015。

经验能够给我们一些启示，量体裁衣是关键，针对销往国外的不同消费环境的文化产品进行差异化营销，在文化产品、服务方面采用不同载体和表达方式并进行多渠道的全方位宣传；最后，是海外交易平台的建设。目前，最常用的是国内外的文化产业博览会和外国发行公司代理出口。选择国外发行公司的优点是成本和风险都比较低，但缺点在于利润大多变成了佣金，交给了国外发行公司。①

4. 加强文化贸易品牌建设

文化品牌是文化企业的一种无形资产，代表着企业产品形象与品质。对于消费者来说品牌更是一种识别标志，它象征着一种文化价值理念和该产品企业的精神。从国际贸易角度来说，一个企业要想进入国际市场，品牌就好比是通行证。国际上众多知名企业通过文化产品的开发，并围绕文化产品衍生出创意文化类产品，经过长期的积累和建设，树立强烈识别效果的文化形象，打造出内涵丰富、充满感染力的文化产业品牌。② 品牌对于文化产业来说是至关重要的，品牌能将文化产业带出国门成为文化贸易，能拉动效益的增长，能延长文化产品的生命，同时品牌会激励文化企业成长，使文化企业向多元化发展的动力更强。所以，统筹国际国内两个市场，支持更多的文化企业创建自主文化品牌是中国发展对外文化贸易的重要内容。

文化产业的核心和灵魂在于创新，而文化品牌则是创新能力和水平的集中体现。在文化出口促进体系建设中，要持之以恒地将支持企业文化品牌建设作为核心工作来抓。要从自身的优势出发，在演艺、网络游戏、影视、动漫、娱乐、出版、新媒体等文化产业的重点领域，培育出一批具有中国特色或中国元素、国内一流、国际知名的品牌，开发适销对路的文化产品，提升文化内涵以及在国际上的辐射力和影响力，减少“文化折扣”现象，争取使中国的文化产品不但能够“走出去”，而且能“走进去”。因此，要加大对“中国（深圳）国际文化产业博览交易会”“海峡两岸（厦门）文化产业博览交易会”“中国北京国际文化创意产业博览会”“上海国际电影节”“上海电视节”和“上海国际动漫游戏博览会”等大型展览、节庆活动的扶持、宣传和推广力度，使之成为推动中国文化走出去的重要载体和平台。

---

① 祁述裕主编：《文化管理概论》，164 页，北京，国家行政学院出版社，2013。

② 祁述裕主编：《文化管理概论》，163 页，北京，国家行政学院出版社，2013。

5. 培养文化贸易人才

文化贸易人才的供需不平衡会阻碍文化贸易的发展。中国目前急需专业上既懂得国际文化市场规律又懂法律的人才，同时还需要适应国际市场的文化创作人才，以及国际文化营销人才。把中国文化产业的产品和服务推向国际市场，需要一批既了解国内市场特点，又熟悉国际市场且具有现代市场营销理念的高级人才，如各类经纪人、中介人、策划人、律师、翻译等。[①] 在世界市场当中，谁拥有了人才，谁就拥有了发展能力。在此情形之下，中国要重视复合型人才的培养，复合型人才可以描述为拥有全面的综合素质，具备高水平的专业能力，适应国际市场变化和丰富的实践经验的人才。因此，首先，在高校中增加国际文化贸易专业数量，根据文化贸易人才需求现状，建立与现状匹配的人才培养方案，加强文化贸易学科与专业建设，在国内有关高校设立相关专业，优化课程设置和师资配备，加快培养专门从事文化产业国际推广和市场运作的中高级人才。其次，国家教育、文化、商务等相关部门可以定期对文化贸易从业人员进行技能培训和辅导，使文化贸易业务管理人员和专业技术人员能够及时提高业务水平，掌握国际文化市场运行规则。再次，可以通过“走出去”“请进来”等多种方式，加强对各类经营管理人才的培训，并从发达国家和地区引进一批高层次人才，全面提升中国文化产业的人才国际化程度，为中国文化产业更好地“走出去”提供有力的人才支撑。

6. 加大教育投入

文化贸易即是国际发生的文化产出与文化消费，它与货物贸易不同之处在于，它是有“智慧”的文化产品和服务贸易。有调查显示文化消费需求高的国家，一般受两个条件影响需求，一是消费者的收入，二是消费者的文化水平。教育水平和文化素养会影响文化市场的消费状况。消费状况的好坏直接决定文化市场走向。因此，政府在加强文化贸易发展的同时要注重国民教育的投入，使社会整体文化水平得到提升，为进一步开拓国际市场奠定基础。

7. 加大对文化走出去的政策支持力度

从国际经验来看，文化走出去往往离不开国家和政府多方面的帮助和扶持。近年来，中国政府密集出台了一系列支持文化产业对外合作的政策措施，覆盖文化贸易、文化金融合作等关系多个领域的文化产业转型升

---

① 中国人民大学书报资料中心：《文化产业专辑》，2016（3），105页。

级，加大了对文化出口重点企业和项目的扶持力度，努力打造一批国家级、国际化、综合性的文化博览交易平台，大力推动文化走出去。[1]

按照中国目前的管理体制，文化“走出去”涉及多个部门，以往由于各自为政，相互缺乏协调，审批环节过多，影响了政策效果。应该建立由文化、商务等部门组成的文化产品与服务出口贸易协调机制，加强部门间统筹协调，整合各方资源，推进对外文化贸易的体制机制建设，为文化企业“走出去”提供更好的服务。同时，在认真落实现有各项发展文化产业、支持文化走出去政策的基础上，完善支持文化产品和服务出口的政策文件，形成政策合力。拓展文化出口平台和渠道，鼓励企业通过新设、收购、合作等方式，在境外开展文化领域投资合作。扶持推进国家对外文化贸易基地、海外文化贸易促进中心、境外文化贸易合作区建设，扶持和引导一批具有特色和优势的文化企业、文化品牌、文化产品和服务的出口项目，着力构建全方位、多层次、宽领域的文化“走出去”格局。

第三节　推动中国文化贸易跨越式发展的路径

文化产业的国际竞争力的强弱，决定了文化产业在经济全球化的市场竞争中的地位和命运。要提升中国文化产业的国际竞争力，不仅要求企业在自身规模、技术创新、品牌与市场开拓等方面追求卓越，而且还要求进行体制创新，合理发挥政府的作用。[2]

一、优化文化产业结构

文化产业结构调整包括产业结构的优化、高度化、合理化和软化，它对经济的发展有着重要的作用。文化产业结构升级是其实现经济跨越式发展的核心问题和根本途径，决定产业结构演进的本质变量主要有：需求结构、相对成本和对外贸易，前两者是封闭条件下影响产业结构成长的本质变量，而对外贸易是在开放经济条件下来自外部的影响产业结构变动的因素。

对外贸易与产业结构之间是相辅相成、相互促进的关系，一个国家或地区的比较优势，决定了其进出口商品的结构。优化进出口商品结构，增加技术含量和高附加值工业制成品在出口产品中的比重，可以推动产业结

---

① 中国人民大学书报资料中心：《文化产业专辑》，2016（3），73页。

② 叶蒙荻、刘恩东著：《中国文化产业发展的策略与路径》，202页，杭州，杭州出版社，2007。

构的优化升级。

文化贸易的发展有利于促进产业结构的软化。所谓产业结构软化，是指围绕知识的生产、分配和使用在社会生产和再生产过程中，体力劳动和物质资源的投入相对减少，脑力劳动和科学技术的投入相对增长，劳动和资本密集型产业的主导地位日益被信息、知识和技术密集型产业所取代。产业结构软化将会导致：第一，整个产业结构的软化，即第一、第二产业的比重相对下降，第三产业的比重不断上升；第二，随着高加工度和技术集约化过程的推进，对信息、服务、技术和知识等"软要素"的依赖程度加深。

文化贸易结构的优化促进一国或地区产业结构向合理化和高级化发展，主要通过进口的推动和出口的拉动来实现。就进口推动而言，文化贸易进口规模和结构的变动会直接引起进口国文化产业国内生产结构发生变动，因为进口变化引起了该国国内文化商品供给状况的变化，该国国内文化产业生产结构被迫相应地发生变化以实现社会总供求均衡。就出口拉动而言，作为外部需求的出口能够通过后向关联和前向关联来拉动本国文化产业发展，从而拉动第一、第二、第三产业的结构调整。

文化产业结构是文化贸易结构的基础，它直接决定着对外贸易结构的主要内容，文化贸易结构的变化是产业结构发生变化的直接结果。就产业结构作用于文化贸易结构的途径而言，可以从进出口两方面来分析：第一，国内的产业结构布局决定了出口文化贸易结构。产业结构的优化升级使得出口文化贸易结构相应提升。第二，产业结构决定了进口文化贸易的结构。国际分工不断朝着纵深方向发展的结果使得一国或地区日益依赖于国际市场，因为该国或地区不但能通过市场的扩大获取规模经济，而且还能从国际市场中获取充足的生产要素。[①]

我们可以采取以下措施，实现文化产业结构的优化，加快文化贸易的发展步伐。

首先，从产业政策层面，加大推进文化产业结构调整力度。一系列的产业政策如财政政策、税收政策、政府研发基金等，为文化企业的资金投入、融资以及创意研发提供有力保障。英国、法国等国的经验表明，文化企业大多是中小企业，政府的产业政策是必需的并可以起到积极的效果。通过文化贸易的进出口政策，如出口退税、出口补贴、进口关税壁垒、进

① 朱文静、顾江、朱婷：《我国文化出口贸易结构变迁与产业结构调整的相互影响》，《经济经纬》，2012 (6)，53 页。

口配额等，来调节中国文化产业市场的供给结构，给予国内文化企业创造有利的发展机会和空间，促进文化产业结构升级和文化贸易的扩展。

其次，扩大文化市场规模，延伸文化产业链条。通过文化贸易，将市场延伸至国外，这样既可以发挥规模经济的作用也能增加企业的获利空间。延伸文化产业链条，可以是横向延伸，也可以是纵向延伸，发挥规模经济的效应，增加企业获取高额附加值的机会。比如电影《哈利·波特》就是延伸产业链，以规模经济理论为指导的案例，它从图书到电影到产品等，以一个创意为中心，从各个角度开发。

再次，加强文化输出，减少文化折扣。文化折扣是影响文化产品国际市场需求的重要因素，通过文化输出，特别是在政府主导下的文化输出，有利于减少价值观、文化思维等差异引起的文化误解，从而引导文化需求的产生，为中国文化贸易出口铺平道路。

此外，可以借鉴发达国家的成功经验。鉴于发达国家的经验，在中国经济发展转型期的产业结构调整过程中，注重文化产业的发展，注重骨干文化企业的培育，增强文化企业国际竞争力，扩大国际文化市场份额，从而影响和引导国内产业结构的调整。从企业的角度来说，赢得市场的关键在于了解市场，了解消费者的心理需求、心理诉求。从政府的层面来说，营造宽松的文化氛围和规范的市场秩序是应做的功课。

二、启动并完善文化产业集群战略

按照美国哈佛大学教授迈克尔·波特[①]的看法，产业集群（Cluster Industries）是在某一特定领域中（通常以一个主导产业为核心），大量联系密切的企业以及相关支撑机构（包括研究机构）在空间上集聚，通过协同作用，形成强劲、持续竞争优势的现象。产业集群的形成和发展将带来产业规模的不断扩张，而不断扩张的产业规模又反过来促进产业集群的发展和壮大，从而对文化产业竞争力的提升发挥着重要的作用。文化产业竞争力的提升，最终又能对对外文化贸易的发展起到极大的推动作用。[②]

虽然学术界对文化产业概念的内涵和外延尚存在着一定的争议，但是概括起来，目前比较一致的观点是：文化产业是由市场化的行为主体实施

---

① 迈克尔·波特（Michael E. Porter）是竞争力优势理论的创始人，全球最有影响力的管理大师和竞争战略专家。

② 康小明、向勇：《产业集群与文化产业竞争力的提升》，《北京大学学报》（哲学社会科学版），2005（2），17页。

的，以满足人们的精神文化需求为目的而提供文化产品或文化服务的大规模商业活动的集合。

正是由于文化产业主体为人们提供的是以精神消费需求为目的的文化产品或文化服务，因此，“创意”一直被公认为是文化产业的核心属性。考虑到很多文化产品和文化服务的传输都是通过音频或视频实现的，文化产业又经常被称为“内容产业”。无论是“创意工业”，还是“内容产业”，“创意”都是该产业得以存在和发展的基础。文化产业价值链就是一条以“创意”的产生、传输和消费为核心环节的价值链。

一般意义上的文化产业集群包括下游产业的文化产业企业、互补产品的供应商、专业化基础结构的供应者和提供培训、教育、信息、研究、技术支持的其他机构（如大学、智囊团和技术标准机构等）。根据文化产业的“创意”属性的强弱，文化产业集群划分为三类：核心文化产业集群、外围文化产业集群和相关支撑机构等。核心文化产业集群主要包括图书出版产业、报刊产业、电影产业、广播电视产业、音像产业、广告产业、艺术产业等①；外围文化产业集群主要包括旅游产业、体育娱乐产业、会展产业②和网络传媒产业等；文化产业集群的相关支撑机构是指那些可以使文化产业集群获得可持续发展所需的各类外部配套机构。如教育产业、科研机构、资本市场和物流体系等，正是有了文化产业集群的相关支撑机构的发展和完善，才使得文化产业集群获得了可持续发展的基础。

随着中国文化事业和文化产业的职责分工日益明确，特别是加入世界贸易组织时承诺的文化产业领域的开放条款逐步兑现，中国文化产业的市场化进程不断加快。然而不断深化的市场取向改革对中国的文化产业发展模式提出更高的要求，我们必须着手强化中国本土文化产业集群的竞争实力，进而促进文化贸易的跨越式发展。

1. 启动文化产业集群战略

中国幅员辽阔，历史悠久，各地都有着深厚的历史和文化底蕴。在新的历史条件下，要将这些静态的文化资源转化为文化产业优势，然后在此基础上启动并完善本区域的文化产业集群战略。文化产业集群的启动和完善有别于传统的制造加工业和高新技术产业，只有在寻找出自己的区域比较优势和

① 康小明、向勇：《产业集群与文化产业竞争力的提升》，《北京大学学报》（哲学社会科学版），2005（2），18页。

② 产业在特定区域的文化产业体系中占据着非常重要的位置，因此，在考察特定区域的文化产业集群的发展过程中也会将文化会展产业纳入核心文化产业集群中一并考察。

行业比较优势的基础上才能制订出完善的文化产业集群发展战略。

2. 充分发挥文化产业集群的比较优势

文化产业是以创意为核心的产业形态，创意的竞争优势（包括静态文化资源的比较优势）直接关系到文化产业的竞争优势。在文化产业集群内，不但需要强化创意的竞争优势，还必须充分发挥文化产业集群的比较优势。产业集群所具备的规模经济性、范围经济性、知识积累性和学习创新性，对文化产业集群的发展产生巨大的推动作用，文化产业集群的发展又将反过来强化文化产业集群所具备的各类天然优势。因此，在发展各地的区域性文化产业集群的过程中，必须充分重视并发挥出文化产业集群自身的比较优势。

3. 制定科学而完善的发展规划

要启动并完善区域性文化产业集群发展战略，必须首先制订出科学而完善的发展规划。目前，很多地方政府已经意识到文化产业集群在当地文化产业发展战略中的重要性，但是尚未从真正意义上意识到科学而完善的发展规划的重要性。随着文化产业领域的市场竞争日趋激烈，融战略定位和战术安排于一体的科学发展规划的重要性将日益突显。

4. 完善文化产业集群的政策体系

文化产业集群的发展离不开完善而稳定的产业政策体系。要形成区域性的优势文化产业集群，不仅需要在宏观层面界定清楚政府和市场的作用范围，划清文化事业和文化产业的效率边界，还必须在文化产业集群区域内改善政府的投入和管理，优化政府对公共性文化资源的配置能力，强化文化产业集群内各类企业的市场竞争能力。只有这样，才能真正提升区域性文化产业集群的竞争能力。

综上所述，发挥中国文化产业集群的竞争优势，提高文化产业集群的国际竞争力，有利于增强文化产品和文化服务的出口竞争力，对于推进中国文化贸易的跨越式发展，具有重大的积极意义。①

三、调整文化贸易产品结构

文化商品结构，是中国文化贸易结构的一个重要组成部分，优化文化商品结构，对于促进文化贸易跨越式发展具有巨大的意义。

---

① 康小明、向勇：《产业集群与文化产业竞争力的提升》，《北京大学学报》（哲学社会科学版），2005（2），20—21页。

根据联合国教科文组织的界定，文化产品是传递思想、符号和生活方式的消费品，比如书籍、杂志、多媒体产品、软件、唱片、电影、视频、音像节目、手工艺品和时装[①]。而文化服务目的在于满足人类的文化兴趣或需求，文化服务本身并非物质文化产品，但它有利于物质文化产品的生产和分配。例如，文化服务包括授权工作以及与版权相关的其他服务、音像产品发行活动、宣传表演艺术和文化活动，还包括文化信息服务和（图书馆、文献中心、博物馆的）书籍、唱片和人工制品的保存。[②]

用于交换的文化产品和文化服务的总和，就构成了文化产品。文化产品是以物质形式作为文化的载体而体现的，表现为有形的物态形式。而文化服务是以人的活动作为文化的载体体现的，表现为无形的非物态的活动形式。例如一本小说可以被认为是一种文化产品，对消费者而言，正在上演的话剧则是一种文化服务。因此，在一定时期内，各类文化产品或文化服务在一国或地区文化贸易中所占的比重或地位，就是文化商品贸易结构。

中国文化贸易商品结构有诸多不合理之处，当务之急是提振文化贸易的国际竞争力：

1. 提高文化产品技术创新能力

技术创新能力的提升，对提高中国文化商品的技术含量和出口文化商品的技术复杂度，具有很大的促进作用。中国可以营造有利于技术创新的制度环境和分配机制，加大技术创新经费投入，加强政府引导作用，增强政府投入，调动社会科技资源配置能力。

对于文化产品创新应给予精神和物质激励，在中国传统知识分子把技术的创新作为一种自我价值的实现和得到社会的认可的路径，知识分子把对社会的奉献视为最美的道德品质。在商品经济时代，单纯的给予精神奖励不太现实，我们要给予一定的物质奖励。与此同时，作为技术创新主体的文化产品进出口企业应加大研发投入，重视专利发明并提高发明专利的授权比例，提高自主创新能力，进而提高文化产品的资本密集度和知识密集度。

2. “互联网”＋与文化产品相结合

在2015年两会，“互联网＋”这一新概念首次出现在政府工作报告中。在日新月异的网络时代，计算机网络技术与多种行业结合，产生了新

① 联合国教科文组织统计研究所：《2009年联合国教科文组织文化统计框架》，84页，北京，社会科学文献出版社，2011。

② 联合国教科文组织统计研究所：《2009年联合国教科文组织文化统计框架》，85页，北京，社会科学文献出版社，2011。

的思维、新的变化，这也为发展文化产品贸易开辟了一条新的道路。“互联网+”引发的文化产品的创新，就要求把互联网新技术用足，产生新的文化产品形态，用新形态的文化产品去打开更广阔的文化产品市场。

随着网络技术的发展，人们对互联网的依赖性不断增强。我们要抓住新的契机，以平台和内容为基本点，利用互联网的经典的O2O模式、股权模式等创造文化产品贸易市场的新的需求。在电影、电视、动漫、网游等领域，从产业链的最低端一直到上游，进行文化产品的拓展与创新。互联网和文化产品相融合，推动文化产品贸易的升级和转型。

在影视行业里，视频网站如优酷土豆、爱奇艺出现后，视听产品增长迅速。以前电视台买一集电视剧价格很便宜，现在200万都拿不到，因为在互联网的推动下，文化产品的附加值得到了提高，使文化产品贸易的竞争力得以增强。

3. 提高知识产权立法水平

知识产权保护的强度，对中国文化产品进出口商品结构的变化、技术含量和技术复杂度都有重要影响。提高文化产品知识产权保护强度，有利于加快中高技术文化产品的进口，同时，也可以促进国内文化企业对进口产品模仿能力的提升以及在此基础上产生的二次创新，进而提高技术创新能力。结合中国知识产权保护制度的发展状况，中国要继续健全和完善知识产权保护的法律法规，使得知识产权权利人的利益得到法律保护。同时，要提高知识产权执法水平，使知识产权权利人的权益真正得到切实有效的保护。除此之外，还需加大知识产权保护的宣传，提高国民和企业的知识产权保护意识，加大对侵权行为的惩戒力度。

四、调整文化贸易区域结构

对外贸易区域结构的合理与否，关系到对外贸易活动的稳定和安全，要促进中国文化贸易跨越式发展，文化贸易区域结构的合理化是重要的环节。

对外贸易区域结构是一国对外贸易结构的重要组成部分，是该国出口商品的归属地和进口商品来源地的所有商品累积形成的价值比例关系。通常情况下，对外贸易区域结构会受到不同国家的经济发展水平、经济互补性、国际分工模式和相关贸易政策的影响。①

---

① 陈柏福著：《我国文化产业“走出去”发展研究——基于文化产品和服务的国际贸易视角》，112页，厦门，厦门大学出版社，2011。

对外贸易区域结构合理化，就是实现贸易区域结构的多元化的过程，是以减少贸易摩擦和降低市场风险为目的。事实上，对外贸易区域结构反映了一个国家和地区的贸易市场的稳定性和抗风险状况。如果贸易区域过于集中，那么，说明其市场化的结构还不太合理，市场多元化程度不够高。文化产品贸易结构越是多元化对提高本国文化产品贸易竞争力越是有利，相同条件下，文化产品贸易竞争力越是强大。

学术界对区域贸易结构的研究主要集中在贸易的原因和贸易政策两大方面。关于贸易的影响因素主要体现在贸易国之间的比较优势，即发生贸易的两个国家之间的比较优势。比较优势越是集中于资本和技术密集型的商品上，贸易竞争力越强；关于贸易政策，约翰·弗里德曼提出区域政策，该政策从国家层面上提出了控制区域经济发展变化的政策因素，其中主要指有关区域贸易协定等政策的制定，例如自由贸易区的建立会引起贸易外部区域结构的明显变化，引发贸易竞争力的提高。

可见，优化文化产品和文化服务贸易结构，相关职能部门、文化企业以及学界要群策群力。

首先，政府予以政策引导。政府加大力度引导企业建立贸易市场的多元化，实时为企业提供一手信息。对开拓海外市场的企业予以政策鼓励，在政治上建立贸易合作伙伴，促进文化企业之间的贸易交流与合作，促进贸易区域结构和贸易市场的多元化发展。政府必须把发展文化产品贸易上升到战略高度来认识，积极转变身份，由文化贸易的操作者向文化贸易的服务者转变。将我国优秀丰富的文化资源优势转变为文化贸易优势。在WTO框架下，建立、健全文化贸易法律法规。在管理体制上予以灵活改变，降低文化行业的壁垒。利用网络鼓励个人和企业进行模式和资源的创新，促进文化企业对外的文化交流，积极探索海外市场，从自身出发提高文化产品贸易竞争力。

其次，研发和生产满足国外市场需求的文化产品。中国文化产品要积极探索海外市场，了解海外市场的文化需求和消费习惯。从长远出发，建立行之有效的文化产品贸易战略。政府应为文化企业开展文化贸易营造一个良好的环境。如，政府可以建一个平台让企业了解当地的文化习俗和消费习惯以及当地的法律法规，这既要求政府及时地提高文化服务水平又要求企业能够及时地对接。

再者，中国是一个历史悠久，文化资源丰富的国家，我们要充分发挥这些优势，创新民族文化资源，开拓符合世界市场需求的文化产品和文化服务。增强文化产品的附加值，提高文化产品贸易的收益。

最后，企业要积极响应市场，尊重市场的调配机制，从自身和市场出发建立一套与市场相匹配的营销体系，不断提升文化产品贸易企业的盈利能力。

五、调整文化贸易政策

中国现行的文化贸易政策，对中国文化贸易的发展起到了极大的作用，但也存在着一定的局限性。要促进中国文化贸易跨越式发展，必须对现行的文化贸易政策进行必要的调整。

（一）现行政策的局限性

以出口鼓励为主的文化贸易政策对推动中国文化贸易增长发挥了重要作用。据商务部统计数据显示，2013年中国文化产品和服务进出口总额达到369.7亿美元，其中文化产品和服务出口302.6亿美元，比2006年提高近3倍。但中国文化贸易结构的发展却非常不平衡。中国已经成为世界文化产品出口第一大国，但是在文化服务和内容文化产品领域，却缺乏国际竞争力。中国文化服务和内容文化产品出口占世界份额的比例不足1%。就适应文化贸易发展的现实要求而言，中国文化贸易政策仍然存在不足之处，主要表现在以下方面：

一是文化贸易政策体系还不完整，政策的法律效力等级相对较低。目前，《文化产业振兴规划》是唯一一部内容涉及文化贸易的行政法规，其他文化贸易相关法令条文都是以行政规章和规范性文件的方式颁布的，立法层次和法律效力较低。中国还没有一部统筹文化贸易整体发展的基础性法律，也缺乏涉及各分类文化产品和服务贸易的行业法规。而且，各种规章或文件的颁布较为零散，缺乏系统性、稳定性和严密性，内容存在重复和交叉，甚至相互矛盾，某些空白领域没有涉及，这些都导致了现行文化贸易政策法规的效率低下。此外，一些政策文件的条款规定过于宏观笼统，缺乏具体操作细则，也未明确具体执行部门。这些都给文化贸易政策的具体实施带来困难。

二是文化贸易管理机制还不完善。中国关于对外文化贸易管理的行政机构设置较为复杂。国务院是最高国家行政机关，在其领导下，商务部、文化部、财政部、中国人民银行、海关总署、国家税务总局、国家新闻出版广电总局、国家外汇管理局等国务院部委、直属机构以及国务院部委管理的国家局共同参与和负责制定与实施文化贸易政策。各项文化贸易政策通常是各相关部门广泛讨论和协商一致的结果，因此文化贸易政策的实施也需要各相关部门相互协调。这样一来，难免出现管理职能交叉、机构重叠和多头管理的现象。

三是文化产品贸易政策和文化服务贸易政策没有很好地进行区分，政策针对性不强、重点不够突出。中国现有文化贸易促进政策与其他产业贸易鼓励政策基本类似，着重于通过财政补贴、税收减免、金融信贷和项目奖励等措施以降低生产成本，提高出口商品价格的竞争力，促进低成本优势的发挥。[①] 事实上文化贸易不同于其他一般商品贸易，它涵盖了文化产品和文化服务贸易，具有经济和文化双重属性。从某种意义上说，低成本优势固然可以在劳动和资源密集的有形文化产品的生产中发挥作用，但无法在科技、文化和创意含量俱高的知识和资本密集的文化服务行业得到延伸，相反，可能成为制约中国文化贸易均衡发展的瓶颈。把低成本视为国际竞争优势的基础，只能使中国处于文化产业价值链中附加值最低的中间环节，难以使其向附加价值丰厚的价值链两端移动。

四是中国文化贸易政策措施侧重于对贸易环节的支持，对产业内部竞争力培育的重视不够。在文化贸易发展初期阶段，政府通过出口补贴、出口信贷和出口企业税收减免等出口鼓励政策促进了中国文化贸易的快速发展。但是，当中国劳动和资源密集型文化产品出口已居世界前列时，文化服务和内容文化产品的贸易差额却依然持续负值。文化服务和内容文化产品的核心竞争优势在于创新能力的培育，现行文化贸易政策如果不针对新的发展阶段文化服务和内容文化产品的核心创新能力进行培育，那么，其对促进文化服务和内容文化产品出口的效果就会大打折扣。同时，持续性的补贴或保护，很可能会导致被呵护的企业失去持久创新的动力，丧失拓宽投资和承担风险的勇气，从而削弱产业发展的潜力。

五是中国文化贸易政策的扶持对象是大型国有文化企业或集团，而对中小微文化贸易企业的重视不够。国家每年都有大量资金用于支持和补贴文化出口企业与项目，从 2007 年开始，政府每两年更新发布一次《国家文化出口重点企业目录》和《国家文化出口重点项目目录》，不断扩大对文化贸易出口的支持力度和范围。但是，这些奖励和补助大部分给予了大型或国有文化出口企业或集团，那些急需资金支持并更具创新活力的中小型和民营文化出口企业却难以得到国家资助。这样，不利于创造公平竞争

① 汪颖、黄建军：《当前我国文化贸易政策存在的问题及调整对策》，《国际贸易》，2016 (1)，64 页。

的文化市场环境，也不利于文化生产要素的流动与聚合。[①]

（二）中国文化贸易政策调整措施

在中国文化贸易发展初期，文化贸易政策目标致力于扩大文化贸易出口和实现文化贸易进出口平衡。但，随着中国经济的不断发展和国家间软实力竞争的日趋激烈，转变文化贸易发展方式、融入全球文化产业价值链高端环节，应成为当下中国文化贸易政策的主要目标。为此，必须对现行文化贸易政策进行调整，使之更加完善。

1. 完善文化贸易法律法规

文化贸易立法是文化贸易发展的重要制度保障。中国应该加快制定文化贸易促进法，对文化贸易的管理机构和职能进行规范，明确文化产业分类标准，明确国家对文化贸易的基本原则以及长效促进机制，对文化贸易进行统筹全局的规范与指导。系统梳理现有文化贸易相关法律、法规和文件，找出现有政策内容存在的冲突和缺陷，终止过时的政策条文，弥补政策空白。积极修订文化各分类行业法律法规，如《电影法》《广播电视法》《出版法》《音像制品法》和《演出法》等，构建立体的文化贸易法律体系。同时，强化法律条文的针对性和操作性，对具体的文化贸易政策措施以及执行部门进行详尽说明和规定，提高文化贸易政策的法律效率。

中国文化贸易政策从无到有且不断完善。从2004年开始，中国文化贸易逆差问题开始受到关注，中宣部等六部委联合下发《关于加强文化产品进口管理的办法》（中宣发［2005］15号），这是文化产品进出口的较早法规之一。该《办法》梳理了网络游戏、音像制品、营业性演出、境外电视剧、影视动画片和电视节目的引进及合拍、境外卫星频道落地、境外报刊发行及版权贸易等文化产品及服务进口办法，并提出了文化产品进口经营许可证制度和年检制。2006年的《国家“十一五”时期文化发展规划纲要》围绕文化贸易迫切要解决的问题，从渠道开拓、培育骨干型文化企业、实施“走出去”重大项目工程等方面给予了关注。2009年的《文化产业振兴规划》，明确将“文化产品和服务出口进一步扩大”作为5个主要目标之一，分别在重点产业领域、渠道等方面进行了原则性的规划，成为中国文化贸易集中政策的一个汇集。但由于条块分割等因素影响，中国文化贸易政策还不成体系，存在着行业不平衡问题，需要完善文化贸易政策

① 汪颖、黄建军：《当前我国文化贸易政策存在的问题及调整对策》，《国际贸易》，2016（1），65页。

的支持体系建设。[①]

2. 建立高效的管理机制

建立高效合作的文化贸易组织管理机制是提高文化贸易政策执行效率的关键。针对文化贸易管理机构重叠和管理职能交叉的现象，政府可以设立一个文化贸易促进机构专门履行文化贸易管理的职责，对文化贸易发展进行宏观协调与指导，规范文化贸易企业行为，促进公平竞争，并为文化贸易企业提供资金融通、技术支持、培训和信息咨询等方面的服务。同时，加强非政府组织的文化交流功能，[②] 积极给予非政府文化机构和中介组织支持与帮助，充分发挥其对政府职能的延伸、辅助和监督作用，使其成为政府与文化行业保持良好沟通的桥梁，共同推进文化贸易发展。

3. 对文化贸易进行分类政策设计

文化贸易标的包含文化产品和文化服务，单一或笼统的文化贸易政策难以起到实质性作用，因此，必须对文化产品和文化服务进行区别性设计，才能有的放矢地实现既定的政策目标。首先，经济新常态下中国文化服务贸易政策应该立足于本国文化服务企业创新能力的培育，重点支持包括文化内容创新、技术研发、市场推广和衍生品开发在内的文化服务全球价值链高端环节。通过财政补贴研发鼓励本国文化创新和出口，也在WTO《补贴与反补贴措施协定》所允许的范围之内，不易引发贸易争端和纠纷。其次，经济新常态下中国文化产品贸易政策应该鼓励的是原创文化产品的出口，鼓励以原创终端文化产品供应商的身份嵌入全球文化价值链，带动中国文化产业价值链的功能升级、产品升级和工艺流程升级。而对手工艺、设计、视觉艺术以及新媒体这四类已经具有较强国际竞争优势的文化产品，在贸易政策设计上完全可以不再采取任何诸如财政补贴和税收优惠的出口鼓励措施。这样既避免了因违背WTO贸易协定而导致的贸易摩擦与纠纷，又能将相应的财政资源更多地用到那些具有发展潜力但尚不具备竞争力的文化产品和服务中。

4. 适时调整文化贸易政策措施的重心

经济新常态下，将国内文化市场与国际文化市场相联通，带动文化产业生产要素的合理流动，促进中国国内市场规模优势的发挥，是提升中国整体文化产业国际竞争力的必然选择。在此背景下，传统文化贸易政策措

① 高宏存著：《政府文化管理前沿》，283页，北京，国家行政学院出版社，2014。

② 高宏存著：《政府文化管理前沿》，284页，北京，国家行政学院出版社，2014。

施的作用范围、实施空间和政策效果都有限，应适时将文化贸易政策的重心转移至基于全球价值链发展的，以消除经济扭曲、实现公平竞争和促进国内改革为主要内容的边境内措施，形成文化贸易边境措施与边境内措施的有效互动。为文化贸易企业的经营活动创造良好的政策环境与发展条件，加大对文化产品和服务创新研发、基础设施建设和人才培养的财政补贴和税收优惠支持力度，积极支持包括文化产业结构调整、文化贸易统计、政策效果评估等内容在内的文化贸易基础研究，加强知识产权保护等，都属于文化贸易边境内措施范畴。其中，创造开放竞争的文化市场环境是文化贸易边境内措施的重点。数字化传输模式改变了文化产品和服务的传播、消费与贸易模式，使得广播、电影、电视、报刊和图书等文化产品和服务可以相互衍生与整合，媒介融合的潮流不可阻挡。因此，要求优先保护文化内容创作者的利益，充分考虑文化消费者的权利与需要，打破层级限制与行业藩篱。

切实发挥市场在文化资源配置中的主导作用，推动各类文化要素合理流动，使得文化产品和服务生产资源与要素可以在行业间自由流动，[①] 减少繁复的行政审批程序和手续，同时为大中小微文化企业创造公平的市场竞争环境。

5. 加大对中小微文化企业的扶持力度

经济新常态下，文化贸易政策支持的对象应该从大型国有文化企业或集团为主转向中小微文化企业。中小微文化企业是文化创造力和企业动力最为活跃的部分，但它们在运作和发展过程中遇到的资金和政策环境阻力却是最大的。政府应特别重视对中小微文化贸易企业的资金扶持，积极对中小微文化贸易企业提供融资的金融机构或民间投资者提供支持。对于那些已经具备一定国际竞争优势的大型文化企业或集团，应该鼓励其积极走向国际市场，在国际市场竞争中进一步积累经验和激活潜力。而对于那些效率持续低下的大型国有文化企业或集团应该坚决地进行改制或重组，不能再通过政府资金投入维持其低效的企业运行。[②]

6. 构建高效协作的组织保障机制

中国对外文化贸易基本上是在加入世界贸易组织之后文化产业总体发

---

① 江苏省商务厅编：《2010 江苏服务贸易发展研究报告》，78 页，南京，东南大学出版社，2010。

② 汪颖、黄建军：《当前我国文化贸易政策存在的问题及调整对策》，《国际贸易》，2016 (1)，66—67 页。

展宏观思路统摄之下，在“走出去”战略的具体实施过程中发展起来的。从《文化产业发展第十个五年计划纲要》（2001）到《国家“十一五”时期文化发展规划纲要》（2006），从《文化产业振兴规划》（2009）到《文化部“十二五”时期文化产业倍增计划》（2011），从《国家“十二五”时期文化改革发展规划纲要》（2012）到《文化部“十二五”时期文化改革发展规划纲要》（2012），散见于上述规划性、指导性政策文件中的相关表述勾勒出中国对外文化贸易促进体系的轮廓。①

由于国家对外文化贸易整体发展规划和行业性专项规划长期缺失，中国对外文化贸易发展的基本情况、环境条件、发展目标、指导思想以及促进政策等没有形成连续性、系统性和针对性。目前中国文化贸易政策多以行政法规和部门规章为主，法律位阶较低，稳定性较差。按照世界贸易组织相关协议和承诺为标杆调整国内相关法律法规的力度仍然不够，也与国内文化体制改革与产业发展政策不协调、不同步。在有限开放方面主要着眼于限制和规范，对于国外文化资本、企业和产品基本处于防守的态势，没有形成双向、均衡交流和传播的良性格局。

从更深层次来说，文化贸易战略规划制定和实施离不开高效运转的组织保障，完整的对外文化贸易促进组织机构至少应当包括以下四个层面：第一，具有对外文化贸易相关职能的政府部门及其驻外使领馆文化处、商务处等机构；第二，半官方促进机构或者中介组织，包括文化贸易促进会、各类文化产品进出口商会、出口联盟以及海外华人商会组织；第三，政策性金融银行，如国家进出口银行、出口信用保险公司等；第四，目标国家和地区的“前沿据点”，如孔子学院、中国文化中心等。② 上述四个层面还应当明确各自的职能定位和分工，加强高效沟通和综合协调，保证文化贸易战略目标和政策措施的实现。

① 中央文化企业国有资产监督管理领导小组办公室、中国社会科学院文化研究中心编：《中国对外文化贸易报告（2014）》，93页，北京，社会科学文献出版社，2014。

② 中央文化企业国有资产监督管理领导小组办公室、中国社会科学院文化研究中心编：《中国对外文化贸易报告（2014）》，93—94页，北京，社会科学文献出版社，2014。

参考文献

著　　作

1. ［英］阿弗里德·马歇尔著、朱志泰译：《经济学原理》（上卷），北京，商务印书馆，2005。

2. ［美］爱德华·赫尔曼、罗伯特·麦克切斯尼著，甄春亮等译：《全球媒体：全球媒体的新传教士》，天津，天津人民出版社，2001。

3. ［英］G. 昂温、P. S. 昂温著，陈生铮译：《外国出版史》，北京，中国古籍出版社，1988。

4. ［美］巴里·利特曼著，尹鸿、刘宏宇等译：《大电影产业》，北京，清华大学出版社，2005。

5. 北京市东城区旅游发展委员会、北京联合大学旅游学院：《会议产业统计体系研究》，北京，知识产权出版社，2013。

6. 本书编写组编：《推动社会主义文化大发展大繁荣学习参考》，北京，中央编译出版社，2011。

7. ［美］S·L·布鲁、R. R. 格兰特著，邸晓燕等译：《经济思想史》（第7版），北京，北京大学出版社，2008。

8. ［英］伯兰特·罗素著，王正平主编：《罗素文集》，北京，改革出版社，1996。

9. 柏定国主编：《文化品牌学》，长沙，湖南师范大学出版社，2010。

10. 蔡尚伟著：《文化产业导论》，上海，复旦大学出版社，2006。

11. 蔡帼芬等著：《镜像与她者》，北京，中国传媒大学出版社，2009。

12. ［澳］戴维·索罗斯比著、易昕译：《文化政策经济学》，大连，东北财经大学出版社，2013。

13. 陈海峰著：《企业经营与WTO规则的适用》，北京，中国方正出版社，2006。

14. 谌黔萍主编：《商务文化》，北京，中国商务出版社，2006。

15. 陈文汉主编：《国际贸易》，北京，机械工业出版社，2013。

16. 陈鸣编著：《西方文化管理概论》（第2版），北京，清华大学出版社，2014。

17. 陈建中等著：《中国图书流通体制改革研究》，北京，中国经济出版社，2013。

18. 陈丽燕、刘永丹、初天天编著：《国际贸易理论与政策》，北京，清华大学出版社，2014。

19. 陈同仇、薛荣久主编：《国际贸易》，北京，对外经贸大学出版社，1997。

20. 陈卫星主编：《国际关系与全球传播》，北京，北京广播学院出版社，2003。

21. 陈卫星、胡正荣主编：《全球化背景下的广播电视——广播电视发展国际学术研讨会文集》，北京，北京广播学院出版社，2001。

22. 陈柏福著：《我国文化产业"走出去"发展研究——基于文化产品和服务的国际贸易视角》，厦门，厦门大学出版社，2011。

23. 陈永富主编：《国家贸易理论》，北京，科学出版社，2004。

24. 陈庚著：《艺术表演团体改革与发展的路径研究》，武汉，湖北人民出版社，2013。

25. 崔保国主编：《中国传媒产业发展报告（2015）》，科学文献出版社，2015。

26. 崔斌箴著：《出版与国际传播散论》，北京，五洲传播出版社，2012。

27. ［英］戴维·赫尔德等著，杨雪冬等译：《全球大变革：全球化时代的政治、经济与文化》，北京，社会科学文献出版社，2001。

28. 邓淑华、戴钢书主编：《文艺推动社会主义文化大发展大繁荣若干问题研究》，北京，中国文联出版社，2010。

29. 傅龙海主编：《国际贸易理论与实务》（第4版），北京，对外经济贸易大学出版社，2015。

30. 冯晓青主编：《知识产权法》，武汉，武汉大学出版社，2009。

31. 冯宗宪、郭根龙主编：《国际服务贸易》（第2版），西安，西安交通大学出版社，2013。

32. ［美］弗雷德里克·M·阿伯特、［瑞士］托马斯·科蒂尔、［澳］

弗朗西斯·高锐著，王清译：《世界经济一体化进程中的国际知识产权法》（下册），北京，商务印书馆，2014。

33. 高宏存著：《政府文化管理前沿》，北京，国家行政学院出版社，2014。

34. 高山行编著：《知识产权理论与实务》（第2版），西安，西安交通大学出版社，2014。

35. 龚关编著：《国际贸易理论》，武汉，武汉大学出版社，2000。

36. 顾江主编：《文化产业研究》（第2辑），南京，东南大学出版社，2008。

37. 顾江主编：《文化产业研究》（第9辑），南京，南京大学出社，2014。

38. 顾江主编：《文化产业研究》（第6辑），南京，南京大学出版社，2013。

39. 郭周明著：《国际分工视角下中国文化产业“走出去”战略研究》，北京，对外经济贸易大学出版社，2014。

40. 郭鉴著：《吾地吾民：地方文化产业研究》，杭州，浙江大学出版社，2008。

41. 国家知识产权局组织编写、国家知识产权培训（湖北）基地主编：《国际贸易中的知识产权保护》，北京，知识产权出版社，2014。

42. 国家统计局社会科技和文化产业统计司、中宣部文化体制改革和发展办公室编：《文化及相关产业统计概览——2015》，北京，中国统计出版社，2015。

43. 韩立余著：《世贸规则与产业保护》，北京，北京大学出版社，2014。

44. 韩德培主编：《国际私法新论》，武汉，武汉大学出版社，1997。

45. 韩骏伟著：《国际电影与电视节目贸易》，北京，中国传媒大学出版社，2008。

46. 韩骏伟、胡晓明编著：《国际文化贸易》，广州，中山大学出版社，2009。

47. 韩源等著：《国家文化安全论：全球化背景下的中国战略》，北京，社会科学文献出版社，2013。

48. 海闻著：《国际贸易：理论·政策·实践》，上海，上海人民出版社、智慧出版公司，1993。

49. 海关总署监管司编：《中国海关实务》，北京，中国海关出版社，

2015。

50. 何红霞、李福祥著:《中国资本市场开放与投资银行转型》，北京，中国社会科学出版社，2013。

51. 何帆主编:《中国 2016：寻找新动力》，267 页，北京，中国文史出版社，2016。

52. 洪京一主编:《中国软件和信息服务业发展报告 2013》，北京，社会科学文献出版社，2013。

53. 洪晓楠著:《提高国家文化软实力的哲学研究》，北京，人民出版社，2013。

54. 胡惠林等著:《国家文化安全研究导论》，上海，上海人民出版社，2013。

55. 胡惠林主编:《我国文化产业发展战略理论文献研究综述》，上海，上海人民出版社，2010。

56. 胡智锋著:《中国影视文化创意产业发展创新研究》，北京，中国传媒大学出版社，2014。

57. 黄虚峰编著:《文化产业政策与法律法规》，北京，北京大学出版社，2013。

58. 黄波涛著:《中华文化“走出去”的财政政策研究》，北京，社会科学文献出版社，2013。

59. 黄松涛主编:《推动社会主义文化大发展大繁荣与各地实践探索(上卷)》，北京，经济日报出版社，2012。

60. 黄梅波编著:《世界经济理论、政策与实践》，北京，北京大学出版社，2015。

61. 黄辉著:《新闻传播学：理论、方法与实务》，上海，同济大学出版社，2013。

62. 花建著:《产业界面的文化之舞》，上海，上海人民出版社，2002。

63. 金元浦等著:《文化复兴：传统文化的现代价值》，北京，中国人民大学出版社，2014。

64. 江苏省商务厅编:《2010 江苏服务贸易发展研究报告》，南京，东南大学出版社，2010。

65. 江蓝生、谢绳武主编:《2004 年：中国文化产业发展报告》，北京，社会科学文献出版社，2004。

66. [美] 杰弗里·赫尔著，陈星、方芳译:《音像产业管理》，北京，清华大学出版社，2005。

67. 蒋三庚主编：《文化创意产业研究》，北京，首都经济贸易大学出版社，2006。

68. 唐任伍、赵莉著：《文化产业：21 世纪的潜能产业》，贵阳，贵州人民出版社，2004。

69. ［英］莱内特·欧文著、袁方译：《中国版权经理人实务指南》，北京，法律出版社，2004。

70. 来有为、杨晓东、黄斌等著：《文化产业发展新常态：改革实践·案例研究·政策建议》，北京，中国发展出版社，2015。

71. 李怀亮：《当代国际文化贸易与文化竞争》，广州，广东人民出版社，2005。

72. 李怀亮、方英主编：《国际文化市场概论》，北京，中国传媒大学出版社，2014。

73. 李建伟：《版权贸易基础》，开封，河南大学出版社，2006。

74. 李怀亮主编：《国际文化贸易导论》，北京，中国传媒大学出版社，2008。

75. 李怀亮著：《国际文化贸易概论》，北京，高等教育出版社，2006。

76. 李怀亮、刘悦笛主编：《文化巨无霸：当代美国文化产业研究》，广州，广东人民出版社，2005。

77. 李嘉珊著：《国际文化贸易研究》，北京，中国金融出版社，2008。

78. 李昆明、王缅主编：《大国策：通向大国之路的中国文化发展战略》，北京，人民日报出版社，2009。

79. 李双元、金彭年著：《中国国际司法》，北京，海洋出版社，1991。

80. 李思屈著：《中国数字娱乐产业发展战略研究》，北京，社会科学文献出版社，2007。

81. 李强主编：《文化产业统计的建立与发展》，北京，中国统计出版社，2014。

82. 李拓晨著：《中国高新技术产业竞争力研究》，北京，知识产权出版社，2008。

83. 李晓燕主编：《国际贸易理论与实务》，北京，清华大学出版社，2010。

84. 李小牧、钱建初主编：《国际服务贸易评论（2008 卷第 1 辑）》，北京，中国商务出版社，2009。

85. 李晓钟著：《从比较优势到竞争优势——理论与实证研究》，杭州，浙江大学出版社，2004。

86. 李玉梅主编：《国际贸易实务》，北京，中国电力出版社，2015。

87. 李颖怡、李春芳主编：《知识产权法》（第4版），广州，中山大学出版社，2013。

88. 李耀芳主编：《WTO争端解决机制》，北京，中国对外经济贸易出版社，2003。

89. 李万强主编：《国际经济法学》，北京，中国政法大学出版社，2011。

90. 李世华主编：《国际贸易公法与惯例总览（第三卷）》，北京，中国人事出版社，2000。

91. 李岳云著：《国际贸易基础》，北京，中国农业科技出版社，1994。

92. 李宇著：《中国电视国际化与对外传播》，北京，中国传媒大学出版社，2010。

92. 李智著：《文化外交：一种传播学的解读》，北京，北京大学出版社，2005。

93. 李宗桂等著：《文化精神烛照下的广东：广东文化发展30年》，广州，广东人民出版社，2008。

94. 黎辉著：《地理标志：原产地经济致富之梦》，广州，南方日报出版社，2014。

95. 联合国教科文组织统计研究所：《2009年联合国教科文组织文化统计框架》，北京，社会科学文献出版社，2011。

96. 联合国教科文组织、联合国开发计划署编，意娜等译：《2013创意经济报告——拓展本土发展途径（专刊）》，北京，社会科学文献出版社，2014。

97. 梁昭著：《文化贸易统计》，北京，中国统计出版社，2013。

98. 刘辉群主编：《世界贸易组织》，厦门，厦门大学出版社，2014。

99. 刘立平主编：《国际贸易理论与政策》（第3版），合肥，中国科学技术大学出版社，2014。

100. 刘铭达著：《中国对外税收协定与国际税收制度大典》（下卷），南宁，广西人民出版社，2006。

101. 刘东升、蒋先玲主编：《国际服务贸易：原理、政策与产业》，北京，对外经济贸易大学出版社，2012。

102. 刘思羽著：《中国影院简史》，北京，中国电影出版社，2015。

103. 刘松萍、李晓莉主编：《会展营销与策划》（第3版），北京，首都经济贸易大学出版社，2015。

104. 刘玉珠主编：《中国文化市场发展报告2004》，北京，民族出版社，2005。

105. 刘自雄、闫玉刚编著：《大众文化通论》（第2版），北京，中国广播电视出版社，2013。

106. 罗兵编著：《国际艺术品贸易》，北京，中国传媒大学出版社，2009。

107. 罗紫初著：《比较出版学》，武汉，武汉大学出版社，2006。

108. 罗能生编著：《全球化、国际贸易与文化互动》，北京，中国经济出版社，2006。

109. ［英］伯兰特·罗素著、王正平译：《罗素文集》，改革出版社，1996。

110. 鲁丹萍、于晴主编：《国际贸易基础与实务》，北京，清华大学出版社，2012。

111. 吕江、黄天来编：《中外影视动画史》，上海，上海人民美术出版社，2011。

112. 吕健著：《文化利益理论与实践》，北京，经济管理出版社，2012。

113. 马海群著：《网络时代的知识产权信息管理》，北京，科学出版社，2003。

114. 马明著：《全球化背景下国际演出市场竞争优势》，北京，知识产权出版社，2013。

115. ［美］迈克尔·波特著，高登第、李明轩译：《竞争论》，北京，中信出版社，2003。

116. 毛泽东：《毛泽东文集》（第5卷），北京，人民出版社，1996。

117. 毛筠、孙琪主编：《国际贸易理论与政策》，杭州，浙江大学出版社，2003。

118. ［美］闵应畯、［韩］朱真淑、［韩］郭汉周著，金虎译：《韩国电影：历史、反抗与民主的想象》，北京，中国电影出版社，2013。

119. 南振兴著：《文化创意产业的知识产权保护研究》，北京，知识产权出版社，2015。

120. 牛士华主编：《哈尔滨商业大学研究生经济论坛优秀论文集》，哈尔滨，黑龙江人民出版社，2005。

121. 欧阳雪梅著：《当代中国文化》，北京，五洲传播出版社，2014。

122. 欧阳友权主编：《文化产业通论》，长沙，湖南人民出版社，2006。

123. 潘海红编著：《国际贸易会计实务》，北京，清华大学出版社，2013。

124. 祁述裕主编：《文化管理概论》，北京，国家行政学院出版社，2013。

125. 祁述裕主编：《中国文化产业国际竞争力报告》，北京，社会科学文献出版社，2004。

126. 乔好勤等编著：《对外图书贸易学概论》，北京，高等教育出版社，1993。

127. 秦喜杰著：《中国动画片的产业经济学研究》，北京，中国市场出版社，2006。

128. 《求是》杂志总编室编：《"三个代表"与创新》，长春，长春出版社，2003。

129. [法] 乔治·萨杜尔著，徐昭、胡承伟译：《世界电影史》，北京，中国电影出版社，1982。

130. 曲三强主编：《现代知识产权法概论》（第 2 版），北京，北京大学出版社，2014。

131. 任蕴贞主编、李建军副主编：《文化统计原理及其应用》，北京，中国人文出版社，2004。

132. 上海 WTO 事务咨询中心编：《中国贸易运行监控报告 2014》，上海，上海人民出版社，2014。

133. 沈仁干、钟颖科著：《著作权法概论》，沈阳，辽宁教育出版社，1995。

134. 《世界经济文化年鉴》编辑委员会编：《世界经济文化年鉴 1998—1999》，北京，人民出版社，2000。

135. [美] 斯坦利·L. 布鲁、[美] 兰迪·R. 格兰特著，邸晓燕等译：《经济思想史》（第 7 版），北京，北京大学出版社，2008。

136. 孙洪军著：《日本出版产业论》，北京，中国传媒大学出版社，2009。

137. 孙莹主编：《国际经济合作》，北京，机械工业出版社，2015。

138. 宋桂友主编：《文化产业管理概论》，重庆，重庆大学出版社，2014。

139. 苏金乐编著：《西方国家社会与法律透视》，北京，中国水利水电出版社，2015。

140. 唐晓华主编：《产业经济学教程》，北京，经济管理出版社，2007年。

141. 唐晋主编：《大国策——通向大国之路的中国软实力（文化产业发展战略）》，北京，人民日报出版社，2009。

142. 佟家栋著：《贸易自由化、贸易保护与经济利益》，北京，经济科学出版社，2002。

143. 王佃凯主编：《国际服务贸易》北京，首都经济贸易大学出版社，2015。

144. 王建陵编著：《当代美国动画产业创新优势及国际竞争力的建构》，昆明，云南大学出版社，2011。

145. 王莲峰著：《商标法学》(第2版)，北京，北京大学出版社，2014。

146. 王钰著：《国际贸易壁垒的经济分析与对策研究》，北京，中国财政经济出版社，2008。

147. 王婧著：《国际文化贸易》，北京，清华大学出版社，2015。

148. 王蒙燕、赵培华、李冰主编：《国家贸易政策与规划》，西安，西安交通大学出版社，2014。

149. 王雪野编著：《国际文化资本运营》，北京，中国传媒大学出版社，2008。

150. 文化部文化市场司主编：《2013中国艺术品市场年度报告》，北京，人民美术出版社，2014。

151. 汪尧田、周汉民主编：《世界贸易组织总论》，上海，上海远东出版社，1995。

152. 韦进深著：《决策偏好与国家的国际制度行为研究》，广州，世界图书出版广东有限公司，2014。

153. 吴道霞主编：《知识产权法学》，北京，中国人民公安大学出版社，2011。

154. 吴斐主编：《大国文化心态·加拿大卷》，武汉，武汉大学出版社，2014。

155. 吴承忠、[美] 尼扎·阿瑟亚德主编：《国际文化管理 1》，北京，对外经济贸易大学出版社，2012。

156. 夏叔华著：《商标法要论》，北京，中国政法大学出版社，1989。

157. 夏英祝、高茜主编：《世界贸易组织规则与应用》，第 229 页，合肥，安徽大学出版社，2013。

158. 肖叶飞著：《传媒经营与管理》，合肥，中国科学技术大学出版社，2016。

159. 肖安鹿、段建玲主编：《文化产业发展与文化大省建设》，兰州，甘肃文化出版社，2012。

160. 向连英主编：《现代企业管理理论与实践》，北京，中国大地出版社，2004。

161. 向勇主编：《中国对外文化贸易年度报告（2014）》，北京，北京大学出版社，2014。

162. 向勇著：《文化产业导论》，北京，北京大学出版社，2015。

163. 辛广伟著：《版权贸易与华文出版》，重庆，重庆出版社，2003。

164. 辛鸣主编：《十七届六中全会后党政干部关注重大理论与现实问题解读》，北京，中共中央党校出版社，2012。

165. 熊澄宇著： 《世界文化产业研究》，北京，清华大学出版社，2012。

166. [英] 亚当·斯密著，郭大力、王亚南译：《国民财富的性质和原因的研究（上卷）》，北京，商务印书馆，1972。

167. 严建苗著：《WTO 框架下保障措施经济学》，杭州，浙江大学出版社，2006。

168. 闫玉刚编著：《国际演出与文化会展贸易》，北京，中国传媒大学出版社，2008。

169. 叶蒙荻、刘恩东著：《中国文化产业发展的策略与路径》，杭州，杭州出版社，2007。

170. 叶朗主编：《中国文化产业年度发展报告（2003）》，长沙，湖南人民出版社，2003。

171. 尹鸿、刘浩东主编：《2008 中国电影艺术报告：进口分账影片态势分析》，北京，中国电影出版社，2008。

172. 尹翔硕编著：《国际贸易教程》，上海，复旦大学出版社，1996。

173. 尹继佐主编：《上海文化发展蓝皮书》，上海，上海社会科学院出版社，2000。

174. 翟士军主编：《中国对外贸易概论》，北京，北京大学出版社，2014。

175. 张胜冰、徐向昱、马树华著：《世界文化产业导论》，北京，北京大学出版社，2014。

176. 张华著：《文化产品国际贸易法律问题研究》，厦门，厦门大学出版社，2013。

177. 张蹇著：《国际文化产品贸易法律规制研究》，北京，中国人民大学出版社，2013。

178. 郑国辉主编：《知识产权法学》，北京，中国政法大学出版社，2010。

179. 郑国辉主编：《知识产权法学》（第2版），北京，中国政法大学出版社，2015。

180. 郑永彪著：《中国钧瓷文化创意产业发展研究》，北京，经济管理出版社，2010。

181. 赵宗博编著：《国际贸易概论》，青岛，中国海洋大学出版社，2008。

182. 赵志安主编：《中国音乐产业发展报告2014》，北京，中国传媒大学出版社，2015。

183. 张乃根主编：《国际贸易的知识产权法》，上海，复旦大学出版社，1999。

184. 郑士德著：《中国图书发行史》，北京，中国时代经济出版社，2009。

185. 郑成思：《知识产权法通论》，北京，法律出版社，1986。

186. 张宏著：《媒介营销管理：智能化融媒时代的理论、政策与战略实践》（第2版），北京，北京大学出版社，2013。

187. 张晓明、王家新、章建刚主编：《中国文化产业发展报告（2012～2013）》，北京，社会科学文献出版社，2013。

188. 张延兴、岳晓华、董佳兰等著：《中国文化产业概论》，济南，山东人民出版社，2015。

189. 张玉国著：《国家利益与文化政策》，广州，广东人民出版社，2005。

190. 张玉国著：《文化产业与政策导论》，北京，高等教育出版社，2006。

191. 张帆主编：《文化产业与文化创新》，镇江，江苏大学出版社，2011。

192. 钟颖、李小红、兰铁民主编：《会展理论与实务》，大连，东北财经大学出版社，2014。

193. 中国广播电视协会编：《中国广播电视行业自律与维权报告书》（2007 年卷），北京，中国广播电视出版社，2007。

194. 中国电影家协会编：《中国电影新百年：合作与发展——第十四届中国金鸡百花电影节学术研讨会论文集》，北京，中国电影出版社，2006。

195. 中国电影资料馆编：《中国无声电影》，北京，中国电影出版社，1996。

196. 中国（上海）网络视听产业基地编：《2013 中国网络视听产业报告》，上海，上海科学技术文献出版社，2013。

197. 中华人民共和国国家统计局编：《中国统计年鉴 2012》，北京，中国统计出版社，2013。

198. 中华人民共和国文化部对外文化联络局（港澳台办）、北京大学文化产业研究院编著：《中国对外文化贸易报告 2012》，北京，北京大学出版社，2012。

199. 周月亮、韩骏伟著：《电视剧艺术文化学》，北京，中国传媒大学出版社，2006。

200. 朱威烈主编：《国际文化战略研究》，上海，上海外语教育出版社，2002。

201. 朱伟主编：《爱乐：音乐与音响》，北京，生活·读书·新知三联书店，1996。

202. 朱春阳著：《现代传媒集团成长理论与策略》，上海，上海人民出版社，2008。

203. 周经主编：《国际服务贸易》，南京，南京大学出版社，2010。

204. 周熙明、李文堂主编：《中国共产党的文化使命》，南京，江苏人民出版社，2006。

205. 邹广文、徐庆文编著：《全球化与中国文化产业发展》，北京，中央编译出版社，2006。

206. 中宣部文化体制改革和发展办公室、文化部对外文化联络局编：《国际文化发展报告》，北京，商务印书馆，2015。

207. 中央文化企业国有资产监督管理领导小组办公室、中央社会科学院文化研究中心编：《中国对外文化贸易报告（2014）》，北京，社会科学文献出版社，2014。

208. 中共中央宣传部文化体制改革和发展办公室、中共深圳市委宣传部编：《文化发展战略论坛文集（五）》，广州，广东人民出版社，2010。

期刊论文

1. 安宇、沈山：《日本和韩国的“文化立国”战略及其对我国的借鉴》，《世界经济与政治论坛》，2005（4）。

2. 鲍务英：《浅析比较优势理论》，《北方经济》，2008（8）。

3. 陈思源：《从动画片〈疯狂动物城〉看迪士尼动画片的产业化》，《戏剧之家》，2016（3）下。

4. 曹麦：《中国文化贸易统计分析》，《调研世界》，2016（6）。

5. 成立芳：《文化产业与经济发展关系探讨》，《辽宁工学院学报》，2004（5）。

6. 董越：《手机媒体对我国文化产业的影响》，《科技和产业》，2008（5）。

7. 董晓常：《中国电影：2005行至拐点?》，《互联网周刊》，2005（13）。

8. 高山：《跨越大屏幕——中国电影的宣传与营销现状分析》，《当代电影》，2013（5）。

9. 何萍：《中国传统文化的当代价值》，《文化学刊》，2015（3）。

10. 郭界秀：《比较优势理论研究综述》，《社科纵横》，2007（1）。

11. 国家新闻出版广电总局：《2013年新闻出版产业分析报告摘登》，《中国编辑》，2014（5）。

12. 韩骏伟：《影视传播与文化贸易》，《现代传播》（《中国传媒大学学报》），2006（2）。

13. 何传添、潘瑜：《中国文化贸易的国际比较及其产业调整》，《中央财经大学学报》，2012（12）。

14. 胡慧源、吴建军、高莉莉：《基于产业关联的广告业统计指标体系优化构建》，《统计与决策》，2014（12）。

15. 花建：《发展中国对外文化贸易的战略视野》，《探索与争鸣》，2005（6）。

16. 黄志雄：《WTO自由贸易与公共道德第一案——安提瓜诉美国网络赌博服务争端评析》，《法学评论》，2006（2）。

17. 蒋伟：《文化产业：国际贸易竞争的新领域》，《商业研究》，2003（16）。

18. 蒋多、王海文：《优化我国对外文化服务贸易统计制度的思路与方法》，《中国海洋大学学报》（社会科学版），2014（5）。

19. 金孝柏：《GATS国民待遇与市场准入：一个文献综述》，《世界贸易组织动态与研究》，2009（10）。

20. 金元浦、王瑞津：《2012—2013年度中国电视剧对外贸易发展报告》，《艺术百家》，2014（4）。

21. 康小明、向勇：《产业集群与文化产业竞争力的提升》，《北京大学学报》（哲学社会科学版），2005（2）。

22. 雷兴长、曹文环：《当今文化贸易国际格局特征分析》，《社会纵横》，2008（10）。

23. 李莉、于睿：《图书出版业贸易监管体制的中外比较分析》，《生产力研究》，2005（11）。

24. 李曼：《比较优势理论与竞争优势理论关系探究》，《国际商务研究》，2008（6）。

25. 梁昭：《构建我国文化贸易统计指标体系之研究》，《国际贸易》，2010（11）。

26. 刘瑛：《GATT第20条（a）项公共道德例外条款之研究——以“中美出版物和视听产品案”为视角》，《法商研究》，2010（4）。

27. 刘爱军、腾静涛：《我国对外文化贸易结构分析及优化策略》，《文化产业研究》，2015（1）。

28. 刘鹏飞：《国际文化贸易争端解决机制研究——以〈保护和促进文化表现形式的多样性公约〉为视角》，《北方法学》，2009（3）。

29. 刘亚军：《国际文化产品贸易中的知识产权保护逻辑》，《当代法学》，2016（3）。

30. 罗紫初：《版权贸易异常活跃——世纪之交国外出版业发展新动向透视（之七）》，《出版科学》，2001（4）。

31. 陆晓曦：《加拿大：多元文化主义框架下的文化管理体制与立法》，《山东图书馆学刊》，2015（6）。

32. 骆玉安：《关于实施中华文化走出去战略的思考》，《殷都学刊》，2007（2）。

33. 马冉：《文化贸易领域欧洲政策法规研究》，《广西政法管理干部学院学报》，2009（3）。

34. 马冉：《GATT1994第4条“银幕配额”规则评析》，《河南社会科学》，2009（4）。

35. 马冉：《GATT1994文化贸易产品待遇条款评析》，《世界贸易组织动态与研究》，2010（4）。

36. ［英］皮特·托德著、梅峰译：《1990年代英国电影工业》，《当代电影》，2001（2）。

37. 祁述裕：《中欧政府文化体制、文化政策比较分析》，《中国特色社会主义研究》，2005（2）。

38. 齐勇锋、蒋多：《中国文化走出去战略的内涵和模式探讨》，《东岳论丛》，2010（10）。

39. “世界主要经济体文化产业发展现状研究”课题组：《世界文化产品和服务贸易的现状与特点》，《调研世界》，2014（11）。

40. 史丽华：《日本文化产业发展的几个特征》，《理论与现代化》，2005（5）。

41. 苏毅：《略论美日韩文化保护经验》，《学术研究》，2014（5）。

42. 苏锋：《中国对外动漫产品贸易年度发展研究》，《湖南社会科学》，2014（3）。

43. ［美］D·普特南著、刘利群译：《美欧电影分歧的焦点——文化属性和商业属性间的冲突》，《世界电影》，2000（4）。

44. 孙剑锋：《全球化时代文化产业的内涵与本质特征》，《中共浙江省委党校学报》，2006（6）。

45. 唐琼、魏东升：《比较优势理论及其在我国的应用》，《当代经济》，2008（1）下。

46. 王长松、杨斎：《中国艺术品进出口贸易分析》，《湖南社会科学》，2014（3）。

47. 王丹：《我国文化市场监管体制的问题及对策建议》，《齐齐哈尔大学学报》（哲学社会科学版），2015（3）。

48. 王菲菲、赵书华：《中国文化服务贸易国际竞争力研究》，《商业时代》，2012（7）。

49. 王海冬：《法国的文化政策及对中国的启示》，《上海财经大学学报》，2011（5）。

50. 王海文：《我国国际文化贸易统计实践探索》，《山西师大学报（社会科学版）》，2013（6）。

51. 王海文：《国际文化贸易大国的衡量维度与中国文化经济强国路探

索》，《社会科学研究》，2016（5）。

52. 王加胜、金铁鹰、王行鹏：《中美图书版权贸易平衡性辨析》，《山东社会科学》，2010（4）。

53. 王乾厚：《文化产业对经济增长影响的实证研究》，《商丘师范学院学报》，2008（8）。

54. 汪朝光：《20世纪上半叶的美国电影与上海》，《电影艺术》，2006（5）。

55. 汪颖、黄建军：《当前我国文化贸易政策存在的问题及调整对策》，《国际贸易》，2016（1）。

56. 肖东发：《国际文化安全与版权贸易一华文出版走向世界的机遇与挑战》，《观察与交流》，2007（6）。

57. 徐晨：《解读〈对外文化贸易统计体系（2015）〉》，《对外文化交流》，2015（10）。

58. 萧志伟、尹鸿：《美国第一份中国电影市场的官方调查报告与好莱坞的全球化策略》，《电影艺术》，2002（1）。

59. 薛狄、那力：《国际文化贸易的价值冲突和法律选择——由近期中美文化产品进口纠纷引发的思考》，《中国政法大学学报》，2009（2）。

60. 杨利英：《新时期中国文化"走出去"战略的意义》，《人民论坛》，2014（23）。

61. 杨丹萍：《我国国际服务贸易发展存在的问题及对策研究》，《当代财经》，2004（2）。

62. 杨均华、刘吉发：《文化国际贸易发展的意义、模式和市场战略思考》，《商业时代》，2012（35）。

63. 杨丽琳：《对〈国际服务贸易统计制度〉中服务贸易统计框架的分析与评价》，《统计研究》，2012（3）。

64. 叶非：《中国电影统计现状与对策》，《电影艺术》，2010（4）。

65. 叶小青：《和平发展视阈中的中国文化软实力建构》，《长白学刊》，2009（3）。

66. 尹鸿、孙俨斌：《2015年中国电影产业备忘》，《电影艺术》，2016（2）。

67. 余雄飞：《影视服务贸易及文化贸易壁垒》，《法制与社会》，2009（3）下。

68. 苑浩：《全球文化产业发展的最新趋势及政策分析》，《国外社会科学》，2006（1）。

69. 张晔：《我国对外文化贸易政策研究综述》，《新闻世界》，2012（1）。

70. 张斌：《论文化产业与文化贸易的关系》，《艺术探索》，2011（3）。

71. 张利洁、郝乔丽：《我国图书版权“走出去”问题初探》，《编辑之友》，2015（3）。

72. 张丽：《美国文化贸易政策分析及启示》，《理论界》，2012（9）。

73. 张玉国、朱筱林译：《文化、贸易和全球化（下）》，《中国出版》，2003（2）。

74. 中国动漫游戏产业年度报告课题组：《2015 年中国动漫游戏产业发展报告》，《出版发行研究》，2016（6）。

75. 中国人民大学书报资料中心：《文化产业专辑》，2016（6）。

76. 中国人民大学书报资料中心：《文化创意产业》，2014（3）。

77. 中国互联网络信息中心：《CNNC：发布第 38 次〈中国互联网络发展状况统计报告〉》，《信息网络安全》，2016（8）。

78. 周成名：《关于中国对外文化贸易的思考》，《湖南涉外经济学院学报）》，2006（3）。

79. 郑涵、金冠军：《战后欧美影视文化贸易透视》，《电影新作》，2007（3）。

80. 朱文静、顾江、朱婷：《我国文化出口贸易结构变迁与产业结构调整的相互影响》，《经济经纬》，2012（6）。

81. 朱文静、顾江：《我国文化贸易结构与贸易竞争力的实证分析》，《经济学研究》，2010（2）。

82. 朱江丽、李子联：《中国图书出版的规模与结构——数据告诉了我们什么？》，《出版科学》，2015（5）。

83. 祝荣：《从发达国家会展业运作模式看我国会展经济》，《中共桂林市委党校学报》，2004（1）。

报　纸

1. 郭探微：《旅游数据体系建设要把握六大要点》，《中国旅游报》，2016 年 12 月 20 日。

2. 江泽民：《全面建设小康社会，开创中国特色社会主义事业新局面——在中国共产党第十六次全国代表大会上的报告》，《人民日报》，2002 年 11 月 18 日。

3. 金晶：《国产电影，量质双升又一年》，《经济日报》，2016 年 1 月 19 日。

4. 孔达达：《中国艺术品市场份额保持全球第三》，《美术报》，2016 年 3 月 19 日。

5. 黎昌政、刘江：《〈狼图腾〉英文版权高价转让》，《人民日报》，2005 年 9 月 9 日第 11 版。

6. 孟晓驷：《中国：文化外交显魅力》，《人民日报》，2005 年 11 月 11 日第 7 版。

7. 吴云：《我们的文化产品，比想象中走得远》，《人民日报》，2016 年 5 月 11 日。

8. 徐晨：《解读〈对外文化贸易统计体系（2015）〉》，《中国文化报》，2015 年 8 月 8 日。

9. 续鸿明：《艺术品市场何以可持续?》，《中国文化报》，2016 年 5 月 8 日。

10. 杨贵山：《欧美专业出版商关注数字版权管理》，《中国图书商报》，2003 年 7 月 25 日。

11. 张强：《华强贷款百亿元“出口”主题公园》，《广州日报》，2009 年 3 月 11 日。

12. 张雁：《发展文化产业在应对金融危机中的重要作用》，《光明日报》，2009 年 4 月 12 日。

后　记

当今世界，文化软实力成为衡量一国综合实力的重要因素，文化贸易是国际关系中一个新的竞争领域，各国都把发展文化产业和文化贸易作为国家的战略重点，希望在获取巨大经济效益的同时，扩大本国文化在全球文化格局中的影响力和控制力。有鉴于此，客观认清当今世界文化贸易的发展态势，对文化贸易进行实证分析，认真思考如何加强和提高文化贸易的竞争实力、如何扭转文化贸易逆差状况、如何有效地促进文化贸易的发展，等等，对这一系列问题进行系统而深入的研究，具有较重要的理论价值和现实意义。

近年来，中国学术界关于文化贸易理论与实证方面的研究取得了丰硕成果，但是，从学科建设的高度，对文化贸易进行系统研究的成果尚不多见。编写《文化贸易学》教材，系统而深入研究文化贸易理论、构建文化贸易学的体系与结构，既是文化产业管理专业学科建设的重要任务，也是进一步发展文化贸易的迫切要求。

《文化贸易学》教材是本人在学习和讲授文化贸易学课程所积累的资料的基础之上编写的。2004 年山东大学历史文化学院开设文化产业管理专业，当时不知高低深浅的我“领养”了《文化贸易学》和《文化资源学》两个“孩子”。这十多年来，我与学生共同学习、共同进步，因经济学、国际贸易学和法学等知识相当匮乏，其艰辛难以言表。感谢文化产业管理专业学生对我的包容与鞭策，更感激福建人民出版社编审赖炳伟先生的信任。

在本书的编写过程中，本人参考了国内外学者的相关研究成果，感谢所有给本书写作以启发和借鉴的专家学者；陈政、刘亚男、宋翎丹做了资料搜集和图表绘制等基础性工作，在此对他们表示感谢；本书得以面世，福建人民出版社编审赖炳伟先生和编辑黄须友先生付出了大量的心血，感谢他们的辛勤劳动。由于文化贸易的特殊性，官方公布文化贸易数据具有滞后性的特点，因此在写作过程难以使用最新数据资料，加之本人理论功底和水平有限，本书存在诸多的缺点与不足，恳请专家和读者批评指正，以便将来修订时进一步完善。

牛淑萍

2017年1月